ŒUVRES COMPLÈTES

DE

M. EUGÈNE SUE.

LATRÉAUMONT.

PARIS. — Imprimerie de BOURGOGNE et MARTINET
Rue Jacob, 30.

LATRÉAUMONT

PAR

EUGENE SUE.

Tome second.

Paris,

LIBRAIRIE DE CHARLES GOSSELIN ET Cᵉ,

9, RUE SAINT-GERMAIN-DES-PRÉS.

M DCCC XXXVIII.

LATRÉAUMONT.

Quatrième partie.

LA LOGETTE AU DIABLE.

CHAPITRE QUATORZIÈME.

On parle d'une région (la cour) où les vieillards sont galants, polis et civils ; les jeunes gens, au contraire, durs, féroces, sans mœurs ni politesse ; ils se trouvent affranchis de la passion des femmes dans un âge où l'on commence ailleurs à la sentir ; ils leur préfèrent des repas, des viandes, et des amours ridicules et infâmes. Celui-là, chez eux, est sobre et modéré, qui ne s'enivre que de vin ; l'usage immodéré qu'ils en ont fait le leur a rendu insipide.

Labruyère. — DE LA COUR DE LOUIS XIV.

Le Cabaret des Trois-Cuillers.

Le 26 avril 1674, cinq ans environ s'étaient passés entre les faits dont on a parlé (en 1669) et ceux que l'on va raconter.

De grands événements avaient eu lieu. La France, en guerre contre presque toute l'Europe, ne comptait plus pour alliée que l'Angleterre, grâce aux subsides onéreux dont le cabinet de Versailles gageait secrètement Charles II. Ce joyeux, insouciant et besogneux monarque, qui, vendant ainsi à beaux louis d'or, l'avantageuse et suprême influence que la Grande-Bretagne aurait pu exercer sur les affaires de ce temps-là, restait sourd aux nationales et sévères remontrances des communes, indignées de la trahison de Louis XIV, qui, lors des batailles navales de 1672 et 1673, malgré la foi des traités et l'obligation expresse de ses engagements, avait ordonné à ses amiraux de ne pas prendre part au combat que les Anglais, ses alliés, livrèrent aux Hollandais. Aussi, dans cette rencontre, les flottes de la Grande-Bretagne et de la république des *Sept-Provinces-Unies*, se battant avec une rare intrépidité, se ruinèrent-elles mutuellement au profit de la marine française, laquelle, selon les vues de Colbert, plus fin politique qu'aveugle partisan du point d'honneur, devait profiter de la destruction des deux puissances maritimes ses rivales.

Mais il n'en allait pas de même sur terre. La farouche omnipotence de Louvois se révélait alors, dans toute sa belliqueuse et fatale splendeur; trois grandes armées étaient sur pied pour soutenir une guerre aussi folle que criminelle et désastreuse, contre l'Empire, l'Espagne, les Sept-Provinces-Unies, et presque tous les Électorats, que la profonde et sourde habileté du jeune prince d'Orange avait peu à peu détachés de l'alliance française. L'indignation générale était à son comble, et les épouvantables ravages de la Hollande et du Palatinat, complétement incendié, exaspérait encore la haine de l'Europe contre l'implacable Louvois, qui avait ordonné ces sanglantes dévastations, et contre le roi son maître, qui subissait si honteusement la féroce volonté de cet impérieux ministre.

Les finances étaient en outre dans un tel état d'épuisement, que déjà Colbert se voyait réduit aux impôts les plus écrasants (1) pour subvenir aux frais énormes de la guerre, et aux monstrueuses profusions de Louis XIV. Louvois était forcé de convoquer *l'Arrière-Ban*, afin d'assurer à l'intérieur la tranquillité du pays, que trois grandes armées avaient complétement dégarni de troupes. Or, cette convocation de la milice

---

(1) Voir aux notes. Le *tiers et danger*.

nationale semblait d'autant plus nécessaire, que des symptômes alarmants de rébellion commençant à se manifester en Dauphiné, en Languedoc et en Bretagne, les gouverneurs et intendants des provinces étaient obligés d'avoir recours à la plus extrême sévérité pour effrayer les mécontents, et tâchaient de masquer ainsi, par le terrible appareil des échafauds, la véritable faiblesse du gouvernement.

Puis, le luxe effréné que Louis XIV voulait voir déployer à ses courtisans, en faisant affluer la haute noblesse à la cour de France; cet abîme éblouissant avait englouti les plus grandes fortunes. Les traitants, enrichis dans les maltôtes, prêtaient sur les terres à de gros intérêts, et souvent même en devenaient maîtres; aussi, ce noble et fécond patronage qui attachait les seigneurs au sol et aux habitants de leurs domaines, n'existant plus, leurs vassaux ne les voyant jamais, et ayant à supporter les exactions d'avides intendants ou de propriétaires inconnus et sans clientelle, l'action salutaire que l'aristocratie aurait pu exercer pour le service du roi dans les provinces où elle comptait tant de possessions, s'effaçant peu peu, chaque jour se rompait une de ces mille racines par lesquelles l'ancien édifice féodal et monarchique tenait autrefois si profondément au sol.

Pourtant, malgré les taxes énormes, cet épuisement d'hommes et d'argent, ce mécontentement général, et même ces éléments de désordre qu'on a dit, le souvenir récent des guerres civiles de la minorité était encore si présent à la mémoire et aux intérêts du plus grand nombre, que la crainte de voir se renouveler les malheurs passés, l'emportait de beaucoup sur les velléités qu'on avait pourtant çà et là de réclamer violemment la réunion des États-Généraux (promis d'ailleurs par le roi en 1658), assemblée dans laquelle on eût avisé aux moyens de limiter le despotisme ruineux et exorbitant de Louis XIV.

En un mot, la nation, guidée par cette espèce de bon sens égoïste, de sagesse toute personnelle, que les masses conservent toujours aussi long-temps qu'elles ressentent l'action cuisante des désastres qui les a frappées naguère, la nation, dis-je, voyait clairement que de nouveaux troubles profiteraient seulement, comme lors de la Fronde, aux ambitieux et aux habiles, tandis que, selon l'habitude des révolutions, *Jacques Bonhomme* (ainsi qu'on nommait encore le Tiers-État), rarement *Partisan*, mais fort *Mitigé* (1) de sa nature, serait encore obligé de solder la façon des bannières, ou plutôt, qu'on permette cette exquise vulgarité, *de payer les pots cassés.*

Ainsi donc, au commencement de l'année 1674, le mécontentement en France se montrait plus universel et plus profond qu'il ne l'était en 1669; il s'exprimait même quelquefois assez haut; mais il eût fallu, pour lui mettre les armes à la main et le pousser à une révolte ouverte, il eût fallu, soit l'influence d'un génie considéré, puissant et hardi, soit un de ces hasards aussi imprévus, que l'étincelle qui fait sauter une poudrière.

Or, si la province s'agitait et murmurait à propos des taxes et des recrues, Paris demeurait à ce sujet dans une parfaite quiétude, et les joies de toutes sortes y abondaient comme d'habitude.

Parmi les endroits de plaisir renommés de

(1) On sait que du temps de la Fronde, les gens qui demeuraient neutres entre les frondeurs et les royalistes (ou *Mazarins*), c'est-à-dire la majorité exploitée par les deux partis, se nommaient les *mitigés*

ce temps-là, aucun ne jouissait alors d'une vogue plus méritée que le cabaret *des Trois-Cuillers*, situé près le cimetière Saint-Jean, et tenu par la *Guerbois*, rôtisseuse; on y vendait le meilleur vin de Bourgogne qu'il y eût dans tout Paris; à ce point, que M. le marquis de Villarceaux en ayant bu à souper, le trouva si bon, qu'il se fit aussitôt remplir devant lui cinq cents bouteilles de ce nectar, craignant qu'on ne trompât ses gens, s'il n'assistait à cette opération.

Ce n'était pourtant pas qu'on pût faire une chère grande, délicate, ni surtout très variée, dans ces sortes de cabarets; car le *menu* se bornait généralement à de la volaille ou à du gibier qu'on mettait à la broche, selon la demande des consommateurs. Mais il faut dire aussi, que jamais rôti ne fut cuit plus à point et plus au goût des habitués.

Le cabaret *des Trois-Cuillers* était donc souvent le rendez-vous de la jeunesse dorée du temps, qui venait y faire la débauche; et presque toujours les vastes salles et les petits salons retirés de l'hôtellerie se remplissaient de monde depuis midi jusqu'au soir.

Au dehors, ce n'était que chaises, chevaux et carrosses; pages, laquais ou porteurs de flambeaux, dont les cris assourdissants et les fréquentes disputes ne témoignaient pas un grand respect pour les trépassés qui reposaient tout près, dans le cimetière Saint-Jean; sans compter que souvent, quelques querelles de table ou de jeu ayant pris naissance au cabaret entre jeunes seigneurs, le tout se terminait à l'instant, l'épée à la main, soit dans une salle *des Trois-Cuillers*, soit dans une petite ruelle longeant le *champ du repos*.

Lors de ces occasions solennelles, les laquais et pages des habitués du cabaret se serraient à chaque bout de la ruelle en masses compactes, afin d'empêcher le guet d'approcher, pendant que leurs maîtres s'escrimaient bravement sous les yeux d'un assez grand nombre de témoins, et cela, malgré ou à cause de la sévérité excessive des édits contre les duels.

Généralement aussi, les seigneurs qui hantaient *les Trois-Cuillers*, au lieu de se retirer dans une chambre particulière, préféraient de se tenir dans la salle commune du cabaret, autant pour jouir du coup d'œil vivant et animé qu'elle offrait, que pour s'amuser de l'embarras ou de la tournure grotesque d'honnêtes citadins, qui, attirés par la renommée de la taverne, y venaient quelquefois, afin de voir de près la figure et les manières des courtisans habitués de cette rôtisserie, et de contempler ainsi *inter pocula*, ces astres resplendissants qui rayonnaient d'ordinaire dans une sphère si élevée.

Or, ce jour-là même, grâce à une singulière bonne fortune, la curiosité de ces dignes bourgeois pouvait être des mieux satisfaite, car *la fleur des gens du bel air* de l'époque dînait dans la grand'salle du cabaret; M. le Marquis de Chateauvillain (1), fils aîné de M. le duc de Vitry, payant un pari qu'il avait perdu contre M. le vicomte de Dreux, et ayant prié plusieurs de ses amis, parmi lesquels étaient le comte de Roquefeuille, l'abbé de Barfleur, le comte de Marcilly, le chevalier de Lusignan, et d'autres seigneurs des plus comptés.

Placée en face de la porte, la table où trônaient ces gentilshommes semblait une sorte de tribunal railleur, devant lequel compa-

---

(1) On voit dans les lettres manuscrites de Colbert (bib. roy.), que M. Chateauvillain fut tué trois mois plus tard d'un coup de pistolet dans un duel qui eut lieu *la nuit* sous les arceaux de la place royale.

raissaient les airs gauches de ceux qui entraient ou sortaient du cabaret; mais il faut dire que les gens de cour imposaient encore assez, pour que les vastes perruques parfumées, les plumes flottantes, les justaucorps de soie et les écharpes brodées de ces maîtres en impertinences, enfin jusqu'à leur air suprêmement *débraillé*, alors de la plus parfaite élégance, leur assurassent une sorte d'impunité; aussi, les sarcasmes et les quolibets dits tout haut, avec cette voix flûtée et ce grasseyement alors à la mode, ne manquaient jamais à chaque nouveau venu.

Heureux donc les citadins, qu'on reconnaissait à leurs habits et à leurs manteaux bruns, noirs ou de couleurs sombres, à leur petite perruque à calotte, proprement renouée d'un ruban de fil, et à leurs chapeaux *ambigus*, comme on disait à cette époque; heureux donc ceux qui déjà arrivés et placés modestement à leur écot, n'avaient pas à subir l'inspection ironique de la table redoutée; mais d'un autre côté, leur repas terminé, il leur fallait sortir du cabaret; or, pour ce faire, leur timidité devenait aussi grande que pour y entrer.

Quelquefois pourtant, un hardi citadin

voulant braver le terrible tribunal, se drapait avec majesté dans son manteau, assurait son feutre sur la tête, et passait intrépidement ; mais souvent son embarras, jusque là dissimulé sous cette digne apparence, se révélait, hélas ! tout-à-coup, soit par la chute d'une table maladroitement heurtée, soit encore par une brusque et insolite invasion dans une espèce de comptoir, que d'autres, intimidés, confondaient avec la porte ; alors c'était, de la part des seigneurs, d'inépuisables plaisanteries, auxquelles les bourgeois restants applaudissaient avec une barbare et hypocrite lâcheté.

À ce moment même, un malheureux citadin venait de provoquer une explosion de rires immodérés en entraînant, sous les plis de son lourd manteau, tout ce qui s'était trouvé sur une table placée près de lui. A ce bruit de vaisselle cassée, le pauvre diable avait pris éperdûment la fuite, et on entendait encore les huées des pages et laquais rassemblés dans la cour qui le poursuivaient de leurs cris.

— Pardieu ! — dit le chevalier de Lusignan à M. de Chateauvillain, — as-tu vu, marquis, ce petit ragot, grassouillet et rond comme une pomme, qui, de même que la comète furibonde dont nous menace Nostradamus, entraînait à la queue de son manteau tous ces mondes de verres et de bouteilles ?

— A le voir rouler tout effaré, renversant ainsi les chaises et les escabeaux, on eût dit, mon Dieu! une boule égarée dans un jeu de mail, — reprit l'abbé.

— Mais par l'âme! ou plutôt par l'estomac sacré de Lucullus, — s'écria le marquis en voyant entrer un garçon qui portait sur un plat une écuelle de soupe à la bière, — quel est l'Allemand ou le cheval qui peut impunément braver l'empifrerie d'une pareille galimafrée ?

— Comment la Guerbois souffre-t-elle qu'une telle peste infecte son cabaret ? — reprit l'abbé.

— Voyons un peu que j'en mortifie la délicatesse sensuelle de mon odorat, en manière de discipline infligée à ma furieuse gourmandise, ajouta le marquis dans le jargon précieux du vieux temps.

Ce pendant, deux ou trois *hem! hem!* assez secs avaient suffisamment trahi le malheureux amateur de cette malheureuse soupe.

C'était un gros homme vêtu de gris, à figure rubiconde, et qui devint pourpre de mauvaise honte en entendant ces sarcasmes ; aussi, lorsque le garçon se dirigea vers sa table, le gros homme leva-t-il les yeux en l'air, chantonnant entre ses dents de l'air le plus indifférent du monde.

— Voilà votre soupe à la bière, maître Bernard ! — dit le garçon en élevant malicieusement sa voix glapissante.

— Que voulez-vous dire avec votre soupe à la bière, butor que vous êtes ? Qui vous a demandé une soupe à la bière ? — reprit le gros homme à voix basse ; — est-ce que je mange de pareilles choses ?... Emportez donc cela au plus vite, drôle ! — ajouta-t-il en regardant le garçon d'un air courroucé et repoussant l'écuelle.

— Comment, maître Bernard, vous ne m'avez pas demandé votre soupe à la bière, selon votre accoutumée ? Comment, vous n'avez pas dit de mettre dedans, comme toujours, une bonne pincée de safran ? — reprenait le garçon d'un ton d'autant plus criard, que le gros homme avait parlé plus bas et d'un air plus confus, de sorte que l'attention générale se porta de ce côté, au grand embarras de maître Bernard.

— Comment, c'est une coutume ! — s'écria l'abbé.

— Cette potagère monstruosité est d'habitude ! — ajouta le marquis.

— Quelle terrible infirmité !

— Quelle horrible difformité !

— Il n'est pas baptisé.

— C'est un Turc !

— Un juif !

— Un Maure de Mauritanie !

— Un nègre blanc !

— C'est le diable enfin ! car il n'y a que le pied fourchu qui puisse nager dans un tel potage.

— *Vade retro, Satanas !* — s'écria enfin l'abbé en exorcisant maître Bernard avec sa fourchette.

Mais le citadin, poussé à bout par ces moqueries, et perdant patience, saisit l'écuelle, la plaça intrépidement devant lui, et regardant les gentilshommes bien en face comme pour les narguer, il plongea bravement sa cuiller dans le potage, ouvrit une bouche énorme, et tout en continuant de jeter un superbe regard sur les rieurs, il engloutit fièrement une cuillerée de cette damnée soupe, qui malheureusement se trouva bouillante.

A l'épouvantable grimace que fit maître Bernard en rejetant la cuiller et repoussant le potage, on pense quels rires éclatèrent.

Aussi, maître Bernard ne pouvant résister soit à la douleur de la brûlure, soit aux quolibets dont on l'accablait, paya son écot et partit d'un air furieux.

On a omis de dire que, depuis le commencement de cette scène, un des garçons de la Guerbois, descendant de l'étage supérieur du cabaret, était venu huit ou dix fois demander à son camarade de la grand'salle « si le mes-
» sager n'avait pas encore apporté la *Gazette*
» *de Hollande*, car le *grand gentilhomme* d'en-
» haut l'attendait impatiemment. »

Maître Bernard venait donc à peine de sortir parmi les huées, que la porte s'ouvrit de nouveau, et le garçon vint faire sa même question : « La *Gazette de Hollande* est-elle arrivée ? le grand gentilhomme d'en-haut la
» demande avec une terrible impatience. »

Fatigué d'entendre continuellement cette même requête, ou voulant s'amuser aux dépens du valet, le marquis saisit le demandeur de gazette à la cravate, l'attira près de la table, et lui dit :

— Ah çà, maraud ! auras-tu bientôt fini de

venir ici marquer tous les demi-quarts d'heure, comme l'insipide mécanique d'une horloge, par ton cri monotone de : *La Gazette de Hollande est-elle arrivée* (1)?

— Monseigneur, c'est le grand gentilhomme d'en-haut qui m'envoie; il est comme un déchaîné pour avoir cette gazette, et il m'a même dit que dans le cas où quelqu'un voudrait la prendre... de le nommer!

— Comment, de le nommer? et pourquoi faire? — reprit le marquis stupéfait.

— Mais, monseigneur, parce que ce grand gentilhomme dit comme ça que si on s'avisait de vouloir retenir la gazette qu'il demande, son nom ferait perdre l'envie de la garder une minute.

En entendant cet étrange discours, les éclats de rire redoublèrent.

— C'est M. de Pourceaugnac! — dit l'abbé, — tout frais débarqué de sa province!

— Ou M. de Sottenville! — reprit le vicomte.

— Mais voyons donc le nom merveilleux, mirifique, formidable et écrasant de ce fier

---

(1) Les numéros de ce journal étranger venaient directement de Hollande dans cette taverne, qui en était le dépôt.

Artaban, amateur de gazette? — demanda le marquis.

— C'est M. de Latréaumont, — dit naïvement le garçon; — un gentilhomme gros et grand comme la tour Saint-Jacques, et qui boit toujours dans un verre qui tient deux pintes.

— Latréaumont!... — fit le marquis d'un air aussi étonné que méprisant, puis regardant ses amis : — Concevez-vous l'audace d'un pareil impudent? cela ne mérite-t-il pas une rude leçon?

— Bah... — dit l'abbé, — à quoi bon?

— Si, le sort de ce pauvre Rohan me fait pitié, et morbleu je veux châtier ce matamore!

A ce moment, on entendit un vacarme effroyable au-dessus de la salle commune, et un autre garçon ouvrant précipitamment la porte, s'écria : — Eh bien, Petit-Pierre, la gazette? la gazette?... M. de Latréaumont s'impatiente et va tout briser là-haut : vous savez son humeur!

— Mais je ne puis rien y faire... moi, — dit Petit-Pierre; puis avant de remonter auprès de Latréaumont, il recommanda de nouveau et très expressément au valet restant, de le prévenir aussitôt l'arrivée de la gazette.

— Et moi, drôle, — dit le marquis, — je t'ordonne au contraire de me l'apporter à moi, la gazette!!

— Mais, monseigneur?

— Mais... deux louis pour boire ou vingt coups de bâton, choisis?

Le choix n'étant pas douteux, le garçon alla près de la porte guetter l'arrivée du journal, pour le remettre à M. de Chateauvillain, malgré les contraires et terribles recommandations de Latréaumont.

Maintenant, on va retrouver ce dernier dans une des chambres du cabaret des *Trois-Cuillers*.

CHAPITRE QUINZIÈME.

Udum et molle lutum est; nunc, nunc properandus et acri
Flugendus sine fine rota.......

(Perse, III, 23.)

L'argile est encore molle et humide; vite, vite, hâtons-nous! et sans perdre un instant façonnons-la sur la roue.

Le Complot.

Alors que la scène qu'on vient de décrire se passait dans la grand'salle des *Trois-Cuillers*, deux cavaliers, retranchés au fond d'un des cabinets de la Guerbois, s'apprêtaient à faire le plus vif accueil au gibier de la rôtisserie; par cette journée pluvieuse, un bon feu brillait dans la cheminée, la nappe était fine et blanche, l'argenterie bien brillante, les cristaux bien limpides ; enfin, pour compléter ces apprêts de sensualité, la Guerbois avait complaisamment cédé les deux larges et excellents fauteuils de sa chambre à coucher aux sybarites, qui ne s'étaient pas contentés des chaises de noyer de l'appartement.

En attendant leur rôti, les deux convives, les pieds sur les chenets, devisaient donc assez paisiblement, soit en vidant une bouteille de ce vin de Bourgogne pur, vermeil et généreux, si glorieusement apprécié par M. de Villarceaux, soit en mangeant quelques olives au gingembre.

Enfin, Petit-Pierre, un des aides de la Guerbois, entra, et posa gravement sur la table, à travers un nuage de fumée odorante, deux appétissants canards sauvages et un succulent dindonneau de Bresse, le tout sortant de la broche et d'un beau jaune doré ; le gibier un peu saignant, la volaille plus cuite et baignant dans un jus savoureux et moiré, relevé par deux ou trois brins d'estragon et quelques rouelles de citron ; enfin, comme accessoires obligés, l'aide ajouta d'un côté, une ample salade de cresson frais et vert, et de l'autre des tranches de jambon sur une couche de céleri cru, avec une sauce à la moutarde.

— Bravo! triple dieux!.. cela vient à son heure, — dit une grosse voix railleuse que l'on connaît déjà. — Un instant plus tard, et tu ne trouvais plus que nos épées et nos boucles de ceinturon! car nous nous serions dévorés tout vivants sans nous peler, tant la faim nous aiguisait les dents... Ah çà, maintenant, ne montre plus ton visage de rôti manqué avant que je ne te sonne, et songe bien, mille diables! à m'apporter la gazette de Bruxelles aussitôt qu'elle sera arrivée..., et pour la dixième fois, je te le répète, si quelque fâcheux la demande, tu n'auras qu'à lui dire, vois-tu, que c'est moi... moi, qui l'attends et qui la veux! et par le saint ventre du pape, qui n'est pas si creux que le mien, je le jure, cet avertissement suffira! Maintenant laisse-nous, et quand tu entendras casser les bouteilles..., ça sera signe qu'elles sont vides et qu'il faut en remonter de pleines!... Allons, marche.

Et le valet sortit à reculons en saluant le colonel (car c'était lui) d'un air respectueux et craintif.

Latréaumont avait alors quarante-six ans;

son air matamore, ses habitudes brutales, son ton soldatesque, étaient les mêmes; seulement, il avait considérablement engraissé; mais sa taille colossale pouvait néanmoins, sans s'alourdir outre mesure, supporter ce surcroît d'embonpoint, qui eût écrasé un homme d'une stature ordinaire. Latréaumont était splendidement vêtu de neuf, depuis son feutre jusqu'à ses bas de soie vert-pomme, qui pouvaient à peine contenir ses mollets énormes et des proportions herculéennes; son justaucorps écarlate, garni de rubans verts comme ses bas, laissait voir une belle veste de drap d'argent, qui, bien qu'aux trois quarts déboutonnée, crevait presque sous la puissante rotondité de l'abdomen du partisan; enfin, son cou de taureau s'enveloppait galamment d'une magnifique cravate de dentelles, rattachée par un ruban vert aussi; mais ce qui donnait un air étrange à la figure du colonel, beaucoup moins caractérisée qu'autrefois, d'abord parce qu'il avait de moins ses longues moustaches brunes, et de plus, trois ou quatre mentons lisses, replets et vermeils, c'était son immense perruque noire, qui joignant brusquement sa tête à ses épaules presque cachées par cette forêt de cheveux d'emprunt, faisait ressembler le partisan à un lion sous sa crinière.

Aussi, en comparant le Latréaumont de 1669, géant osseux, hâlé, mal vêtu, fatigué par les privations de toutes sortes et les incertitudes d'une vie de hasard, au Latréaumont de 1674, on pouvait présumer que ce dernier devait cet énorme embonpoint, ce visage gras et fleuri, à l'existence calme et abondante qu'il menait depuis cinq ans.

Le convive du colonel formait avec lui un étrange contraste; c'était un petit homme de trente ans, grêle, maigre et anguleux, vêtu d'un justaucorps et d'un manteau noir; il portait une courte perruque blonde et une cravate de fine batiste; sa physionomie repoussante, blafarde, effacée, terreuse et sans jeunesse, tant elle semblait dure et froide, n'avait de remarquable que l'éclat de deux yeux fauves, ronds, perçants et d'une extrême mobilité, qui, placés fort près de son nez long, pointu et profondément marqué de petite vérole, imprimaient à sa physionomie fine et sagace, à son visage effilé, un caractère frappant de ressemblance avec la fouine ou la belette; du reste, le laisser-aller de son attitude révélait une complète assurance; il semblait fort à l'aise avec Latréaumont, lui rendait raillerie pour raillerie, et il eût été difficile de voir lequel de ces deux personnages avait sur l'autre le plus d'empire !

Pendant que le colonel s'occupait de découper artistement le rôti, son compagnon, que nous nommerons Jérôme du Cansé, sieur de Nazelle, avocat au parlement de Paris, remplit son verre et celui du partisan; mais avant de porter ce vin à ses lèvres, il lui dit : — Au bon succès de vos affaires de Bruxelles, mon gros Titan !

— Que le diable et surtout Monterey vous entendent ! — répondit Latréaumont en faisant raison du toast de son convive. — Aussi, triple dieux ! je donnerais tout à l'heure cent coups de pieds dans le ventre du premier maltôtier venu, pour que cette Gazette de Hollande fût arrivée !

— Patientez, compère ! elle viendra sûrement, puisqu'elle arrive ici d'abord et directement de Hollande. Mais que pouvez-vous avoir ainsi à toujours maugréer contre les maltôtiers ? On ne vous ruine plus, vous ! car en homme avisé, il y a long-temps que vous vous êtes chargé de ce soin, afin que le tout fût fait selon votre goût.

— Mais, sang-Dieu, compère, et mes amis donc? est-ce que leur ruine m'est indifférente? est-ce que je ne considère pas leurs biens comme les miens?

— Sagement pensé! Minerve parlant par la bouche d'Hercule, n'aurait pas mieux dit.

— Est-ce que vous croyez, par exemple, que, lorsque je vois Berryer, sous je ne sais quel misérable prétexte de droits et frais de succession, nous retenir presqu'en entier les dernières huit mille livres qui nous devaient revenir, à nous deux Rohan, de la succession de papa Guémené, cela, mille tonnerres! ne m'exaspère pas!!

— Comment, magnifique bedaine! vous en êtes réduits là?.. à compter sur des reliquats de créances, comme on vit des restes du souper de la veille?

— Comme vous dites, compère, nous rongeons nos derniers os, car c'est tout au plus si, à force de menaces, j'ai pu tirer de Berryer quatre cents méchantes pistoles, qui sont, dit le drôle, le fond du Sac, et grâce à une partie desquelles vous me voyez, j'espère, assez galamment troussé, car cette garniture est de Régnier (1), mon très cher! — dit le géant en s'examinant avec complaisance.

— Le fait est que vous êtes merveilleusement ajusté!.. mais ce doit être coûteux, car on tapisserait une chambre entière avec l'étoffe qu'il faut pour draper *Votre Énormité*... et en vérité, M. de Rohan habillerait dix amis comme moi contre un, tel que vous!

— Mais précisément! vous ne voyez pas que j'ai engraissé exprès pour ruiner plus vite mon Oreste! et que j'augmente chaque jour l'intéressante rotondité de cet autre Pylade, — dit le colosse en frappant sur son ventre énorme, — afin de compter par toises d'étoffe au lieu d'aunes!

— Ainsi, les ressources de votre chevalier sont aussi étiques que vous êtes apoplectique.

— Par Dieu! est-ce que sans cela j'aurais écrit à Montérey pour cette révolte de Normandie, que je gardais comme ma poire pour la soif!.. Oui, digne compère, nous sommes

(1) Tailleur fort à la mode.

ruinés à fond, ruinés à plat, ruinés sans sou ni maille, libres comme l'air enfin! de vrais Bohêmes! qui pouvons aller planter notre tente sous tous les soleils, en laissant pour une centaine de mille livres de souvenirs à nos créanciers!! nous qui étions riches de cinq cent mille livres quand nous nous connûmes!... Comme le temps passe pourtant!!

— Et cette ruine... en deux ans? trois ans? colonel?

— Ah! fi! vous nous jugez mal, compère, nous avons de l'ordre, et nous nous piquons d'une certaine économie. Voyons... quand j'ai pris Rohan, c'était en 1669; ainsi... 70, 71, 72, 73, 74... cela fait presque cinq ans;... or, vous croyez que lorsqu'on a vécu comme nous avons vécu pendant ce temps-là, faisant gros jeu, grande chère, tenant maison princière, enfin, en voyage et partout, on peut se plaindre lorsqu'on en est quitte pour cinq cents méchantes mille livres?

— Non certes! surtout lorsqu'on les a mangées en compagnie de *votre énormité;* mais ces cinq cent mille livres n'étaient-elles pas le prix de sa charge de Grand-Veneur? la dernière ressource de M. de Rohan, après que son patrimoine eut rendu le dernier souffle ?

— Justement, le surlendemain du jour où je lui sauvai la vie à Fontainebleau, en mettant bas une *Troisième Tête* qui commençait de travailler rudement notre chevalier, il vendit sa charge au *grand* Soyecourt, comme dit la chanson, vous savez :

> Enfin Soyecourt,
> Le brave et grand Soyecourt,
> A la cour
> Tant en estime,
> Toujours sert de rime
> A l'amour (1).

— Un humble bourgeois comme moi, mon gentilhomme, n'entend rien à ces malices... mais pour revenir au prédécesseur de M. de Soyecourt, ce fut avec une résolution et une fierté tout-à-fait dignes du feu duc de Rohan lui-même, que le chevalier, dit-on, donna sa démission au roi ?

---

(1) Cette chanson, qu'on ne peut donner en entier, est extraite du manuscrit déjà cité, qui en renferme une extrême quantité sur le même acteur et sur ses mêmes prouesses ; elle se chante sur l'air *du grand Soyecourt*, et est intitulée : Chanson sur le marquis de Soyecourt, Grand-Veneur de France, d'une grande réputation pour ses exploits... (Note du manuscrit, p. 113, vol. 24.)

— Qui ça? lui, Rohan? un homme résolu?
— reprit Latréaumont avec un éclat de rire,
— Rohan un homme énergique? Ah çà! où diable *votre exiguïté* a-t-elle mis ses lunettes? Rohan est colère quelquefois, quand la haine, l'orgueil ou l'envie le grisent ; alors il s'exalte et se furibonde un moment ; mais presque aussitôt il retombe dans la mollesse et l'indécision... Tenez... Rohan... c'est un enfant égoïste, irritable et pleurard, qui me craint comme le feu et qui pourtant ne peut pas se passer de moi, à qui je suis souvent odieux, et qui ne quittera jamais ses lisières ; enfin il ressemble encore, si vous le voulez, à ces femmes qui sont battues, ruinées par leur amant, et qui ne peuvent ni n'osent le quitter!

— Et vous ne craignez pas, vénérable Ruffian, qu'un beau jour la malheureuse irritée n'égratigne?

— Lui?... il m'a cent fois dit...: *Ce serait une lâcheté de ta part de m'insulter... parce que, je le sens, contre toi* L'ÉPÉE ME MANQUERAIT !!! (1). Cela vient aussi de ce qu'il me croit un peu le cousin de Satan... et cette alliance lui impose fort.

(1) Voir le procès.

— Alors, je vois que c'est de la fascination toute pure, mon gros serpent !... et que cet oiseau babillard et doré ne vous échappera pas, — dit Nazelles en souriant d'un air incrédule et goguenard.

— Vous riez, compère, et vous avez tort ! d'abord, parce que vous montrez quatre vilaines dents noires en grandissime deuil de toutes leurs sœurs ! — Ce qui était vrai, Nazelles avait une affreuse dentition. — Et puis, — ajouta le géant en affectant une pitié bouffonne, — parce qu'il n'y a rien de risible dans le sort du puîné de la maison de *Rohan-Montbazon-Guémenée-Soubise...* qui a juste autant de noms que vous avez de quenottes !

— Ne vous moquez pas de mes dents, mon gros molosse ! la vipère muette n'en a que deux vilaines aussi.... et sa morsure est pourtant plus terrible que la large mâchoire du dogue aboyeur, — dit M. de Nazelles d'un imperturbable sang-froid.

— Mille tonnerres, votre exiguïté a raison ! un venin subtil est cent fois pire qu'un hardi coup de gueule ! Je m'en rapporte à vous... mais sérieusement, Rohan ne peut m'échapper... Car voyez-vous, compère... c'est une terrible chose que l'habitude et la faiblesse ; or,

Rohan est un de ces êtres qui ne sont jamais bruit, mais écho; et puis, je l'amuse, je le fais rire, je le remonte, je lui donne du cœur, et il m'a dit cent fois que lorsqu'il m'avait au bras, il se sentait plus fort et plus résolu; et puis, entre nous, mort-Dieu! ne lui ai-je pas sauvé la vie deux fois? à Fontainebleau d'abord, et dernièrement au siége de Maëstricht, où je l'ai dégagé d'un parti de Hulans de Spurzeim qui lui avait déjà prêté deux bons coups de sabre qu'il ne paraissait guère disposé à leur rendre.

— Excellent et digne ami! qui ne voulait pas laisser son espoir de complot sur le champ de bataille, — dit M. de Nazelles avec ironie.

— Triple-dieux! croyez-vous pas que sans cela, je me serais soucié de la peau de Rohan et que je me serais donné avec lui des airs de Pélican! Les Hulans se seraient trouvés par hasard sous mon sabre, que je n'en aurais pas frustré ma lame... mais à mon âge, je n'aurais pas été, par Dieu! faire exprès pour ce damoiseau-là... cette campagne de 73!

— Mais à ce propos, comment, après sa démission si fièrement donnée à Fontainebleau, il y a cinq ans, M. de Rohan a-t-il fait la guerre comme volontaire dans l'armée du roi?.. comment votre énormité ne l'en a-t-elle pas empêché? ne craignait-elle pas un rapprochement? un remords? un repentir? et alors... au diable les projets de révolte déjà une fois si compromis par les Hulans de Spurzeim.

— D'abord, vous saurez que la girouette la plus folle n'est pas plus vacillante que les volontés du chevalier; ainsi, je l'ai entendu vingt fois s'écrier : *Ah! je mourrais content si je pouvais tirer l'épée contre le roi dans une bonne révolte!* et le lendemain, me dire : *Ah! si je pouvais avoir seulement une année de faveur comme Lauzun, je mourrais heureux!* (1).

— Mais encore une fois, compère... vous ne redoutez pas cette versatilité... ce désir de faveur?

— Et mille-dieux! que m'importait ce désir de faveur... puisque c'était une chimère! Au contraire, je voulais l'en faire revenir une bonne fois! Est-ce que je ne connaissais pas le grand roi! est-ce que Brissac ne m'avait pas dit cent fois qu'il était, dans sa haine, d'une invincible opiniâtreté! est-ce qu'alors je n'étais pas sûr que plus Rohan s'humilierait devant le monarque, plus il demanderait par-

---

(1) Voir le procès.

don de la scène de Fontainebleau, comme il a eu la lâcheté de le faire, en attribuant ses emportements de ce jour-là, au chagrin furieux qu'il avait eu de se voir odieux à S. M., *pour laquelle il éprouvait,* disait-il, *un amour aussi violent, aussi fort qu'un amant pour sa maîtresse*(1)? est-ce que je ne savais pas enfin, que plus Rohan se mettrait sur le ventre, plus notre Royal danseur de ballets lui sauterait intrépidement sur le dos ! ! !. et c'est ce qui est arrivé... Lorsque Rohan lui a fait demander par la princesse de Soubise, sa cousine, pardon de la scène de Fontainebleau, le roi a dit qu'il avait été ravi de cette scène qui le débarrassait de son Grand-Veneur; quand Rohan a fait demander par Colbert, son parent, l'honneur de suivre sa rayonnante majesté dans ses armées pour expier ses torts, le roi a répondu que tout gentilhomme pouvait se battre comme volontaire, mais que jamais l'ex-Grand-Veneur n'aurait de charge militaire! Enfin, quand Rohan, ayant à Maëstricht reçu ce horion dont il n'est pas encore guéri, se présenta sur le passage du roi, et qu'étalant bien son bras en écharpe, il lui dit : « Sire, c'est le plus

---

(1) Voir le procès.

» humble de vos soldats qui vient lui deman-
» der à Votre Majesté pardon de ne s'être pas
» encore fait tuer à son service, » — le roi le regarda en face, haussa les épaules, et lui tourna le dos sans répondre une seule parole (1).

— Et, en se voyant si profondément méprisé du roi, Rohan devint furieux, j'espère..? et le feu prit à vos poudres, digne ingénieur de sapes souterraines !

— Juste ! la mine éclata... Rohan, ne se possédant plus, me parla le premier de l'insurrection de Normandie, dont je le berçais depuis que nous étions à moitié ruinés !... Mille tonnerres ! il ne rêvait alors que vengeance, révolte et massacre ! et ne parlait plus de grand roi qu'avec des grincements de dents pour virgules, et des blasphèmes pour exclamations !

— Et dans cette belle accentuation d'enfer, que votre énormité enseigne si bien, *gain* et *pillage* ne servaient-ils jamais de points d'interrogation ?

— Rarement !... Sa haine d'abord ; oh ! sa haine, car il voyait clairement que c'était fini

(1) Voir le procès.

de lui avec son monarque ; oh ! je l'avais deviné. Aussi le chevalier revint-il à moi ; vite je dépêchai le marchand portugais à Bruxelles ; et si on accepte le nom de Rohan pour enseigne de la révolte de Normandie, le chevalier est à moi, triple-dieux, comme le patient au bourreau !

— Et il n'hésitera pas à pousser les choses ?

— Que peut-il faire ? Il est ruiné, sans un sou ; de nos deux dernières mille livres, mon habit payé, ce repas payé, il ne nous restera pas vingt pistoles ; de plus, il n'a pas un ami qui ose l'approcher depuis que le courroux du roi se montre aussi persistant contre lui... Il est à moi, vous dis-je !

— Mais sa mère, madame la princesse de Guémenée ?

— Ah çà ! *votre exiguïté* veut rire ? Ne sait-elle pas que lorsque j'ai amené Rohan à forcer l'hôtel de Guémenée pour y enlever violemment, l'épée à la main, des titres et des papiers de famille, par là je mettais le chevalier dans la position de ne jamais pouvoir se présenter devant cette marâtre, qui le haïssait déjà de toutes ses forces.

— Que votre énormité me pardonne, on peut oublier quelques saints dans la légende du paradis; mais cette mademoiselle Maurice d'O***, qui depuis cinq ans l'aime, dit-on, éperdument d'un amour sans pareil ?

— Ah ! par Vénus bégueule, ce fut là mon chef-d'œuvre; du moment où je vis cette pécore, le jour de la chasse de Fontainebleau, je l'ai détestée, et redouté son influence. Or, chère vipère que vous êtes, j'imaginai d'abord de pousser Rohan à toutes sortes d'infidélités éclatantes en exaspérant sa vanité, et récemment encore à lui faire faire ce voyage de Bavière, dans lequel l'Electrice s'éprit si amoureusement (1) du chevalier, que l'Electeur nous a chassés, bien qu'il n'en fût pas à sa Première-Tête, comme on dit en Vénerie, mais au moins à sa Quatrième, s'il n'était pas Dix-cors...

— Eh bien ! l'amour de cette Maurice résista malgré tant d'infidélités ?

— C'était l'enfer, mort-Dieu ! une vraie sainte ! souffrant tout, et aimant d'autant son infidèle, qui, parfois, s'y laissait prendre et toucher. Alors j'imaginai, pour ruiner ces velléités de confiance, d'empoisonner la source de ce pur et frais ruisseau de

---

(1) Voir le procès, fin du volume.

croyance, comme dirait Scudéri, en y jetant quelques noirs soupçons de jalousie; en un mot, je donnai à Rohan des doutes sur la fidélité de Maurice; et, qui mieux est, je fis planer ces soupçons sur d'Effiat et de Lorraine, ennemis implacables de Rohan.

— Mais on dit que mademoiselle d'O*** vit en recluse!... Comment alors le chevalier croit-il à vos calomnies?

— Il y croit, chère vipère, parce que, comme toutes les âmes petites et faibles, il est aussi orgueilleux que jaloux et défiant; aussi n'a-t-il pas de certitude; mais ce qui est bien pis, mort-Dieu! il doute!!! Aujourd'hui il la croit fidèle et dévouée; demain, au contraire, elle est un vrai monstre de perfidie! en un mot, toute influence durable est ruinée de ce côté.

— Diable! votre énormité sait son monde; mais maintenant ne craignez-vous pas que Rohan n'aille découvrir le complot au roi, pour obtenir son pardon et se remettre bien en cour?

Latréaumont resta un moment pensif, et reprit avec assurance et conviction : — Non, jamais! malgré tous ses vices, toute son irrésolution, sa faiblesse, il y a en lui un vieux levain de grande et noble race... qui dans ces extrêmes ne faillira pas.

— Ainsi, voilà Rohan, grâce à vous, sans argent, sans parents, sans ami, sans maîtresse, et par-dessus tout, compromis dans un crime de lèse-majesté! mon gros compère!

— Compromis! — s'écria Latréaumont, — compromis! Dieu le veuille... si Monterey accepte; — puis il dit en frappant du pied. — Ah! cette gazette, cette gazette!!

— Mais vous l'aurez assurément, compère, et des premiers!

— A propos de cette gazette, — reprit Latréaumont en partant d'un bruyant éclat de rire,—ne trouvez-vous pas, mort-Dieu! du dernier plaisant, que ce soit justement les messagers du roi qui se donnent la peine de venir apporter ici, en pleine taverne, la réponse de Monterey, la réponse d'un ennemi de la France, à une proposition de révolte en France? N'y a-t-il pas de quoi rire jusque sous la roue, en songeant que si j'ai le bonheur de lire dans la Gazette de Hollande qui arrivera aujourd'hui à Paris, ces mots apparemment si insignifiants pour tout autre que pour moi inscrits à l'article de France :

1° *On dit à Paris que S. M. partira pour se rendre à Compiègne le* 29 *ou le* 30, *et qu'elle fera deux maréchaux de France.*

2° *On dit qu'il arrive un courrier extraordinaire d'Espagne* (1).

— N'y a-t-il pas encore une fois de quoi crever, en songeant que ces mots-là, que notre potentat et ses ministres liront assurément sans s'y appesantir, signifieront pourtant : — *M. de Monterey, gouverneur-général des Pays-Bas, consent aujourd'hui, comme y consentait il y a cinq ans le baron d'Isola, à appuyer de l'argent et des armes de la Hollande et de l'Espagne, une rébellion en Normandie, tendant à établir la république en France, rébellion à la tête de laquelle sera le chevalier de Rohan.*

— Le fait est, compère, que rien n'est plus commode et plus sûr, pour échapper à l'inquisition qui s'étend sur la poste, les lettres étant habituellement toutes décachetées; et

---

(1) Voir le procès. Après le premier voyage de Van-den-Enden en Hollande, Latréaumont avait envoyé à Bruxelles un marchand portugais affidé de Monterey, et chargé des propositions de M. de Rohan. Dans le cas où elles convenaient à Monterey, il devait aussitôt faire insérer ces nouvelles dans la Gazette de Hollande, comme signe de son adhésion au complot, afin d'éviter une correspondance dangereuse.

je trouve la plus jolie au monde, cette façon de correspondre avec les ennemis de l'État.

— Sans compter, chère vipère, que si cette bienheureuse nouvelle se trouve dans la gazette, le marchand portugais recevra en même temps l'ordre de nous compter cinquante bonnes mille livres, afin d'être en fonds pour travailler activement à notre rébellion, la révolte ouverte étant cette année hors de prix.

— Ah çà, pourriez-vous me dire si réellement votre énormité prend autant de peine pour assurer la suprématie de M. de Rohan sur cette future république Normande? Pourriez-vous me dire enfin ce que deviendra ce Seigneur, dans le cas où la révolte irait à bien?.. — demanda Nazelles d'un air ironique.

— Pourriez-vous me dire, compère, ce qu'on fait d'un drapeau après le combat?... pourriez-vous me dire quelle part prend au gouvernement des affaires, ce flasque brin d'étoffe brodée d'or et de soie perché au bout d'un bâton... et qu'on appelle une enseigne, — répondit le géant d'un air significatif.

— Je comprends... je comprends... ainsi, j'ai l'honneur d'avoir devant les yeux le véritable et futur chef de la libre république normande?

Latréaumont fit, d'un air bouffon, un signe de tête affirmatif.

— Et comment se gouverne-t-on dans vos futures possessions, monseigneur? — dit Nazelles avec ironie; — comment vont les esprits en Normandie?

— On y est exaspéré, mille-dieux! les impôts irritent en diable, la noblesse aboie, le parlement grogne, et le peuple gémit comme la broussaille sous l'ouragan.

— Soit; mais aboyer, grogner, gémir, ce n'est pas mordre, et souvent le fouet a raison de ces impertinents murmures.

— Aussi, mort-Dieu! je compte sur la promulgation du nouvel impôt *du tiers* et *danger* (1), ainsi que sur la convocation de *l'arrière-ban* (2) dont on menace la province, pour faire enfin montrer les dents à ces timides aboyeurs.

— Ah çà, ce nouvel impôt est donc fort pesant?

(1) Voir aux pièces, plus au long, le texte de l'édit; au pays de Normandie, ce droit était de *treize livres* sur *trente livres*. Voir le Guidon des financiers ou annotations. C'est pour conserver ce droit que les *seigneurs Dangereux* ont été institués. (Ragueneau, Glossaire du droit français. Paris, 1704. in-fol., 2645.)

(2) Voir plus bas les dispositions relatives à cette milice nationale.

— Le *tiers* et *danger!* pesant? non, non. mille tonnerres, il est des plus allégeants, au contraire!! vu qu'il ôtera des lourdes sacoches de nos buveurs de cidre, à peu près la moitié de leur revenu.

— La moitié?... c'est impossible!...

— Très possible, trop possible, car la proportion du droit à payer est de *treize livres* sur *trente* que vous possédez... Or, vous croyez que lorsque nos hobereaux, faisant le total du revenu de leurs biens, diront : *Je pose trente*, et que le fisc viendra dire, *et moi je retiens treize*, on ne répondra pas au fisc par treize millions de milliards de coups de bâton! accompagnés d'autant de milliards de coups de fusil! si les troupes du grand monarque étaient en goût de soutenir le fisc!

— Le fait est, qu'heureusement pour le complot, cet impôt me paraît exorbitant; aussi la Normandie serait-elle digne de porter une quenouille dans son écusson, si elle souffrait cette royale pillerie.

— Mais ce qu'il y a de mieux, — reprit Latréaumont en riant aux éclats, — c'est que notre roi de carrousel se charge, mort-Dieu! de rassembler et d'armer lui-même la noblesse! Ainsi, ce qui ordinairement éveille toujours l'attention... les grandes réunions d'hommes armés, se trouve justement ordonné par l'édit du roi sur la convocation de *l'Arrière-Ban*; or, une fois nos hobereaux à cheval, c'est bien le diable si je ne mets la peur au ventre de ces campagnards, déjà si mécontents, en leur disant qu'on les envoie à la boucherie, et qu'au lieu de quitter leur pays pour aller se faire hacher en Allemagne, il vaut bien mieux rester dans leur province pour défendre leurs droits et leur argent contre Sultan XIV! S'ils mordent à l'hameçon, je leur prouve alors l'appui de la Hollande et de l'Espagne... je leur apporte notre grand flandrin de Rohan comme drapeau, et nous marcherons droit sur Quillebœuf, où mes intelligences nous ménagent le débarquement de l'ennemi...

— Eh! eh!.. votre plan de campagne n'est pas si maladroit, mon gros Titan. Mais parmi vos gentillâtres... qui ouvrira le bal le premier? qui attachera le grelot de la rébellion?.. C'est là l'important... car vous savez que si dans les campagnes, dès qu'un clocher a sonné le tocsin, tous les autres lui répondent sans trop savoir pourquoi, il faut au moins que quelqu'un donne le branle.

— Eh bien, ce clocher, ce tocsin de révolte, ce sera mon neveu! — dit le colonel en se renversant sur son fauteuil d'un air triomphant.

— Auguste des Préaux?... vous êtes fou... comment, Auguste des Préaux?.. des Préaux votre neveu?

— Oui... des Préaux, mon propre neveu, ou, si vous l'aimez mieux, le fils de ma sœur.

— Allons donc! Auguste des Préaux?.. qui, m'avez-vous dit, va épouser cette riche et jolie veuve, madame la marquise de Vilars? Il se mêlerait de votre affaire!!

— Il s'en mêlera, vous dis-je! et c'est justement parce qu'il va épouser madame la marquise de Vilars, cette jeune et jolie veuve, qu'il faut qu'il soit non seulement du complot, mais encore qu'il en soit le grelot, le tocsin, comme vous dites, et il le sera.

— Il le sera?..

— Il le sera...

— Et pourquoi?

— Parce que *je le veux!!*

Il y eut, dans la manière dont Latréaumont prononça ces derniers mots, un accent de conviction si ferme, si impérative et si profonde, que Nazelles ne put s'empêcher de la partager un moment; aussi le partisan, fier de l'impression qu'il avait causée, et voulant sans doute l'augmenter encore, ajouta négligemment:

— Vous sentez bien, compère, que madame de Vilars ayant au moins quarante ou cinquante mille livres de revenu en biens fonds, et pouvant, par ses mouvances et les droits de ses terres, nous mettre une cinquantaine d'hommes à cheval; étant de plus femme d'une grande et solide vertu, d'un magnifique caractère, et, comme telle, infiniment comptée et respectée en Normandie... vous sentez bien, dis-je, qu'il est de la dernière importance pour notre rébellion que cette belle veuve y soit fourrée jusqu'à son joli petit menton, afin d'encourager et de décider par son exemple nos grossiers hobereaux, pour la plupart encore timides et irrésolus; aussi, jamais plus charmante fauvette n'aura pipé autour d'elle autant de Buses, de Hiboux et de Butors! au profit de l'oiseleur, lequel oiseleur est fort votre serviteur !

Mais un instant de réflexion semblant démontrer à M. de Nazelles l'impossibilité morale de ce qu'affirmait Latréaumont, il ajouta d'un ton ironique :

— Mais vous sentez bien aussi, mon digne

oiseleur, que par cela même que madame de Vilars est jeune, belle, riche, veuve, et surtout amoureuse de votre neveu des Préaux, qui lui-même, m'avez-vous dit, adore vertueusement cette vertueuse femme, du fond du cœur le plus noble et le plus pur qui soit au monde, vous sentez bien, dis-je, que ni lui, ni celle qu'il doit épouser bientôt, ne voudront se fourrer dans votre guêpier!

— Par la langue dorée de Cicéron, mon futur Démosthènes, — dit le géant en éclatant de rire, — vous concluez comme un cuistre! C'est justement parce que la jolie veuve est riche et amoureuse, qu'elle conspirera; c'est justement parce que mon noble neveu est vertueux et amoureux, qu'il conspirera, et que tous deux, comme vous dites, se fourreront dans mon guêpier!

— Ah çà, — dit de Nazelles en haussant les épaules avec une impatience qu'il ne put dissimuler, — vous me supposez assez stupide pour croire une minute que votre neveu, sur le point d'épouser cette jolie madame de Vilars, va s'embarquer de gaieté de cœur dans une affaire où il y va de son cou et de celui de sa maîtresse? Allons, allons, compère, le vin généreux de la Guerbois est encore plus capiteux que je ne le pensais ; et pour avoir tenu tête aux plus intrépides buveurs d'Allemagne et de Hollande, votre énormité me paraît facilement voir ce qu'elle désire, à travers le fond de la bouteille.

—Enfant ! — dit le colosse d'un air dédaigneux, — qui ne sait pas encore que pour Jules Duhamel de Latréaumont, vouloir et pouvoir... c'est tout un ! Mais pour terminer, je vous dis, moi, que mon neveu et madame de Vilars conspireront avec moi *parce que je le veux;* maintenant parlons d'autre chose. C'est bien assez que vous m'ayez déjà surpris un secret, mon Dieu ! sans que j'aille vous en confier un autre...

Nazelles ne parut pas avoir entendu les derniers mots du partisan, et continua :

— Vous avez raison, respectable magicien, parlons d'autre chose, je ne crois pas ce que ma raison me démontre impossible,— car tout en regardant comme une fable ce qu'affirmait Latréaumont, Nazelles ne pouvait pourtant s'empêcher d'être frappé de l'assurance extraordinaire avec laquelle le colonel répondait de la future participation de son neveu et de madame de Vilars, à ce dangereux complot; puis l'avocat reprit : — Et si Monterey accepte, qui envoyez-vous en Hollande, pour terminer et prendre les derniers arrangements?

— Comment, mort-Dieu! votre tendre cœur ne vous le dit pas?... eh mais, le vieux de Piquepuce, le père de votre infante, votre hôte enfin !

— Van-den-Enden?

— Certes, maître Affinius Van-den-Enden, lui-même. Mais à propos, et votre amour, beau cupidon si traîtreusement masqué en vilain monstre? et Clara-Maria? votre idole, vous méprise-t-elle toujours bien profondément?

Malgré son impassibilité habituelle, Nazelles ne put retenir un geste de dépit et de colère, en entendant le colonel le narguer encore sur sa laideur, qui en effet était extrême, et sur le mauvais succès de son amour, non moins extrême ; aussi répondit-il au géant d'une voix aigre :

— Quand le lourd mâtin aura l'élégance du noble lévrier, nous pourrons tous deux oublier la laideur de notre visage, monsieur de Latréaumont.

— Ah ah! nous nous fâchons, notre beau sang-froid s'évapore, monsieur du Cansé, sieur de Nazelles,— dit le colosse en riant aux éclats de la colère de l'avocat. Puis il reprit imperturbablement : — Pourquoi, diable, aussi votre exiguïté va-t-elle justement s'affoler de Clara Maria ? cette statue de neige, cette femme pâle aux yeux clairs et glacés ?... Mille tonnerres ! il y a cinq ans, à Amsterdam, je ne sais par quel malentendu, je lui ai baisé la main... brrr... c'était froid comme du marbre par une nuit de decembre, et... il m'a fallu boire au moins vingt verres d'eau-de-vie pour me réchauffer les lèvres.

Nazelles voulant mettre fin aux sarcasmes de Latréaumont, et sachant, que lui répondre avec impatience serait exciter encore l'insupportable taquinerie du matamore, Nazelles parut se résigner de bonne grâce, et lui dit en soupirant : — Que voulez-vous, digne colonel, est-on maître de son cœur et de sa figure ? Je suis laid et j'aime Clara Maria, elle est insensible et me méprise; en vain je me suis mis en pension dans l'école que son père est venu tenir en France, mon amour n'y gagne rien, tout cela est vrai, je l'avoue encore... aussi n'est-il pas généreux à vous, heureux Céladon, de vous moquer ainsi.

— Moi? heureux Céladon ! — s'écria le colonel, — avec cela que j'en ai l'encolure ! non, non, je céladonne pour mes pistoles... et si les pistoles me manquent, ou si j'aime mieux les garder pour acheter des aubes à M. le curé, comme on dit, eh bien, par Hercule! quoiqu'il n'y ait jamais de Lucrèces parmi mes amours! mort-Dieu, moi, je Tarquinise! Allez allez! faites comme moi, c'est le plus sûr! remplacez la *Carte du Tendre* par la carte du brutal; petits soins et billets doux, par ordres et menaces; au lieu de supplier à genoux, commandez la canne haute; si on ne frémit pas de plaisir, on frémira de peur, et si on ne vous donne pas, vous ravissez, tripledieux!!

— Je suis loin de nier l'efficacité de vos procédés en amour, mon vaillant Tarquin; seulement, comme je suis dans des conditions différentes avec Clara Maria, je m'en abstiendrai, et continuerai d'aimer sans espoir. Mais pour revenir à votre affaire, croyez-vous que Van-den-Enden voudra se charger de cette nouvelle mission auprès de Monterey?

— S'il voudra?... d'abord, *on veut toujours avec moi*, compère; mais quant au docteur, il sera aux anges, car il verra la possibilité de réaliser ainsi un projet qu'il regardait presque comme une chimère il y a cinq ans, lorsque je le connus à Amsterdam, et que j'allai, de sa part, voir ce faquin de l'Isola, et le pauvre Jean de Witt!... Jean de Witt... indignement massacré comme son frère par ces brutes de Hollandais, qui ont dépecé et attaché au pilori les membres de ces deux grands hommes, comme on accroche des quartiers de bœuf à l'étal d'un boucher! — dit Latréaumont, en fronçant ses noirs sourcils comme s'il eût été affecté passagèrement par un souvenir pénible.

— Avouez pourtant, colonel, — reprit l'avocat, — que rien n'est plus étrangement fatal que l'arrivée de Van-den-Enden en France : n'est-ce pas un jeu singulier de la destinée, que l'établissement de ce vieux docteur à Paris? ne dirait-on pas qu'il y vient juste à point pour vous donner les moyens de renouer des projets de rébellion rompus depuis cinq ans? Et ce, grâce aux intelligences que, malgré sa proscription, Van-den-Enden, a conservées avec des gens considérables de Hollande ? sans compter encore qu'il faut qu'il soit doué d'une rare énergie pour aller, à soixante-quatorze ans, traverser à cette heure deux armées afin de rencontrer M. de Monterey à Bruxelles.

— Mais le vieux forcené, irait au diable et sur la tête pour trouver matière à appliquer ses rêvasseries de liberté, soit en Hollande, soit ici ; ça a toujours été sa marotte... et depuis que nous avons reparlé de ce projet, que vous soyez roué vif! compère, s'il ne m'a pas montré dix plans de gouvernements républicains, tous applicables à cette grasse Normandie, une fois que nous l'aurons arrachée aux griffes de Sultan XIV, et tous plus admirablement libres les uns que les autres ; un véritable âge d'or, tout sucre et miel, des lois toutes embaumées de charité, de bonté, d'égalité, de fraternité, que sais-je, moi ! une manière de *régénération sociale* enfin, comme il appelle cette imagination d'estomac creux, grâce à laquelle les bas Normands d'abord, et le reste des hommes ensuite, iront tout droit au paradis.... dès que les ailes leur seront poussées.

— De fait, le père de mon infante, comme vous dites, est un digne rêveur de l'école de cette pécore de Jean de Witt! — reprit dédaigneusement Nazelles.

Pour la seconde fois depuis le commencement de la conversation, au nom de Jean de Witt, la physionomie de Latréaumont perdit son expression habituellement insolente et railleuse, et prit un caractère sérieux. — *Je ne veux pas*, — dit le colosse en appuyant sur ces mots, — je ne veux pas qu'on parle mal de Jean de Witt devant moi !

— Voilà qui devient du dernier piquant ! — s'écria Nazelles, — Latréaumont défendant la mémoire de Jean de Witt, ce candide imbécile !!

— Tonnerre et sang! je vous dis que *je ne veux pas* qu'on parle mal de Jean de Witt devant moi ! — répéta Latréaumont irrité ; — honneur et respect à ce nom-là !

— Et pourquoi plutôt à celui-là qu'à tout autre? — dit négligemment Nazelles.

— Parce que ce nom-là est celui du seul, homme devant lequel Duhamel de Latréaumont se soit jamais trouvé triste et interdit !

— Triste !.. interdit !.. vous ! devant Jean de Witt ! — dit Nazelles en scindant pour ainsi dire chaque mot, par un éclat de rire dédaigneux.

Le géant furieux se leva à demi, et, serrant ses deux poings énormes, attacha un regard étincelant sur le maigre avocat, dont le blême visage se colora une seconde ; mais bientôt reprenant son sang-froid, le colonel ajouta : — Mort-Dieu, j'avais bien envie de vous rosser d'importance, et ensuite de vous tirer une pinte de sang, pour voir si vous avez dans les veines autre chose que du venin.

— Telle soif que vous ayez de cette rouge liqueur, mon brave spadassin, il y a quelquefois loin de la coupe aux lèvres, — dit froidement Nazelles en jetant un coup d'œil significatif sur son épée pendue à la muraille.

— J'entends... j'entends, — dit Latréaumont avec insouciance. — Oui... je sais que vous maniez bien une rapière, et que vous êtes en état de vous défendre, même contre moi!... c'est pour cela que je vous parlais de cette pinte de sang jouée à *Pointe-Pointe*; mais comme j'aurais d'abord commencé par vous briser les os, la partie de *Pointe-Pointe* n'eût plus été égale, aussi j'y renonce.

— Vous n'auriez pas commis cette lâcheté! — s'écria de Nazelles, effrayé malgré lui en songeant à la force colossale de son adversaire.

— Non, vous dis-je, vous le savez bien.... Mais voyez-vous, complice, nous sommes tous deux bons à pendre, mais pas à dépendre; nous sommes deux sacripans sans foi ni loi, capables ou coupables de tous les crimes; mais, mille tonnerres! je ne sais pourquoi je suis aise que vous ne compreniez pas ce que j'ai éprouvé, moi, à la vue de Jean de Witt! et ce dont je suis plus aise encore, c'est de n'avoir vu ce grand homme qu'une seule fois.

— Et pourquoi, compère?

— Parce qu'à la seconde fois je me serais peut-être familiarisé, et qu'à la troisième je l'aurais sans doute tutoyé !

A ce moment, la conversation du partisan et de l'avocat fut interrompue, car on ouvrit la porte de la salle inoccupée qui précédait leur cabinet (prudente précaution qui permettait aux deux convives de parler aussi confidemment), et un valet de la Guerbois vint gratter timidement à la serrure.

— Mille triples-dieux,—s'écria Latréaumont en se levant avec vivacité, — enfin ! voici la Gazette de Hollande, qui va nous dire si Monterey accepte... ou s'il n'accepte pas !!!

CHAPITRE SEIZIÈME.

Ocyor et cœli flammis et tigride feta.

(Lucain, v. 405.)

Plus rapide que l'éclair, plus prompt que le tigre à qui on vient d'enlever ses petits.

La Gazette de Hollande.

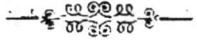

— En effet, un garçon entra.

— Eh bien, mort-Dieu ! et cette gazette ? — dit Latréaumont.

Mais le garçon, pâle comme un mort, tenant son bonnet à la main, et tendant les bras d'un air suppliant, répondit au colonel d'une voix tremblante :

— Par le martyre des Saints-Innocents, mon gentilhomme, ce n'est pas faute de lui avoir répété vingt fois, je vous le jure!

— Répété quoi? — demanda brusquement Latréaumont.

— Mon gentilhomme, lui avoir bien répété que vous l'attendiez, et que c'était pour vous!

— Mais quoi, triple butor?

— La Gazette! mon gentilhomme...

— La gazette est ici, et je ne l'ai pas! — s'écria le colonel furieux, et saisissant le malheureux par sa cravate, il le secoua rudement.

— Grâce, mon gentilhomme! — disait celui-ci, — ce n'est pas ma faute, c'est monseigneur le marquis de Châteauvillain qui l'a prise, bien malgré moi, je vous le jure!

— Misérable! — continua Latréaumont exaspéré.

— Compère! compère! — s'écria Nazelles, songez donc que cet imbécile ne s'appelle pas le marquis de Châteauvillain!

— C'est juste... mon épée!... mon épée!... — dit le colosse en repoussant vigoureusement le pauvre valet, qui courut à la muraille, décrocher l'épée de Latréaumont, et la lui présenta, encore tout tremblant, mais fort aise de voir une aussi terrible colère prendre un autre cours.

Le colonel sifflant entre ses dents, sans dire un mot, saisit sa rapière, la tira du fourreau, examina sa lame, la fit ployer en appuyant son extrémité sur le bout de son soulier, craignant sans doute, qu'en se servant du carreau pour cet essai, la pointe du fer ne s'émoussât; puis, maniant son arme par la poignée pour sentir si elle lui était bien en main, il la remit au fourreau, toujours dans le plus grand silence, pendant que Nazelles, qui s'attendait probablement à être le second du colonel, se livrait aux mêmes expériences sur la souplesse et l'acuité de sa lame.

— Maintenant, — dit Latréaumont en s'adressant au laquais, — parle vite, dis ce qui est arrivé, et n'aie pas peur, car il ne s'agit pas ici de ta maigre échine?

— Mon gentilhomme, vous allez tout savoir, — reprit le pauvre hère, qui, la gorge desséchée par la crainte, semblait, après chaque mot avaler une gorgée de breuvage. — Mon gentilhomme, le messager a donc apporté la gazette... Petit-Pierre que j'avais placé là exprès, la prend, la donne à Jacques en lui disant : Va tout de suite porter cette gazette à M. de Latréaumont au n° 6... tu sais? le grand gentilhomme qui n'aime pas à attendre... Mais alors, Dieu du paradis... voilà que M. le marquis de Châteauvillain entendant cela, arrache la gazette à Petit-Pierre et lui dit : » Maintenant va dire à ce monsieur » qui n'aime pas à attendre, et qui veut qu'on » le nomme, que tu l'as nommé, et que malgré » ça, moi, j'ai gardé la gazette. » Alors par les Saints Martyrs je...

— Assez!.. mène-moi vite à ce marquis, — dit Latréaumont en interrompant le garçon, puis il ajouta : — Nazelles, vous en êtes?

Tels furent les seuls mots que prononça Latréaumont, en se précipitant vers la porte, avec une rage froide, plus terrible à voir qu'aucun emportement.

Nazelles, qui avait répondu d'un signe affirmatif à la question de Latréaumont, le suivit, et tous deux descendirent précédés du garçon, qui, ne se souciant pas sans doute de servir d'introducteur à Latréaumont, fit un détour en arrivant au bas de l'escalier, et disparut par un obscur passage.

Mais Latréaumont, qui connaissait parfaitement la maison, traversant un couloir, arriva bientôt à la porte de la grand'salle des *Trois-Cuillers*, où se tenaient alors M. de Châteauvillain et ses amis.

Le colonel ouvrit violemment cette porte... et, suivi de Nazelles, entra, tenant son épée sous son bras.

— Où est le marquis de Châteauvillain? — demanda Latréaumont de sa grosse voix, en jetant un regard circulaire et hautain autour de la salle.

A cette interrogation, faite d'un ton si provoquant, et en prévoyant sans doute les suites, la Guerbois, vieille hôtesse depuis longtemps habituée à de pareilles scènes, courut d'abord fermer au verrou la porte du cabaret qui s'ouvrait sur la cour, puis disparut laissant le champ clos et libre aux acteurs et aux spectateurs de ce démêlé.

Alors aussi, les tranquilles citadins, qui, attirés par le renom *des Trois-Cuillers*, y étaient venus faire paisiblement une petite débauche, commencèrent à se regarder tristement, et à regretter de n'avoir pas suivi le prudent exemple de l'hôtesse; mais craignant de paraître trop timides, ils se résignèrent à demeurer témoins de la querelle qui menaçait; tandis qu'au contraire, la majorité des convives, composée de gens d'épée et de jeunes courtisans, prêtaient un vif et ardent intérêt à ce qui s'allait passer.

— Ah çà, mort-Dieu ! et ce marquis de Châteauvillain... où est-il donc? est-ce qu'il se cache parce que Duhamel de Latréaumont le cherche? — répéta le géant de sa grosse voix retentissante.

A ces mots, un beau jeune homme à vaste perruque blonde, vêtu d'un justaucorps bleu de ciel, brodé d'argent et garni d'une profusion de rubans et d'aiguillettes de satin rose, croisant sur son genou une de ses jambes chaussées de bas de soie à coins d'or, se balança sur sa chaise, aspira bruyamment une forte prise de tabac d'Espagne, et, secouant la dentelle de sa cravate, dit en grasseyant à un de ses compagnons :

— Eh bien, qu'est-ce que cela, vicomte? quel est le rustre qui ose ici beugler mon nom de la sorte? quelque porteur de chaise ou de falot, j'imagine, qui vient réclamer un écu pour des coups de bâton que je lui aurai donnés hier étant ivre? Holà ! le Basque ! Lorrain, Bourguignon ! qu'on me débarrasse de cet étourdissant maraud à grands coups d'étrivières !

En prononçant ces mots, M. de Châteauvillain, assis sur une chaise, tournait le dos à la porte, et conséquemment ne pouvait apercevoir Latréaumont, bien qu'il l'eût reconnu à sa voix et à son interrogation.

Le colonel ne répondit pas un mot; mais usant de sa force athlétique, de sa main droite il saisit par son dossier la chaise où était assis le marquis, et avant que ce dernier n'eût eu le temps de la quitter, il la souleva et lui imprima un mouvement de rotation tel, que M. de Châteauvillain se trouva face à face avec lui.

Ce revirement fut d'ailleurs exécuté avec tant de promptitude et d'adresse, que le marquis ne s'en trouva pas déplacé; aussi demeura-t-il assis avec le plus merveilleux sang-froid du monde, et dit à l'abbé : — Le drôle a le poignet vigoureux, aussi le ferai-je vigoureusement étriller !

— Moi, j'aime à voir avec qui je parle!— dit Latréaumont au marquis, en le parcourant des pieds à la tête d'un air insolent, puis il ajouta : — Et j'y gagne, car on ne peut, tripledieux! rencontrer un muguet plus galamment troussé! C'est seulement dommage que j'aille tout à l'heure rudement tracasser ces dentelles et ces rubans-là ; car, mon joli plumet, vous êtes le marquis de Châteauvillain, je suppose?

Et Latréaumont, debout, dominant et regardant du haut de sa taille énorme son adversaire toujours imperturbablement assis, s'approcha près de lui à le toucher, en balançant avec arrogance ses larges épaules.

Mais le marquis conservant son sang-froid, croisant ses bras et penchant sa tête en arrière, regarda fixement le colonel, et lui répondit d'un air aussi dédaigneux qu'insultant:

— Et vous, vous êtes l'homme à la gazette, je suppose?

Depuis le commencement de cette scène, les spectateurs, de plus en plus inquiets, s'étaient rapprochés, tandis que l'abbé, le vicomte de Dreux et les autres amis de Châteauvillain s'étaient levés; mais comme rien jusqu'alors n'avait outre-passé les limites de l'attaque et de la défense, le plus profond silence régnait dans la salle, et on attendait avec une muette anxiété le dénouement de cet étrange dialogue.

— Je ne me nomme pas l'homme à la gazette! entendez-vous, l'homme aux rubans roses! — s'écria le colonel qui perdait patience, — je m'appelle Duhamel de Latréaumont, je vous l'ai dit.

M. de Châteauvillain se tourna vers le vicomte, et lui dit avec une rare expression de mépris, en montrant Latréaumont d'un geste de tête des plus impertinents : — Et ça ose se nommer encore! se nommer tout haut! devant une compagnie d'honnêtes gentilshommes ! — Puis regardant Latréaumont en face : — Puisque vous avez eu vous-même l'impudence de vous nommer! que voulez-vous, monsieur Duhamel de Latréaumont? il n'y a pas ici de joueurs friponnés à intimider par ces forfanteries-là.

Ce dernier sarcasme fit perdre à Latréaumont le calme qu'il avait conservé jusque là; ses yeux étincelèrent, il frappa violemment du pied, et s'approchant plus près encore du marquis, il lui dit d'une voix terrible et éclatante : — D'abord, monsieur de Châteauvillain! quand je me suis nommé, et que je parle debout! je veux qu'on me réponde debout!!

— Il dit, je veux ! — répéta le marquis en haussant les épaules et s'adressant à l'abbé.

— Oui; et je veux ce que je dis ! Allons, debout, mort-Dieu, debout! — s'écria Latréaumont exaspéré ; et ce disant, il saisit le marquis par les épaules, et de force le planta sur ses deux pieds.

Lors de l'espèce de lutte qui se passa avant que le marquis ne fut levé, à cette voie de fait de Latréaumont enfin, plusieurs amis de M. de Châteauvillain, se jetant entre lui et son adversaire, l'arrachèrent des mains du colonel, auquel ils reprochèrent sa brutalité.

Ce pendant le marquis s'écria au milieu d'épouvantables emportements :

— Et ce misérable a osé me toucher! être obligé de croiser mon épée avec un pareil drôle!

De son côté Latréaumont répondait en le bravant du poing.

— Il a bien fallu du temps pour te décider à te mettre debout, impertinent faquin!

— Oui... et vous allez payer cher cette offense! — dit le jeune gentilhomme, pâle de colère.

— Payer? payer? j'y serai pour mon écot, et vous pour le vôtre... mais, comme je tiens fort à la peau dont maman m'a fait cadeau le jour de ma naissance; je ferai de mon mieux, mort-et-Diable! pour que vous n'y fassiez pas d'accroc! vu que je n'ai pas de quoi en changer! — dit le colonel de son air fanfaron et moqueur. — Mais avant tout, — ajouta-t-il,—j'ai une réclamation à faire, et j'espère que l'honorable compagnie m'approuvera. Il s'agit d'abord d'une gazette de Hollande que vous m'avez retenue, monsieur le marquis de Châteauvillain... voulez-vous me la rendre, oui ou non ?

— Il s'agit bien ici de gazette ! ! — s'écria le marquis furieux ; — il s'agit, puisque je veux bien y condescendre, d'aller à l'instant ici près, derrière le cimetière Saint-Jean, nous couper la gorge, et là, morbleu ! j'espère bien prouver que si le torreador ne lutte pas de force brutale avec le taureau sauvage ! il peut du moins l'abattre à ses pieds !

— Tudieu ! mon jeune Cid, c'est du Rodrigue tout pur ; mais avant tout, la gazette ! la gazette !

— Encore une fois, monsieur, sortons ! — s'écria le marquis ; — il ne s'agit pas de gazette, entendez-vous !

— Comment, mort-Dieu ! il ne s'agit pas de gazette ! mais c'est justement là l'objet de la querelle. Or, je vous demande encore une fois, à la face des témoins que voici, monsieur le marquis de Châteauvillain, si vous voulez, oui ou non, me rendre la gazette de Hollande que vous avez ?... j'ai des raisons particulières pour fort insister à ce sujet.

— Eh bien ! puisque vous voulez continuer cette insolente et misérable raillerie, — dit le marquis avec rage, en prenant la gazette qui était demeurée sur la table, et la montrant au colonel qui ne l'avait pas vue : — Cette gazette, la voici ! maintenant venez la prendre !

Et cachant la gazette dans son pourpoint, le marquis mit l'épée à la main.

— Ici dans cette salle ?... soit, — dit Latréaumont, qui dégaîna pareillement ; — puis il ajouta d'un air *grave :* — Pour la dernière fois, monsieur le marquis, vous ne voulez pas me rendre cette gazette ?

— Encore ! — s'écria le marquis exaspéré, car il prenait l'insistance du colonel à ce sujet pour une insultante plaisanterie ; — non, non, mille fois non... défendez-vous... défendez-vous !

— Ah çà, bien décidément ici, dans cette salle ?

— Oui, oui ; au plus vite et au plus près !..

— Allons... allons, bel impatient... on va vous servir, — dit Latréaumont en ôtant sa perruque pour se trouver plus à l'aise.

Et le colonel et le marquis se préparèrent au combat.

Les trois fenêtres qui éclairaient la grand'-salle du cabaret étant assez près du sol pour qu'on pût voir du dehors ce qui se passait à l'intérieur, un des assistants alla prudemment tirer leurs rideaux de serge cramoisie ; de sorte que le jour traversant cette étoffe, chaudement colorée, jetait sur la salle et sur toutes les figures émues qui la remplissaient, un rouge et sombre reflet, parfaitement en harmonie avec la scène sanglante qui allait se passer.

Enfin, témoins et spectateurs se plaçant sur les tables et les siéges rangés le long des murs, chacun attendait avec anxiété le commencement du duel.

Latréaumont tomba pesamment en garde ; son torse à soulever un monde était si carrément assis sur ses reins larges et cambrés, il semblait si inébranlable, si solidement étayé sur ses jambes d'Hercule, qu'on eût dit une tour sur une arche de pont !

Aussi, les assistants ne purent s'empêcher d'admirer la mâle et puissante attitude du partisan, qui eût fait l'envie ou la terreur du spadassin le plus raffiné.

Le marquis, au contraire, mince, frêle, élégant, ayant des poignets de femme et une taille à laquelle une jarretière de Latréaumont eût servi de ceinture, paraissait aussi svelte qu'agile; et la bizarre position qu'il prit sous les armes, sembla d'abord déconcerter le colonel, qui, rigoureux et parfait académiste, s'était mis sévèrement en garde, dans toute l'excellente pureté des principes pratiqués à Paris, à Venise ou à Tolède.

En un mot, M. de Châteauvillain voyant que la force et la stature colossale de Latréaumont, habilement employées, devaient toujours donner à ce dernier un immense avantage, en cela qu'il pouvait atteindre son adversaire de beaucoup plus loin, le tenir à une plus grande distance, ou maîtriser impérieusement son épée par sa vigueur extraordinaire; M. de Châteauvillain voulant donc égaliser les chances de ce duel, en opposant la vitesse et la légèreté de sa main, au bras de fer de Latréaumont; et par la mobilité de son jeu, neutraliser l'avantage que trouvait son ennemi dans une taille gigantesque; se mit en garde, la tête basse, accroupi, ramassé sur lui-même et rasant de si près le sol enfin, qu'il eût pu y appuyer le pommeau de son épée... Puis... d'un bond il s'éloignait ou se rapprochait de Latréaumont.

De cette manière, le colonel, au lieu de se trouver face à face avec son ennemi, au lieu de pouvoir, en croisant le fer avec lui, pressentir, prévenir, ou parer le coup qu'on lui allait porter, grâce à ce tact exquis, à ce sentiment si fin et si inexplicable... (électrique peut-être), qui fait qu'à une pression insensible de l'épée, l'épée semble tressaillir et répond instinctivement à l'épée! au lieu de pouvoir essayer enfin sur son adversaire, par un regard fixe et continu, cette espèce de fascination magnétique, qui souvent interdit ou décourage les faibles, Latréaumont était donc obligé de baisser les yeux à terre pour y chercher un ennemi dont il ne voyait le plus souvent que la nuque, qui tantôt s'avançait en rampant comme un reptile, tantôt bondissait en arrière comme un chat sauvage, et qui jamais ne lui livrait son fer!

Au bout de quelques minutes, le colonel, avec sa haute expérience des armes, vit qu'il avait à combattre un homme aussi adroit qu'intrépide, rempli de prudence et de sang-froid, qui pouvait faire preuve ainsi que lui d'une extrême régularité d'escrime, mais qui espérait davantage de ce jeu hasardé, bizarre, et terriblement dangereux pour lui surtout,

Latréaumont, qui brillait moins par la vivacité de l'attaque, que par une riposte prompte comme la foudre et fournie à fond, avec une irrésistible impétuosité.

Aussi, était-ce un spectacle d'un intérêt terrible et saisissant, que ce duel, où la force et l'adresse se livraient un combat si acharné; les assistants respiraient à peine, et, dans le plus profond silence, chacun en attendait l'issue!

Ce silence, qui depuis quelques instants n'avait été interrompu que par de rares froissements d'épées, déplut sans doute au colonel, qui sentait toujours le besoin de *se griser*, pour ainsi dire, par ses propres paroles.

Or, tout en restant sur la défensive, pour étudier le jeu de M. de Châteauvillain... suivant des yeux tous ses mouvements avec une infatigable présence d'esprit, parant ou ripostant avec calme, mais ne se livrant pas encore, ne voulant attaquer qu'avec une chance certaine, — Latréaumont dit au marquis d'un ton moqueur :

— Ah! notre infante! quelle vaillante méthode d'escrime! elle vous a été enseignée, mort-Dieu, dans une académie tenue par un lézard et un crapaud! car vous rampez comme l'un, et vous sautez comme l'autre!... Ah! bien fourni ce coup droit, s'il m'eût atteint! — ajouta le colonel en rompant et parant une rude attaque de son adversaire, qui d'un bond fut hors de portée.

— Allons, allons, mille diables! vous voilà encore à une lieue de moi, beau papillon doré! — continua Latréaumont en marchant contre son ennemi. — Prenez garde! car si je mets le pied sur vous, sang-Dieu!... à peine restera-t-il la poussière de vos ailes!

— Bien poussé, éléphant criard! — dit à son tour le marquis en évitant un dégagement du colonel; — vrai coup de bélier contre le plumet d'une toque! — Mais ce disant, M. de Châteauvillain froissa vivement l'épée de Latréaumont, et se fendit sur lui avec la rapidité de la foudre.

Le coup fut terrible! aussi franchement porté qu'adroitement paré par Latréaumont, qui riposta aussitôt à fond avec une telle impétuosité, que les assistants ne purent retenir un cri d'effroi!

Mais le marquis se courbant avec une incroyable agilité, le fer passa au-dessus de lui; puis se redressant presque corps à corps avec le colonel, M. de Châteauvillain tâcha de lui faire une dangereuse remise d'épée, à laquelle Latréaumont opposant vivement une parade de quarte basse, riposta dans cette ligne, par un coup si furieusement fourni, que le marquis tomba à la renverse.

Heureusement le fer s'était arrêté sur les dernières fausses côtes, ainsi la blessure était légère; une ligne plus bas, elle était mortelle!

— A moi cette fois, j'espère, la Gazette de Hollande! — s'écria Latréaumont en se remettant pourtant en garde de peur de surprise.

— C'est trop juste, — dit le marquis, soutenu par plusieurs des assistants. — Vous l'avez gagnée, monsieur, la voilà; — et il la lui donna.

— Mort-Dieu! nous allons donc savoir ce qu'il nous faut savoir! — s'écria le colonel en jetant son épée; puis déployant ce journal, il le parcourut avec une curiosité avide, qui indigna les témoins de ce malheureux combat.

Mais tout-à-coup il s'écria, ne pouvant maîtriser sa joie, et s'adressant à Nazelles : — Compère, écoutez donc les nouvelles de Hollande! — et il lut :

On écrit de Paris le 6 avril 1674 :

« *Que S. M. partira pour se rendre à Com-*
» *piègne avec la cour le 19 ou le 20, et qu'elle*
» *y fera deux maréchaux de France.*»

Puis Latréaumont ajouta d'un air non moins rayonnant : — Et plus bas, compère; Écoutez :

On écrit de Bruxelles :

« *Qu'il arrive un courrier extraordinaire*
» *d'Espagne.* »

(C'était l'adhésion formelle de Monterey à la révolte de Normandie.)

Mais Latréaumont, pour donner une feinte explication de cette joie inopportune, s'approcha du marquis déjà pâle, et dont le sang coulait en abondance.

— Je vous demande pardon, monsieur, — lui dit-il, — de m'être ainsi réjoui devant vous qui êtes blessé... mais c'est que l'un des maréchaux de France qu'on doit nommer, est l'oncle d'un de mes meilleurs amis, et le courrier d'Espagne dont on parle, a dû apporter la nouvelle qu'un galion des Indes, dans lequel je suis intéressé, était arrivé à bon port; aussi vous m'excuserez, monsieur, si de pareilles nouvelles m'ont fait oublier ce que je devais à votre état, qui, mort-Dieu! je l'espère, ne sera pas le moins du monde inquiétant.

Puis Latréaumont saluant le marquis, et serrant précieusement la gazette dans son pourpoint, se réhabilla et sortit avec Nazelles.

Une fois dehors du cabaret, le colonel s'écria : — A cheval, à cheval ! Adieu, compère, je vais vite à Saint-Mandé retrouver Rohan à la Logette au Diable.

CHAPITRE DIX-SEPTIÈME.

« Faites le signe de croix, et recommandez votre âme à
» Dieu, car le voici... »

BURKE. — *La femme folle.*

La Logette au Diable.

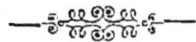

Depuis le commencement de cette année, 1674, le chevalier de Rohan, ruiné complétement et vivant au jour le jour de modiques rentrées ou de quelques emprunts difficiles, occupait à Saint-Mandé, près Vincennes, une vaste maison, inhabitée depuis longues années.

Quant à la cause de l'abandon de cette demeure, elle était fort concevable pour ce temps du moins, où les idées superstitieuses avaient encore singulièrement cours, alors qu'on parlait hautement, et avec quelque créance de sortilége et de magie, et que *La Voisin* et *La Vigoureux* par leurs épouvantables secrets, préparaient cette scène étrange, dans laquelle un magistrat demandait sérieusement à M. le maréchal de Luxembourg, jeté sur la sellette de la Bastille pour l'affaire des poisons, *s'il avait véritablement vu le diable?*

En un mot, la maison qu'habitait M. de Rohan ayant été autrefois, disait-on, hantée par des esprits, avait gardé le surnom de la *Logette au Diable;* aussi, le propriétaire de cette terrible retraite, M. Lhuillier, conseiller au parlement de Rouen, s'était-il trouvé fort heureux de la louer à vil prix à Latréaumont. Ce dernier, loin d'être effrayé de cette diabolique réputation, avait au contraire, pour plusieurs raisons, conclu le marché, au grand regret de M. de Rohan, qui, on l'a dit, croyait quelquefois aux événements surnaturels. Mais, comme toujours, l'impérieuse volonté de Latréaumont l'emportant sur les craintes du chevalier, il se résigna, reconnaissant d'ailleurs qu'un logis aussi désert serait merveilleusement approprié aux conciliabules du complot à venir.

Il faut avouer que l'extérieur lugubre et abandonné de cette maison semblait aussi donner quelque vraisemblance aux bruits effroyables répandus sur cette antique demeure; rien de plus triste et de plus dévasté; on y arrivait du côté de Saint-Mandé par une haute et large porte de chêne, encadrée dans des assises et un lourd entablement de pierres, noircies, dégradées par le temps, et sur lesquelles poussaient une infinité de plantes pariétaires; de chaque côté de cette porte vermoulue, s'étendait une grille de fer, rouillée, derrière laquelle on avait établi une sorte de palissade en planches grossières, sans doute pour que l'œil des passants ne pût pénétrer dans la *cour d'honneur*.

Mais, hélas! malgré son titre ambitieux, cette cour, ainsi que le reste du logis, témoignait de la négligence du propriétaire ou des habitants; à l'exception de deux sentiers, dont l'un conduisait à l'écurie situé à gauche, et l'autre au vestibule de la maison, cette cour, quoique pavée, était couverte d'une herbe épaisse et verdoyante, car on était au mois d'avril, et les pluies avaient été abondantes pendant l'hiver de 1674.—Enfin, comme pour compléter ce tableau de ruines et de désolation, le toit se dégradait en plusieurs endroits ; les cheminées penchaient à moitié renversées, les murailles se lézardaient en tous sens, et la plupart des volets, déplacés de leurs gonds, pendaient çà et là le long des fenêtres.

Le matin même de ce jour, où Latréaumont venait de conquérir si vaillamment la Gazette de Hollande sur M. le marquis de Châteauvillain, le ciel sombre et couvert de nuages, les longs murmures du vent, le bruit de la pluie qui tombait à torrents, tout concourait à donner un caractère plus mélancolique encore à la Logette au Diable.

Il était huit heures... Un homme vêtu d'un vieux justaucorps vert, portant un large feutre rabattu, et de grandes guêtres de chamois toutes trempées d'eau, poussa une petite porte située à l'une des extrémités de la grille, et après avoir regardé dans la rue avec précaution, entra dans la cour, portant son fusil sous le bras, et sur son dos un sac, d'où s'échappaient les pattes d'un lièvre, et le col pourpre et azuré d'un faisan.

Se dirigeant alors vers les bâtiments de l'écurie, cet homme, qui n'était autre que *L'Andouiller*, fils de La Fanfare, l'ancien maître valet de limier de la vénerie du roi, que l'on n'a peut-être pas oublié, déposa son sac dans une petite chambre délabrée où était un pauvre grabat, et suspendit son fusil au-dessus en l'accrochant à un bois de cerf planté dans le mur.

A l'entrée de l'ancien veneur, un vieux chien noir, marqué de feu, dont on se souvient peut-être aussi, *Met-à-Mort*, son limier, sortit de dessous le lit, et témoigna la joie qu'il avait de voir son maître, par ses caresses empressées.

Accueillant les avances de *Met-à-Mort* avec distraction, *L'Andouiller* s'assit sur le grabat, et tira de son sac un faisan, deux lièvres et une perdrix, que le brave chien courant flaira avec une sorte de dédain.

— Hélas! par Saint-Hubert! mon vieux Met-à-Mort, — lui dit son maître — tu méprises la plume... Mais c'est fini du temps où nous travaillions gaiement ensemble quelque vaillant dix-cors par une belle matinée d'automne, sous la futaie de Fontainebleau, pour donner à courre au roi... Maintenant tu restes ici pendant que je vais braconner, au risque de me faire pendre !... et cela pour aider à vivre celui dont ma famille a toujours mangé le pain... et que mon pauvre père avant de mourir m'a recommandé de ne jamais quitter

Et L'Andouiller poussa un profond soupir.

Deux mots suffiront pour expliquer la présence de ce brave homme à Saint-Mandé dans la *Logette au diable.*

En 1669, lors du différend qui s'éleva entre M. de Rohan et M. de Villarceaux, La Fanfare et son fils ayant été déclarés coupables de voies de fait envers un gentilhomme d'un des équipages du roi, furent condamnés à passer par les verges et à être emprisonnés durant deux années. Le vieux La Fanfare mourut d'un coup de sang causé par sa rage, pendant qu'on le fustigeait; L'Andouiller, son fils, subit les verges et la prison, et lorsqu'il en sortit, M. de Rohan, cause involontaire, mais pourtant réelle, du triste sort de ces malheureux, le prit à son service.

Tant que le chevalier posséda quelque argent, il eut un petit équipage de chiens d'Écosse, avec lequel il allait chasser sur les terres de plusieurs de ses amis, qui, peu soucieux de cet exercice, lui donnaient toute latitude à cet égard. Mais sa ruine étant tout-à-fait consommée, il ne put garder ni chiens ni chevaux, à l'exception pourtant de son cheval barbe, *Selim*, que Colbert lui voulut acheter à tout prix pour le haras du roi, et que le chevalier, bien que réduit à la gêne la plus extrême, ne voulut jamais vendre, tant il était attaché à ce bel animal, seul débris de son ancienne splendeur.

L'Andouiller resta donc au service du chevalier, autant par attachement que pour tenir la promesse faite à La Fanfare de ne jamais quitter son maître ; aussi ce fidèle serviteur non plus qu'un vieux cocher et un ancien valet de chambre de M. de Rohan, ne voulurent pas abandonner ce dernier, bien qu'ils n'en reçussent pas de gages réglés, mais seulement quelques écus çà et là, lorsque le chevalier touchait un peu d'argent à l'insu de Latréaumont.

Quant à L'Andouiller, dès que le temps et la nuit étaient favorables, bravant les peines infamantes et même capitales portées contre ceux qui braconnaient sur les plaisirs du roi, il allait à l'affût dans le bois de Vincennes et des environs, et en rapportait presque toujours quelques pièces de gibier, destinées à augmenter le menu du dîner de son maître, et conséquemment aussi celui de l'office dont l'ancien veneur était commensal, avec maître François le cocher, et Dupuis le valet de chambre.

Ayant donc déposé son gibier dans son taudis et bu quelques gorgées d'eau-de-vie pour chasser le froid de la nuit, *L'Andouiller* se dirigea vers une petite écurie où il comptait trouver Selim, car le brave homme s'était réservé le droit de soigner ce noble animal; mais quel fut son étonnement, lorsque s'apprêtant à ouvrir cette Box dont il gardait, et pour cause, toujours la clef sur lui, il vit la porte brisée et ne trouva plus son cheval favori! L'exclamation de surprise que poussa ce fidèle serviteur fut si violente, qu'elle éveilla un dormeur placé dans l'écurie voisine, car aussitôt une grosse voix demanda : — Qui est là?

— C'est moi, c'est moi... Mais où diable est donc Selim? — dit L'Andouiller en allant trouver maître François le cocher, gros homme à nez d'un rouge de cuivre, à longues moustaches grises, et pour l'heure enfoui dans une sorte de boîte remplie de litière et chaudement enveloppé d'une couverture de laine, pour se préserver de l'humidité de cette immense écurie, qui ne contenait que deux chevaux et aurait pu en renfermer vingt.

— Où est donc mon cheval, maître François? est-ce que monseigneur est sorti? il faut alors qu'il se soit levé de bon matin, car je suis parti d'ici à trois heures.

— Monseigneur! monseigneur!... est-ce que monseigneur a le droit de dire ou de faire quelque chose céans! — s'écria maître François, d'un air brusque et irrité, en secouant la paille dont il était couvert, puis s'asseyant sur sa litière. — Eh! sarpejeu, c'est ce damné monsieur *Tout-à-moi* (Latréaumont) qui ce matin à six heures a fait sauter la porte de votre écurie à grands coups de bûche, et a pris Selim sur lequel il est sorti sans lui laisser manger une avoine, voilà ce qui en est!

— Ainsi par cet épouvantable temps, le pauvre animal est à attendre au froid, à la pluie, dans la boue, attaché sans doute aux barreaux d'une fenêtre, comme le roussin d'un boucher! — s'écria L'Andouiller avec indignation. — Et monseigneur, qui justement m'avait expressément défendu de laisser jamais monter *Selim* par cette tonne de chair. Mais pourquoi cet enragé n'a-t-il pas pris, comme toujours, vos chevaux et votre carrosse, maître François?...

— Nos chevaux? c'est-à-dire ceux que M. de Sourdeval a prêtés à monseigneur; n'est-ce pas?... Tenez... regardez.. si ce n'est pas à fendre l'âme...

Et se levant furieux, maître François fit voir à L'Andouiller deux pauvres chevaux maigres, efflanqués, fatigués, arqués, au poil mort et hérissé, qui avaient tristement le nez dans leur mangeoire, et dont l'un semblait si cruellement souffrir d'une de ses jambes de derrière qu'il la tenait demi-fléchie,

— Voilà pourtant comme ce monsieur *Tout-à-moi* arrange des chevaux qui ne sont seulement pas à nous! — dit maître François avec un soupir désespéré; — ils sont tellement fourbus qu'ils ne peuvent bouger; car depuis que monseigneur ne sort plus à cause de sa blessure, moi et ces malheureux animaux, nous avons été à toute heure, nuit et jour, sur pied pour voiturer le gros et grand vilain corps de ce monstrueux éléphant, et rester à l'attendre des journées et des nuitées entières au tripot et au cabaret... J'ai eu beau me plaindre, mais bath!... vous savez bien comment cela se passe ici. Monseigneur m'a promis qu'il *lui* parlerait.. et il s'en est bien gardé.. Maintenant je vous le demande un peu, *L'Andouiller*, vous qui connaissez les chevaux, une telle besogne est-elle raisonnable ? avec cela, que maître Brunet, grainetier, nous fournit du fourrage que c'est pitié, du vrai fourrage de crédit, du rebut, et même depuis hier il n'a plus voulu en donner du tout, disant que depuis cinq mois il n'avait pas encore vu la couleur de nos pistoles... mais qu'en revanche il avait vu plus d'une fois la grande canne de M. *Tout-à-moi*.

— C'est donc parce que le carrosse n'a pu sortir, qu'il a pris mon cheval, —dit L'Andouiller surtout préoccupé du sort de *Sélim*.

— Sans doute, M. *Tout-à-moi* est arrivé ici ce matin rayonnant, pimpant, avec des habits neufs, sur ma foi, qu'il avait pêchés le diable sait où, sans doute dans la bourse de monseigneur, et il me dit de son air insolent « Allons! mon vieil ivrogne, vite.. le carrosse! » *Son* vieil ivrogne, répéta maître François. Dieu merci non, je ne suis pas *son* vieil ivrogne, car je n'ai bu de ma vie un verre de vin à sa santé. Enfin il me dit; « Attelle le carrosse. » Le carrosse de monseigneur? lui ai-je dit? ça ne se peut pas, monsieur; les chevaux de

monseigneur boitent. « Fais-les sortir que je
» les voie, me dit-il. » Vous savez si l'on ose
refuser quelque chose à ce démon ; je sors
donc les chevaux en main ; à chaque pas les
pauvres bêtes buttaient et boitaient à fendre
l'âme. « Ah! bath, ça irait comme un enterre-
» ment, et je suis pressé ; alors selle-moi Selim ! » dit M. *Tout-à-moi*, voyant bien que le carrosse ne pouvait servir. Mais, monsieur, monseigneur ne veut pas, et d'ailleurs L'Andouiller
a emporté la clef de l'écurie, lui dis-je, mais,
sans me répondre, le vilain géant prend une
poutre qui était là, en deux coups il défonce la
porte, me fait seller ce pauvre Selim, et part...

— Sélim ! porter un poids pareil !... mais
c'est à l'écraser... comment cet énorme
corps a-t-il osé seulement l'enfourcher ?

— Ah bien ! s'il a osé ! vous savez d'ailleurs
qu'il monte à cheval comme Drécar (1), on
ne peut pas lui refuser cela ; aussi *Selim*, sans
doute chagriné du poids, a commencé par
vouloir pointer et se défendre ; mais bath ! il
a fallu voir comme les coups de canne et les
coups de poing sur la tête l'ont eu vite réduit,
car ce colosse de M. Tout-à-moi ferait peur
à un taureau !

(1) Grand homme de cheval de ce temps-là.

— Tenez, maître François! — s'écria L'Andouiller furieux, — si j'avais vu battre ainsi *Selim*, qui est doux comme un agneau et joue avec moi comme un chien, j'aurais fait quelque malheur... Et monseigneur! monseigneur! que va-t-il dire?...

— Eh, mon Dieu, mon pauvre garçon, ce qu'il dit toujours quand ce gros corps n'est pas là : qu'il le chassera, qu'il le fera jeter par les fenêtres! et puis, sitôt que M. *Tout-à-moi* paraît seulement, c'est une autre chanson, monseigneur devient aussi calme qu'un cheval qui a le caveçon à double scie sur le chanfrein.

— Ah! par saint Hubert! si je me croyais, voyez-vous, maître François, quand je pense à tout cela, et à ce qu'il a fait à Selim, je chargerais ma vieille carabine à deux lingots avec une bonne bourre de cuir bien graissée et j'enverrais le tout dans la casaque de ce sanglier!

— Hum... hum... mon brave veneur... — dit maître François d'un air de mystère en secouant la tête, — il faudrait peut-être auparavant infuser vos lingots dans l'eau bénite; car ce n'est pas parce que nous habitons la *Logette du Diable*, comme ils disent dans le bourg, mais le sanglier dont vous parlez, pourrait bien n'être jamais forcé que par la meute du chasseur noir!!

— Tout ce que je sais, maître François, répondit L'Andouiller qui n'était pas fort au-dessus des craintes superstitieuses de l'époque, — tout ce que je sais... c'est que je ne crois pas monseigneur en bonne compagnie pour le salut de son âme!! Avez-vous vu ce grand fourneau avec des machines de cuivre, et ces bouteilles qu'il a dans son cabinet?... Tenez, tenez, maître François, tout cela ne me paraît guère chrétien.

— Et puis, L'Andouiller... avez-vous vu ce vieux Hollandais en robe noire et en chaperon qui vient ici souvent?

— Van-den Enden, le maître d'école de Picpus?

— Lui-même... et cet autre avocat, Nazelles... comme ils l'appellent, je vous le demande, L'Andouiller? Un avocat et un maître d'école, est-ce cela une société pour monseigneur? pour un prince de la maison de Rohan?

— Ah! le fait est, maître Fançois, dit L'Andouiller d'un air tristement pensif, — qu'on ne voit jamais les nobles cerfs s'accompagner de blaireaux, ou de renards, et autres vermines et bêtes puantes... Aussi, je crains bien, mon garçon, qu'il ne se passe ici quelque chose d'extraordinaire ; et si ce n'était que je me suis juré à moi-même de ne jamais quitter monseigneur, à moins qu'il ne me dise : Maître François, va-t'en ! j'aimerais mieux être ailleurs.

— Ce n'est pas non plus pour me plaindre, maître François ; mais enfin... j'ai toujours du guignon depuis 1669. Mon pauvre vieux père est mort... ma femme est morte... pendant que j'étais en prison, j'avais placé une petite somme d'argent chez un receveur des tailles ; il s'est enfui avec... Ah ! maître François ! maître François ! est-ce qu'il serait vrai qu'il y a des maisons qui vous portent malheur... ?

Maître François allait sans doute répondre, mais le bruit d'un carrosse qui s'arrêta à la grille, attira l'attention des deux domestiques, qui sortirent la tête de l'écurie pour voir quel était ce nouvel arrivant.

Au même instant, une femme bien enveloppée dans ses coiffes, et dont le visage était caché par le masque de velours qu'on portait encore alors, ouvrit la petite porte par laquelle était entré L'Andouiller, et malgré la pluie se dirigea d'un pas rapide et sûr vers le vestibule.

Bien que cette femme fût masquée, elle n'était sans doute pas inconnue à maître François ni à L'Andouiller, car ce dernier dit d'un air sérieux à son camarade en lui jetant un regard expressif :

— Après tout, maître François, s'il y a un diable en enfer, il y a aussi de bien bonnes âmes sur la terre.

Et tous deux rentrèrent discrètement dans l'écurie, pendant que la femme dont on a parlé poussait la porte du vestibule, qui cria tristement sur ses gonds rouillés...

CHAPITRE DIX-HUITIÈME.

Et d'ailleurs, que peuvent avoir de si triste et de si rigoureux des réparations dont l'amour doit faire tout le mérite?

(MASSILLON. — *La Pécheresse.*)

Le bon Génie.

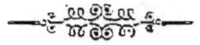

Une fois la porte du vestibule fermée derrière elle, cette femme s'arrêta un moment, et dénoua les cordons de son masque.

C'était mademoiselle Renée-Maurice d'O*** qu'on a vue en 1669, fille d'honneur de la reine, éprouvant déjà pour M. de Rohan une passion profonde et irrésistible.

Or, depuis ce temps, cette passion n'avait pas failli; à cet inexplicable amour, Maurice avait eu le triste courage de tout sacrifier : famille, position sociale, devoirs, orgueil, respect de soi.

Jeune fille, maîtresse absolue d'elle-même et de sa fortune, elle avait refusé tout mariage, quitté les siens pour venir dire à Rohan : *Je vous aime*, et depuis elle avait toujours vécu solitaire et loin du monde.

Cet amour avait résisté aux plus terribles épreuves.

De M. de Rohan, Maurice avait tout souffert : humiliantes infidélités, égoïsme brutal, doutes offensants, lâches mépris, jalousie folle, injuste et féroce... à M. de Rohan elle avait tout pardonné!

Jamais une plainte, jamais un reproche, seulement des larmes... des larmes amères et silencieuses qu'elle pleurait en voyant celui auquel elle avait offert et donné son existence entière, ne pas sembler le savoir.

Seulement des larmes!! en sentant son amour méconnu, vivre pourtant et respirer en elle, ainsi qu'une mère sent tressaillir son enfant!

Seulement des larmes... oh! bien cruelles

celles-ci... en songeant avec terreur qu'au lieu de comprendre le sens religieux et profond de cet amour sans bornes, au lieu d'y compter comme sur un trésor inépuisable de consolations pour les jours mauvais, celui qu'elle adorait était assez insensé, assez malheureux pour n'y voir qu'un épisode flatteur de sa vie galante, qu'un lien fragile et sans racines qu'il pouvait indifféremment briser !

Car, ainsi que la plupart des hommes à bonnes fortunes, et d'un esprit étroit, par cela qu'on lui avait beaucoup cédé, M. de Rohan avait la plus mauvaise opinion des femmes, chacune de leurs bontés devenant à ses yeux une nouvelle preuve de leur faiblesse, il ne croyait à la vertu ou à la sincérité de l'amour d'aucune d'elles, et Maurice n'échappait pas à ce dédain général.

Puis, soit par un étrange retour sur lui-même, soit comble d'orgueil, ou d'humilité hargneuse ou méchante, M. de Rohan en était venu à ne plus juger les sentiments des autres pour lui, que par la comparaison de ce qu'il éprouvait ou de ce qu'il avait éprouvé pour les autres. Ainsi, parce que dans sa vie il avait souvent trompé; ainsi, parce qu'il avait feint à merveille un amour menteur et intéressé, il devait en être de même de celui de Maurice!

— Façon de voir aussi fausse qu'odieuse, quant à cette pauvre femme, du moins, qui l'aimait du plus pur et du plus profond amour; aussi, qu'on se figure Maurice éplorée, trouvant dans son désespoir et dans la sainte vérité de son affection, un de ces mots déchirants, un de ces cris à la fois suppliants et impératifs, arrachés à cette âme si belle et si irréprochable, par l'atroce douleur de se voir aussi méconnue! et entendant M. de Rohan lui répondre avec un froid sourire d'incrédulité, surtout causé par les calomnies dont Latréaumont avait empoisonné son cœur :—
» Et moi aussi, pour cacher un autre amour,
» je trouvais de ces mots; ma voix trem-
» blante était aussi émue; pourtant tout
» était faux et menteur... pourquoi n'en se-
» rait-il pas de même de ce que vous me dites,
» Maurice?

Mais, — répondit l'infortunée, — pourquoi vous mentirais-je? ne suis-je pas libre? qui me force à vous dire que je vous aime, si je ne vous aime pas? Depuis cinq ans, à quel dévouement ai-je failli? inconstance, froideur, mépris; à quoi ne me suis-je pas résignée!

Eh bien, soit qu'il fût exaspéré par d'atroces médisances, soit qu'il eût l'âme trop aigrie pour comprendre encore les pensées grandes et généreuses, soit qu'il obéît à ce fatal instinct des esprits mauvais qui cherchent toujours une cause ou une arrière-pensée honteuse aux plus nobles inspirations, M. de Rohan répondait : — « Si vous n'aviez » pas d'autres amours à vous reprocher, vous » ne souffririez pas si patiemment mes dé- » dains ; » — puis il pensait sans oser encore le dire tout haut : — « Elle veut, par cet apparent dévouement, m'amener sans doute à lui donner ma main, et ensuite rire de moi avec mes rivaux. »

Or, il faut le dire, cette idée infernale lui avait été mise au cœur par Latréaumont, qui trouva ce seul moyen d'expliquer l'irrécusable résignation de l'amour de Maurice pour M. de Rohan.

Horribles doutes ! horribles arrière-pensées ! qui, grâce à l'odieuse obsession du partisan, venaient ainsi flétrir les seuls moments de calme et de bonheur que le malheureux M. de Rohan aurait pu goûter encore, malgré l'épouvantable infortune qui l'écrasait !

Qu'on se figure donc encore une fois l'affreuse existence de Maurice. N'eût-ce pas été à en mourir, si la jeune femme n'avait voulu religieusement accomplir jusqu'au bout la magnifique mission de dévouement qu'elle s'était imposée ; et si Rohan, assez malheureux pour subir l'influence de doutes aussi infâmes, ne lui eût surtout paru profondément à plaindre, et réclamer ainsi d'elle les consolations les plus instantes?

Car Maurice, en contemplant souvent dans toute la sérénité de son cœur, l'horizon si pur et si radieux de son amour immense, se désolait amèrement d'être seule à jouir de cette splendeur ignorée, qui eût ravi deux âmes croyantes jusqu'au plus enivrantes régions du bonheur possible !

Alors, c'étaient encore des larmes brûlantes qu'elle versait, des larmes arrachées par sa tendre et ineffable pitié pour Rohan ; pour cette pauvre âme aveugle et malade, pour toujours privée d'aussi divines clartés ; pour Rohan qu'elle voyait, avec une angoisse déchirante, côtoyer pour ainsi dire chaque jour une félicité durable qu'il ne soupçonnait même pas, et dans laquelle il aurait pu retremper à jamais son avenir... Ainsi, le voyageur du désert, haletant et désespéré, meurt auprès de la source fraîche et vivifiante qu'il ignore et qui l'aurait pu sauver.

. . . .

Le pâle et beau visage de Maurice, déjà d'une expression si mélancolique, révélait alors plus que jamais les souffrances d'un chagrin incurable et d'une angoisse mortelle.

Enveloppée de ses coiffes, vêtue d'une longue robe de tabis noir, ce fut d'un pas précipité qu'elle traversa les sombres appartements de cette habitation, aussi lugubre à l'intérieur qu'au dehors.

Ces pièces vastes et froides étaient à peine garnies de quelques vieux meubles dépareillés, couverts de poussière, mal en ordre, et qui semblaient perdus dans l'immensité de ces salons; partout les murs nus et gris étaient sans tentures, le sol sans tapis et dallé de carreaux que l'humidité rendait verdâtres. Les fenêtres, mal jointes, n'avaient pas de rideaux; les portes, sans portières, criaient sur leurs gonds; enfin, pendaient encore çà et là aux solives dorées du plafond, de longs cordons de soie tout poudreux, qui jadis avaient dû soutenir des lustres, tandis que les épaisses toiles d'araignées qui envahissaient l'angle des corniches ou obscurcissaient les vitres des croisées, témoignaient de l'abandon sordide où on laissait cette demeure; tout en un mot, jusqu'à l'inexprimable odeur de moisi et de renfermé, particulière aux logis inoccupés, donnait à cette habitation un caractère étrangement triste, glacial et dévasté.

Arrivant au bout d'une galerie aussi déserte, Maurice monta quelques degrés, traversa une petite antichambre, et, suivant un couloir obscur, se trouva tout proche d'une porte vitrée, recouverte d'un rideau de soie.

Le pas de la jeune femme était si léger, que M. de Rohan, alors renfermé dans ce cabinet, n'avait rien entendu, bien qu'un des carreaux de la porte fût pourtant brisé.

Maurice allait mettre la main sur la clef pour entrer, mais elle s'arrêta au bruit d'un profond soupir, suivi de ces mots, prononcés avec un accablement indicible : — *Ah! mon Dieu! mon Dieu! ayez donc pitié de moi!*

Plainte solitaire et déchirante qui semblait sortir d'une âme écrasée par un désespoir infini.

Suspendant son souffle, Maurice souleva un coin du rideau, et regarda...

M. de Rohan était à moitié couché dans un grand fauteuil de velours rouge; sa pose languissante, l'étrange pâleur de ses beaux traits souffrants et amaigris, rendue plus saisissante encore par la couleur foncée du haut dossier qui leur servait de cadre ; ses yeux levés vers le ciel et humides de larmes ; sa bouche, douloureusement contractée par un sourire de sombre résignation ; les rides précoces qui creusaient ses joues, tout enfin donnait à sa physionomie une expression navrante.

Il était vêtu de velours brun, et semblait avoir veillé toute la nuit ; une écharpe de soie noire serrait son bras blessé contre sa poitrine, tandis que sa main gauche, toujours blanche et charmante, bien que cruellement effilée par la maladie qui laissait trop voir le réseau bleu des veines, retombait affaissée sur la frange cramoisie qui garnissait le bras du fauteuil.

Les objets qui entouraient le chevalier, résumaient pour ainsi dire sa vie présente et sa vie passée, la magnificence et les joies des anciens temps, comme aussi les tristes désastres du jour.

Ainsi, dans cette chambre délabrée, on voyait, d'un côté, un creuset placé près du foyer éteint, des débris de charbon, deux ou trois feuilles de carton couvertes de figures cabalistiques, et une baguette divinatoire, qui prouvait que le chevalier avait tout récemment encore cherché la *poudre de projection*, ce mystérieux arcane, qui, changeant tout en or, devait lui fournir des richesses inépuisables. Plus loin, c'était un christ de bronze aux pieds duquel M. de Rohan s'agenouillait parfois, alliant ainsi la superstition la plus outrée à un irrésistible instinct religieux. Ailleurs, sur une table grossière, c'était un téorbe incrusté de nacre et d'or, qui avait autrefois résonné sous les doigts de madame de Montespan; ici un précieux coffre d'ivoire, don récent et amoureux de l'électrice de Bavière; au mur délabré, était suspendu un portrait de la belle duchesse de Mazarin, représentée en Diane chasseresse; plus loin Selim, peint par Vander Meulen; puis épars çà et là, des livres de magie, des dez, des cartes, des exploits d'huissier, des requêtes menaçantes, de ces billets froids et humiliants par lesquels on refuse un service demandé, et enfin une dernière et terrible lettre de madame la princesse de Guéménée, lettre d'un laconisme effrayant, et accompagnée d'un factum imprimé, dans lequel cette mère hautaine et inexorable répondait à son tour aux nombreux libelles de son fils, en retraçant avec une attérante vérité toutes les prodigalités, toutes les fautes de M. de Rohan, et parlant pour la première fois de l'enlèvement des papiers de famille, dont il s'était rendu coupable, en forçant l'hôtel de Guémenée; conduit d'ailleurs, on l'a dit, à cet acte blâmable, par l'infernale influence de Latréaumont qui le voulait perdre à jamais.

C'était donc en se voyant sans bien, sans appui, sans amis, méprisé de quelques uns, indifférent à tous, détesté du roi, haï de sa mère... c'était donc en songeant avec désespoir au néant et à la vanité de ses souvenirs, aux exigences implacables du présent, et au menaçant fantôme de l'avenir, que M. de Rohan avait poussé cette exclamation si poignante, qui, un instant, avait attéré Maurice sur le seuil du cabinet.

Pourtant elle entra...

Le premier mouvement de M. de Rohan, en voyant Maurice, mouvement qui ne put échapper à la malheureuse femme, exprima le dépit et la honte, comme si le chevalier eût rougi d'être surpris dans un pareil accablement.

— Àh... déjà ! — tels furent les seuls mots qui accueillirent Maurice.

— Oui, Louis, *déjà*, je viens mal à propos peut-être ; mais excusez-moi, car j'étais bien inquiète.

— Inquiète, et de qui ?—dit-il brusquement.

— De qui ?— répéta-t-elle en secouant la tête d'un air de doux reproche ! puis avec un soupir de résignation, elle continua :

— Ecoutez-moi, Louis : cette nuit, j'ai été cruellement agitée ; était-ce ce temps orageux ? le bruit plaintif du vent ?... je ne sais ; mais j'ai été assaillie de terreurs involontaires ; et puis, j'ai fait des rêves si étranges !... l'un était affreux ! oh, affreux ! — dit Maurice, en passant la main sur son front, comme pour en chasser un souvenir pénible, puis elle continua :

— Mais l'autre, oh ! l'autre m'a consolée du premier. Enfin, comme il s'agissait de vous dans ces rêves, je n'ai pu résister au besoin que j'avais, de venir me rassurer en vous voyant... c'est qu'aussi je suis si faible, si superstitieuse quand j'ai peur pour vous !

— Eh bien ! vous le voyez, vos craintes ne signifiaient rien , manitenant... laissez-moi !

— Vous laisser ! quand vous êtes ainsi ?..

Louis ? permettez que je demeure ; vous souffrez, oui, vous souffrez, je le sens bien, moi ! puis, malgré votre blessure, je le vois, vous ne vous êtes pas couché cette nuit, quelle imprudence !

— Ah ! c'est la jalousie, maintenant !

— La jalousie ?... non, Louis, non, ce n'est pas la jalousie qui m'amène ; je viens, parce que j'ai de graves choses à vous dire.

— Au fait, oui, le véritable amour seul est jaloux, et peut-être vous vous intéresseriez davantage à ce que feraient M. de Lorraine ou M. d'Effiat, — dit amèrement M. de Rohan, en détournant ses regards de Maurice.

— Ah ! qu'osez-vous dire, Louis ? Encore ces horribles soupçons ? mais, mon Dieu, mon Dieu, que faire, pour vous prouver que c'est une calomnie infâme ?

— Je ne sais... faites que je vous croie ! la vérité doit toujours savoir convaincre, dit durement M. de Rohan.

— Mais enfin de quoi m'accusez-vous ? que me reprochez-vous, Louis ? quelle preuve avez-vous contre moi ?

— Aucune... sans doute... oh ! vous êtes adroite !.. — dit le chevalier avec une ironie méprisante.

— Ah! c'est affreux, cela! — s'écria douloureusement la malheureuse femme comme si on l'eût frappée au cœur; puis elle ajouta avec un triste sourire, en se rappelant soudain qu'elle n'essayait plus depuis long-temps de convaincre M. de Rohan à ce sujet. — Tenez, Louis, ne parlons plus de cela... vous vous lasserez plus tôt de m'accuser que je ne me lasserai de vous aimer... encore tout à l'heure, Louis, vous vous êtes écrié: *Mon Dieu, ayez pitié de moi*, et cela avec un accent si déchirant... Ah! Louis!... ne vous suis-je donc rien, plus rien? rien même dans le malheur, et pourtant, le ciel sait si, à cette heure, vous avez besoin d'un cœur qui vous soit dévoué!

— Je ne prie personne de me plaindre, et quant à ce cri de douleur, eh bien, soit, — dit impatiemment le chevalier, — puisque vous étiez là,... à m'épier, vous m'avez entendu invoquer Dieu, demain probablement j'invoquerai le diable! ce sera moins monotone pour vous.... si vous venez encore écouter à cette porte.

— Louis,... ne riez pas ainsi,... vous me faites frémir.... Par grâce, songez donc à votre blessure!... Vous savez ce qu'a dit Maréchal : que les veilles vous étaient funestes.

—Vous avez raison, Maurice, — continua Rohan avec une amère ironie, — songeons à ma blessure, glorieusement reçue devant Maëstricht sous les yeux du plus grand roi du monde! Songeons à ma blessure, qui m'a valu tant de reconnaissance de sa part.... A propos, S. M. n'a-t-elle pas envoyé un de ses gentilshommes s'informer de mes nouvelles, ce matin, Maurice?

— Louis, ne parlez pas de cela, vous savez combien ce sujet vous irrite.

— Vous avez raison, Maurice, cela est triste, parlons de sentiments plus doux, du cœur d'une mère, par exemple; parlons de la tendresse de madame la princesse de Guémenée pour moi,... cela sera plus gai, n'est-ce pas?

— Louis! Louis!

— Tenez, voici sa lettre et son factum imprimé, oui, de par Dieu, bel et bien imprimé, dans lequel elle fait tout au monde pour déshonorer le nom de son fils! Allons, courage, l'aîné de la maison est fou! et le puîné sera bientôt un traître!

— Ah! Dieu du ciel, mon rêve! — s'écria Maurice avec terreur; puis ne voulant point laisser voir à M. de Rohan combien elle était émue, elle continua... — Louis, je vous en conjure,... laissons à cette heure d'aussi affreuses plaisanteries, parlons de vous.

— Soit, parlons de moi ! Voyons, par où commencerons-nous ? par mes dettes ? par le scandaleux procès qu'on m'intente ? par le hideux abandon où me laissent tant de gens que j'ai obligés ? par la haine implacable dont le roi, son ministre et sa maîtresse me poursuivent ? Voyons, choisissez, divine consolatrice, choisissez !... les sujets sont nombreux, et encore.... voyez : Oreste oubliait Pylade, j'omettais mon intime ami, le digne sieur de Latréaumont.

— Par pitié, pas le nom de cet homme ! — dit Maurice avec un insurmontable effroi.

— Ah ! vous êtes bien difficile à contenter. Je vous ai pourtant assez donné de sujets de conversation à choisir ! murmura M. de Rohan, dont l'exaltation nerveuse et passagère céda bientôt à un abattement profond. Aussi, laissant retomber sa tête sur le dossier de son fauteuil, le chevalier mit sa main sur ses yeux, et après un long silence, s'écria : — Oh ! que je souffre !!!

Il y avait quelque chose de si déchirant, dans ce long sarcasme, ainsi brusquement terminé par un cri de douleur et d'accablement, que Maurice ne put retenir ses larmes; puis elle s'approcha silencieusement de M. de Rohan, s'agenouilla à ses pieds sur un carreau, et le contemplant avec tristesse, elle attendit...

Bientôt, le chevalier, poussant un profond soupir, et tenant toujours ses yeux fermés, laissa languissamment retomber sa main sur le bras du fauteuil.

Maurice prit cette main brûlante et amaigrie avec une sorte d'hésitation timide, tant la pauvre femme craignait d'irriter, même par une caresse inopportune, cette nature si chagrine; mais voyant que M. de Rohan ne retirait pas sa main, Maurice jeta au ciel un regard de reconnaissance, et la baisa pieusement.

M. de Rohan ouvrit les yeux, et voyant l'expression angélique du beau visage de Maurice, dont les larmes continuaient de couler abondantes et muettes, il se sentit profondément ému, et lui dit avec tendresse : — Pardon à mon tour, Maurice, j'ai été bien cruel tout à l'heure. Ah! voilà comme on se fait haïr!

— Non,... Louis,... non,... voilà comme on se fait aimer puisqu'on se fait plaindre profondément. Mais puisque vous êtes plus calme, laissez-moi revenir sur un sujet qui vous a violemment ému tout à l'heure. Pardon, mon ami, mais il le faut; je voulais vous en parler d'abord; mais voyant combien vous étiez navré j'ai dû, au contraire, tâcher de vous distraire de cette pensée ; aussi, maintenant, puis-je croire qu'ayant de la sorte exhalé toute l'amertume de votre âme, vous pourrez m'entendre avec tranquillité !

— Que voulez-vous dire, Maurice ?

— Ecoutez-moi, Louis — reprit la jeune femme d'un ton solennel — sans pouvoir m'expliquer l'influence des songes et des présages, je ressens pourtant les craintes qu'ils éveillent en nous; aussi, j'ai la conviction qu'aujourd'hui, doit être pour vous un jour fatal et décisif, un jour duquel doit dépendre votre perte ou votre salut : Louis, vous êtes ruiné, vous êtes abandonné de tous; votre vie, en un mot, est devenue un supplice de chaque heure, un supplice si affreux, que vous n'espérez sortir de l'affreuse position où vous êtes... que par un crime ! par une révolte armée contre votre souverain !

— Mort et furies ! oui, cela est vrai ! je tirerai l'épée contre lui... il le faut! il faut que je me venge de mon abaissement et de ses dédains, dût-il m'en coûter la tête, — s'écria Rohan, sentant sa haine contre Louis XIV se réveiller à ces mots.

— Risquer votre tête! Louis, tel est donc le seul avenir qui vous reste?

— Le seul!

— Le seul, Louis, quel abîme!

— Eh! ne vaut-il pas mieux mourir ainsi que de mener l'exécrable vie que je mène? Dévorer des outrages sans nombre, sentir à chaque heure mon sang se révolter contre mille exigences basses et ignobles; souffrir les insolences d'un complice! n'avoir jamais un moment de calme, de sécurité; toujours se dire: que ferai-je?... que deviendrai-je? Ah! que cela est affreux!!...

— Oh! n'est-ce pas, Louis, que cela est bien affreux? — dit Maurice, en voyant avec une satisfaction secrète M. de Rohan quitter le ton ironique ou emporté qu'il avait conservé jusqu'alors, et s'appesantir avec une profonde tristesse sur l'horreur de sa position.

— Et en être arrivé là!... déjà là! moi qui avais tant de chances de bonheur! moi! à qui tout souriait dans la vie!... moi! il y a six années encore, un des plus grands et des plus heureux seigneurs de la cour de France!... en être là, mon Dieu!... Haï et méprisé de tous... traître et sacrilége... prêt à vendre mon pays à l'étranger! prêt à tirer l'épée contre mon souverain!... Quand le duc de Rohan tirait la sienne, lui! c'était pour servir une sainte cause! c'était pour défendre ses frères qu'on égorgeait, et qui lui criaient : *Secourez-nous!!* C'était beau! c'était grand, cela!... Mais moi! qui me pousse ?... l'appât de l'or! le désir d'assouvir une misérable vengeance! et c'est pour cela pourtant que je vends mon nom!... le nom de Rohan! comme si ce nom était à moi seul!... C'est pour cela que mon complice, le rebut des hommes, colportant partout ma honte, envoie proposer à l'étranger de lui vendre ce nom, pour servir d'enseigne à une infâme trahison, sans être sûr seulement qu'on en veuille de ce nom!! Car on peut me refuser; on peut me trouver même trop faible et trop lâche pour faire un traître! O misère! ô crime! ô mes beaux jours passés! Mais Dieu est sans pitié! il n'envoie le repentir que quand l'espoir est impossible!—dit M. de Rohan, en levant au ciel ses yeux désolés.

— Il se repent, mon Dieu! il se repent!

il peut donc enfin être à moi ! — s'écria Maurice, en poussant un cri de joie presque sauvage, et serrant le chevalier dans ses bras avec un geste de possession d'une énergie sublime.

Puis, avant que M. de Rohan, stupéfait, eût pu prononcer une parole, la jeune femme prit la main du chevalier dans les deux siennes, tourna vers lui son adorable visage rayonnant de bonheur, et lui dit : — Pas un mot, Louis, pas un mot après celui-là : *repentir!* oh ! ce mot dans votre bouche ! il dit tant... il dit tout pour moi !!... Aussi, laissez-moi vous contempler un moment ainsi... heureux comme vous l'êtes à cette heure dans ma pensée... heureux comme vous pouvez l'être si vous le voulez ! Heureux ! Louis ! heureux ! oh laissez-moi joindre ce mot à votre nom ; cela me semble un bon présage de plus !

— Enfin, Maurice, me direz-vous...?

— Oui, je vous dirai, mon Louis bien aimé, je vous dirai tout ! Vous allez savoir mes deux rêves ! le bon et le fatal... oui, le fatal aussi !... car j'hésitais encore de vous confier ce que j'avais à vous dire... mais après ce mot : *repentir*, après les espérances infinies qu'il éveille en moi, je me sens maintenant du courage.

— Eh bien, ces rêves? ces rêves?

— Ces rêves, Louis, résumaient les deux seuls partis qui vous restent à prendre... l'un bon et l'autre fatal, comme ces songes.

— Mais le fatal, le fatal, qu'annonçait-il?

— Dans celui-là, — dit rapidement Maurice, comme si chaque mot lui eût brûlé les lèvres : — Je vous voyais aujourd'hui décidé à conspirer; et au même instant... derrière vous, se dressait une horrible et gigantesque figure... c'était Latréaumont; il avait une hache sanglante à la main... Ah...

— Latréaumont!! — s'écria Rohan, pâle d'effroi. — Latréaumont!

— Oui, — dit Maurice, respirant à peine; — enfin .. il était... le bourreau, et vous étiez sur l'échafaud...

— Sur l'échafaud! — répéta sourdement le chevalier... — sur l'échafaud!

Un assez long silence suivit ces paroles. Plusieurs fois Rohan eut malgré lui quelques tressaillements nerveux; il éprouva de vagues terreurs; son front se mouillait de sueurs... puis, peu à peu il se calma... Maurice essuya ses larmes et reprit bientôt, comme si elle se fût sentie soulagée d'un poids énorme.

— Écoutez-moi bien, Louis ; voici mon autre rêve... mon seul rêve maintenant... Aussi, peut-être serai-je diffuse ; car l'image est douce et riante... Écoutez-moi : Tout au fond de la Bretagne, au bord de la mer, presque caché dans les grands bois, près Saint-Pol de Léon, il existe un vieux manoir...

— Ah ! mon pauvre château de Penhoet, — dit M. de Rohan avec un soupir de regret, en songeant qu'il avait vendu à vil prix cette terre dont parlait Maurice.

— Eh bien ! dans mon rêve, au lieu de continuer ici cette vie misérable et dégradante dont vous rougissez ! cette vie dont le terme est un horrible et sanglant abîme, c'était dans ce château qui vous appartenait encore, que vous vous retiriez avec les trois fidèles serviteurs qui vous restent ! — continua Maurice.

Et d'un mouvement plein de grâce, elle imposa silence à M. de Rohan qui voulait parler.

— Mais avant de quitter Paris vous alliez trouver madame la princesse de Guémenée...

— Revoir ma mère? jamais!!! par le ciel, jamais!

— Dans mon rêve, vous alliez trouver votre mère, — reprit gravement Maurice, — et vous lui disiez : « Madame, j'ai eu de grands torts, » je vous en demande pardon; oubliez-les, je » pars... mais que ce ne soit pas du moins en » emportant le courroux d'une mère, car vous » m'avez maudit, madame! »

— Jamais je ne reverrai ma mère! et d'ailleurs qu'importe sa malédiction?

— La malédiction d'une mère est toujours fatale et terrible, Louis, — dit Maurice en montrant le ciel; — aussi, je vous le répète, vous alliez trouver votre mère; alors madame de Guémenée, qui a été bien sévère pour vous, Louis, touchée de votre soumission, vous pardonnait...ensuite vous demandiez une audience au roi.

— Vous êtes folle, Maurice... mille fois folle, en vérité!

— Dans mon rêve, Louis, vous disiez au roi : — « Sire, je le vois... j'ai toujours le mal- » heur de déplaire à Votre Majesté!... Je quitte » donc à jamais la cour, inconsolable, pauvre » et blessé. De tant de splendeurs évanouies » par ma faute, je ne regrette amèrement

» qu'une chose... l'honneur que j'avais de vous
» servir; mais à cette heure, sire, laissez-moi
» vous demander à genoux une grâce qu'on
» ne refuse ni aux exilés ni aux mourants!...
» le pardon et l'oubli de mes torts. »

— M'humilier encore une fois devant lui! plutôt mille fois la mort!... Continuez, Maurice, bien que ce soit une triste raillerie.

— Je n'ai jamais plus sérieusement parlé, Louis, vous allez le voir : n'ayant donc plus rien à vous reprocher ni envers votre mère ni envers le roi, vous payiez vos dettes, vous partiez et vous arriviez en Bretagne. Le château de Penhoet est petit, mais logeable... votre goût faisait le reste; sa position est sauvage et majestueuse, et bien souvent, mon Louis, je vous ai entendu vanter la fraîcheur et la beauté de ses eaux. Peu à peu votre santé, si chancelante, se retrempait à cet air vif et pur de la Bretagne; votre âme se rasserénait au milieu de ces solitudes riantes et tranquilles; les bois sont immenses, et vous pouviez vous y livrer à votre passion pour la chasse, puis vous aviez de bons livres, du repos et une conscience paisible; chaque jour enfin vous trouvait sinon joyeux, du moins calme.

— Oh! le calme... le calme! — dit Rohan avec un accent de regret déchirant.

— Ensuite, continua Maurice, comme vous êtes bon et humain, comme vos vassaux sont pauvres, vous leur faisiez un peu de bien pour vous distraire, et ces doux soins vous aidaient encore à vivre; enfin, cette existence était simple, monotone peut-être, mais heureuse et indépendante entre toutes, si on la compare aux terribles jours que vous menez ici; de plus, elle était digne de votre nom; car c'était quelque chose de noble et de touchant à la fois, que de voir un jeune prince d'une des plus illustres maisons de France, ayant l'énergie de sa position, se résigner avec courage à cette vie solitaire et bienfaisante!

Encore une fois, il faut se rappeler l'existence inquiète et tourmentée, les privations même de plus d'une sorte que supportait M. de Rohan, ainsi que l'extrême versatilité de son caractère, pour comprendre avec quelle sorte d'avide curiosité il se prit à écouter Maurice lui peindre ces jours si paisibles et si heureux; aussi, se laissant aller à son impression du moment, il dit:

— Mais, Maurice, est-ce que dans votre rêve je vivais seul... tout seul à Penhoet?

— Non, Louis, — dit-elle timidement, — dans ce rêve, vous m'aviez permis de vous accompagner. Vous aviez en moi une amie dévouée, toujours attentive à chasser le moindre souci de votre front, à prévenir vos vœux, à tâcher de varier tous les moments de cette existence retirée, par les ressources inespérées que peut donner le désir de plaire; aussi, dans ce rêve de bonheur et d'amour, j'arrivais enfin à vous rendre... à vous voir complétement heureux.

— Ah! Maurice! Maurice! — dit tristement M. de Rohan, — que cela est cruel à vous de jouer de la sorte avec le bonheur, chose sacrée s'il en est! Et quand je pense, — ajouta-t-il en poussant un profond soupir, — qu'avec ce que j'ai mille fois hasardé sur une carte, je pourrais aujourd'hui réaliser ce rêve!

— Eh bien, ce rêve que Dieu m'a envoyé... grâce à sa bonté, sans doute... il peut exister... Dites un mot, dites que vous le voulez seulement, et ce rêve devient une réalité. Oui, car si je suis venue ici, c'était pour vous demander à deux genoux que cela fût ainsi, — s'écria Maurice en épiant le regard de M. de Rohan avec une indicible anxiété.

— Comment?

— Louis... mon Louis bien-aimé, ce rêve peut se réaliser en acceptant ce que je vais vous proposer!

— Mais dites... au nom du ciel... dites donc.

— Pour la première fois depuis cinq ans, Louis, laissez-moi vous rappeler avec bonheur, que je suis venue à vous, et que je vous ai tout sacrifié; ce n'est pas un reproche que je vous fais au moins, Louis, non! Je vous dis cela, seulement pour vous prouver que ce que je viens vous offrir à cette heure, est bien peu auprès de ce que je vous ai déjà donné; en un mot, Louis, il vous faut payer vos dettes, partir et vivre honorablement; vous devez cent mille livres; la terre de Penhoet en vaut le double... elle est à vendre... Je suis libre de ma fortune... acceptez de moi ces trois cent mille livres et partez!

— De l'argent à moi, madame! de l'argent!... un prêt qu'il m'est impossible de vous rendre, ah! — s'écria M. de Rohan en se levant avec un fier dédain.

Maurice le regarda un moment en silence; puis bientôt rougissant d'indignation, elle s'écria avec amertume : — Allez! c'est infâme ce que vous dites là.... Et voilà pourtant les hommes! voilà pourtant ce qu'ils osent appeler leur délicatesse! Quelle misérable dérision!... Ainsi moi, pour cet homme, j'ai oublié mes devoirs, ma famille, la position que ma naissance m'avait faite; à cet homme j'ai offert tout cela, et il a tout accepté, sans scrupules et sans remords! Sans scrupules et sans remords, il a flétri, aux yeux des hommes, ce que les trésors du monde ne pourraient jamais payer, la réputation d'une jeune fille! Sans pitié... il m'a déshonorée enfin!! Et puis à cette heure viennent les nobles sentiments, comme ils disent. Et pourquoi? pour accepter un peu d'or que j'ai. Mais, âme sordide et vénale que vous êtes! vous mettez donc l'argent bien au-dessus de l'honneur, puisque vous n'osez pas prendre l'un, et que vous osez abuser de l'autre?

— Mais de l'argent,... Maurice,... de l'argent,... encore une fois songez donc que c'est une honte!

— En vérité! — s'écria Maurice avec une éclatante ironie. — La honte vaut les scrupules; il reçoit de l'argent de l'étranger, pour commettre un crime, pour s'armer contre son roi, pour risquer sa tête sur un échafaud, et il hésite maintenant à accepter un misérable service d'une femme qu'il a perdue!

— Maurice,... Maurice,... cela est impossible... Scrupule ou folie,... cela ne se peut. Je ne puis... Je ne dois pas accepter.

— Mais, mon Dieu! mon Dieu! que voulez-vous donc faire alors? Nous perdre tous deux? car, vous le savez bien, désormais comme toujours, je vivrai de votre existence! Ma vie est en vous et à vous, de près ou de loin, que vous le vouliez ou non, elle est enchaînée à la vôtre! Encore une fois non... non je ne puis plus long-temps vous voir aussi malheureux, je vous le dis, Louis! cés rêves sont un avertissement du ciel; par grâce, ne me refusez pas : que voulez-vous que je fasse de cette fortune, moi? à quoi me sert-elle puisqu'elle ne vous est rien? Par pitié! acceptez, Louis, acceptez!!

— Non! non! vous dis-je... mille fois non!

Après avoir longuement attaché sur Rohan un regard pénétrant, Maurice sourit tristement, et dit en lui tendant une lettre : — Tenez, pauvre âme malade,... lisez.

Et Rohan parcourut la lettre que Maurice lui présenta. — Que vois-je! vous, Maurice?... vous, chanoinesse du chapitre de Munich?

— Oui, Louis, ce dernier mot de moi assure mon entrée au chapitre, toutes les formalités sont ainsi remplies.

— Mais à quoi bon ?

— Maurice répondit avec une calme et noble simplicité : — Pardon, Louis,... mais je vous ai deviné... Oui, vous sachant assez malheureux pour ne pas croire à un dévouement saint, religieux, sans arrière-pensée, j'ai voulu m'engager par des liens indissolubles, afin que si vous acceptiez mes offres, jamais vous ne pussiez vous croire lié à mon avenir par la reconnaissance.

— Ah!! — s'écria Rohan en se cachant la figure, écrasé de honte, car il sentait que Maurice avait justement pressenti qu'il répondrait à une offre loyale et grande par une basse et ignoble défiance ; qu'il craindrait enfin que le but caché de Maurice, en se montrant si généreuse, ne fût de se *faire épouser plus tard*. Mais en reconnaissant tout ce qu'il y avait de dévouement et de prévoyante tendresse dans l'action de la jeune femme, M. de Rohan parut si douloureusement accablé sous le poids de la confusion et du remords, que Maurice se sentit prête à pleurer.

— Oh ! mon Louis bien-aimé ! — lui dit-elle avec un accent de tendresse inexprimable, —

si vous saviez combien je vous plains d'avoir de telles pensées! de ne pouvoir croire à rien de noble et de pur!.. Pauvre âme! n'est-ce pas vous qui en souffrez le premier, et le plus cruellement? Mais enfin, qu'importe, je saurai bien vous forcer à croire à mon amour, et un jour... *mon jour* viendra!.. Ainsi, Louis, acceptez, je vous en conjure, acceptez et partez!! Si vous voulez me permettre de vous accompagner, si la vie dont je vous ai parlé vous convient, je puis vous suivre en Bretagne, car la résidence au chapitre n'est pas obligée; si vous préférez partir seul, je me rends à Munich. Mais, avant toutes choses, acceptez et partez! Au nom du ciel, partez! vous m'épouvantez ici... Ne voyez-vous pas que ces songes-là sont un avertissement du ciel? Ah! cet homme surtout! cet homme! il me fait horreur, c'est lui qui a causé toutes vos infortunes; à tout prix fuyez-le, Louis, fuyez-le! car, j'en suis sûre, c'est votre mauvais génie!!

— Oui, comme tu es mon bon ange, toi! — s'écria le chevalier avec ivresse en se jetant aux pieds de Maurice.

— Louis, que dites-vous?

— J'accepte!.. j'accepte!

— Il est sauvé... O mon Dieu! mon Dieu!

je te rends grâces, il est sauvé! dit Maurice en tombant à genoux devant le crucifix, et joignant ses mains avec ferveur.

— Oui, j'accepte! reprit M. de Rohan avec un inexprimable élan de confiance et de tendresse; oui, mon ange, ma bien-aimée Maurice! j'accepte! j'accepte... Ah! tiens, je le sens là, le bonheur arrive, le malheur s'en va! jamais cette voix ne m'a trompé. J'accepte... Je ferai tout ce que tu voudras, demain je verrai ma mère, demain je verrai le roi!

— Louis! mon bien-aimé Louis! — Et Maurice pouvant à peine le croire le regardait en extase.

— Et puis, nous partons pour Penhoet.. Mais, je ne pars qu'à une condition... c'est que cette admission au chapitre de Munich est nulle! — et Rohan la déchira; car, j'ai mes droits aussi, madame, à vous posséder! et si le chapitre de Munich est le plus noble de l'empire, la maison de Rohan ne lui cède en rien! — dit le chevalier avec une grâce charmante.

— Et tu acceptes? et tu verras ta mère?... tu verras le roi?

— Je verrai ma mère! je verrai le roi, et j'accepte, te dis-je!!.. j'accepte tout avec bonheur!!... avec fierté... avec orgueil; parce que, vois-tu, Maurice, maintenant, cette pensée, que je te devrai tout, m'enivre et me transporte! parce que cette pensée double pour moi le prix de tout! ainsi, être heureux, sera encore te prouver ma reconnaissance! puisque tout sera par toi! puisqu'enfin je ne pourrai pas même respirer le parfum d'une fleur, sans me dire : Encore merci à Maurice, à qui je dois tout! merci à Maurice qui m'a rendu à ma mère, à mon roi, à mon pays!!.. Merci, enfin, à toi, mon Dieu, qui m'as envoyé cet ange, de ton saint paradis!

— Louis, Louis.. ah! je suis bien heureuse.

— Et puis, vois-tu, quand, à force d'amour, je t'aurai fait oublier ma vie d'autrefois, ces cinq années pendant lesquelles tu m'as rendu dévouement et tendresse, pour froideur et cruauté!!... quand enfin je me serai fait pardonner tant de méchants souvenirs, et que tu me trouveras digne d'être à toi devant Dieu! comme je l'ai été devant ton amour... Alors, Maurice, alors, à deux genoux devant toi, ma bien-aimée, je te dirai: Viens, le chapelain nous attend!

— Ah! Louis! pardonne-moi, mais je voudrais que nous pussions partir à l'heure même!

— Folle, tu crains ma faiblesse, n'est-ce pas? tu crains mon caractère indécis et changeant?... Ah! moi aussi, comme toi j'aurais craint cela tout-à-l'heure!... mais plus à présent, Maurice... plus à présent. L'homme qu'une main divine arrache de l'abîme... serre bien fort cette main dans les siennes, va!... et il n'y a pas de puissance humaine capable de l'en séparer.

— Oh! vrai, dis? oh! je t'en supplie, rassure-moi... tiens... je ne sais.. mais je te crois.. et malgré cela, j'ai peur...

— De qui? de cet homme de ton rêve, de ce misérable, que j'ai recueilli chez moi par pitié?... Assez long-temps, Maurice, j'ai toléré ce sauvage matamore!... C'était l'ours privé qu'on tient à la chaîne! il me divertissait parfois, je l'avoue!... mes jours étaient si vides et si longs! mais à présent, Maurice, à présent que j'ai un avenir immense devant moi, mais à présent que j'ai à expier toute une vie de désordre et de faiblesse, par une vie plus noble! mais à présent, Maurice, que j'ai à me rendre digne d'un nom, que je ne te donnerai que resplendissant d'honneur et lavé de toute souillure... à présent, le temps de l'insouciance et du désordre est passé... Qu'à cette heure on me chasse cet homme! Dans la splendeur de leur cour souveraine, mes ancêtres avaient aussi de ces gladiateurs bouffons et insolents, pour amuser leurs hôtes; mais s'ils devenaient à charge ou trop familiers, on les chassait sur l'heure.

— Ah! ah! nous allons donc voir, mille triple-dieux! si ce sera toi ou cette gaupe qui me chasserez de céans, monsieur l'homme aux ancêtres souverains! — dit tout-à-coup une grosse voix moqueuse.

C'était Latréaumont;... depuis dix minutes, il écoutait à travers le carreau brisé de la porte.

Il entra pesamment dans le cabinet avec son sang-froid habituel...

Maurice poussa un cri terrible, ouvrit une petite porte placée près de la cheminée, et disparut...

Le chevalier de Rohan, pâle comme un mort, demeura d'abord debout, immobile; regardant Latréaumont d'un air fixe et hagard, tandis que sa main crispée serrait convulsivement l'angle de la table sur laquelle il s'appuyait...

— A nous deux maintenant, cher fils repentant! cher sujet soumis!.. Tonnerre et sang!

beau tourtereau! comme nous traitons nos amis absents! ah! ah! tu mérites les étrivières et tu les auras bonnes, mon petit saint du paradis! ajouta le colosse en jetant sur le chevalier un regard audacieux et méprisant.

CHAPITRE DIX-NEUVIÈME.

.... Rheni mihi Cæsar in undis
Dux erat:.... hic socius : facinus quos inquinat, æquat.

(LUCAIN, v. 289.)

Au passage du Rhin, César était mon général ; il est ici mon compagnon : le crime rend égaux les complices.

Le mauvais Génie.

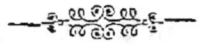

Il y eut ensuite un moment de silence terrible, pendant lequel Latréaumont et M. de Rohan se mesurèrent des yeux; enfin ce dernier, sortant de sa stupeur, saisit une épée accrochée au mur, et se précipita sur le colonel, qui, vêtu comme on l'a vu aux *Trois-Cuillers*, avait sa rapière au côté; la tirant aussitôt, il attendit le chevalier d'un air insouciant et dédaigneux.

— Sors d'ici ou je te tue! — dit M. de Rohan en brandissant son épée de la main gauche, la seule qu'il eût de libre.

— Je resterai et tu ne me tueras pas, — dit le partisan, tandis que d'un vigoureux liement de fer il désarmait le chevalier. L'épée de M. de Rohan tomba aux pieds de Latréaumont, qui la prit aussitôt, la brisa sur son genou, en jeta les morceaux par la porte, puis remettant sa rapière dans le fourreau, il dit de son air insolent et railleur :

— Comment! nous avons bobo à notre pauvre petite menotte droite? nous ne savons pas tirer de la gauche, et nous voulons lutter avec la griffe de fer de l'ours? hein?... de l'ours, qui saute pour avoir sa pitance, de cet honnête ours qui nous divertit, et que pourtant nous voulions chasser tout-à-l'heure?

— Enfer!.. enfer!..— dit sourdement M. de Rohan.

— Ah! oui, c'est fâcheux,— reprit le colonel, en s'asseyant lourdement dans un fauteuil, et mettant son épée sur ses genoux, — c'est fâcheux? Adonis voudrait bien avoir les bras d'Hercule! mais le bon Dieu est juste et n'a pas voulu. Ah! çà, ce que je veux, moi, avant de causer, c'est boire, et dans mon grand verre.. car je crève de soif! — Et l'impudent personnage tira la sonnette dont le cordon pendait près de lui.

Ce dernier trait d'audace exaspéra le chevalier, qui, saisissant Latréaumont au collet, lui cria : — Hors d'ici, te dis-je!! hors d'ici.

— Allons, voyons, essaie! — dit Latréaumont en éclatant de rire, et ne faisant autre chose pour rendre vains les efforts de M. de Rohan, que de rester immobile, le chevalier étant trop faible pour seulement remuer cette masse énorme.

— Mon Dieu! mon Dieu! mon Dieu! — s'écria M. de Rohan avec désespoir en levant les yeux au ciel; — et je suis sans force et blessé!!

A ce moment, Dupuis, vieux valet de chambre, entra, averti par la sonnette.

— A boire, drôle! et dans mon grand verre! — lui dit Latréaumont.

— Dupuis! — s'écria le chevalier, balbutiant de colère et montrant Latréaumont, — chasse-moi cet homme, chasse-le... jette-le dehors à l'instant, et s'il résiste!... tue-le comme un chien!!

Dupuis trouvant sans doute la commission peu facile, et d'ailleurs habitué à ces sortes de scènes, malheureusement trop fréquentes entre son maître et Latréaumont, demeura pâle, interdit, et se contenta de répondre : — Mais, monseigneur...

— Comment! je ne serai pas obéi chez moi!... mais, misérable... je te dis de le chasser... de le tuer... m'entends-tu?

— Hélas! monseigneur! — Et Dupuis montrant ses cheveux blancs au chevalier, fit un mouvement significatif qui témoignait de sa faiblesse et de la force athlétique du colonel, qui, d'un sang-froid révoltant, ses mains croisées sur son énorme ventre, sifflait une fanfare en faisant tourner ses pouces, et n'interrompit son sifflement que pour dire à Dupuis : — Je t'ai déjà demandé à boire, vieux drôle... et dans mon grand verre!!

— Mais François, mais L'Andouiller sont là! — s'écria M. de Rohan, écumant de colère; — dis à L'Andouiller de charger sa carabine et de venir... Je te dis que je veux qu'on me le tue!!!

— Monseigneur, — dit Dupuis tout tremblant, — ni L'Andouiller, ni maître François ne sont là... et...

— Ah! — fit M. de Rohan en portant la main à son front avec un geste désespéré; puis son regard retombant sur la table, il y vit un pistolet, le saisit et ajusta le colonel, en disant: — Je t'échapperai donc enfin! — Il tira...

— Miséricorde, au secours! au secours! — s'écria Dupuis en se sauvant épouvanté, — au secours!!

Le coup parti, la fumée dissipée, le chevalier vit avec terreur Latréaumont sous son immense perruque noire, toujours assis, toujours sifflant, toujours tournant ses pouces... il n'était pas blessé.

Le chevalier stupéfait regarda le mur auquel s'adossait le colosse; la trace de la balle n'y paraissait pas.

— Si tu es Satan, si la balle s'évapore, voyons donc la crosse! — dit-il; — et dans sa rage il lança le pistolet à la tête de Latréaumont; mais l'arme mal dirigée n'atteignit le colonel qu'à la joue, légèrement, il est vrai, mais assez pour lui causer une vive douleur.

— Tonnerre et sang! — s'écria le géant en se dressant furieux, et se précipitant sur le chevalier en levant sur lui sa large main.

— Ne me frappez pas! oh ne me frappez

pas! ce serait infâme... je suis blessé!—s'écria le malheureux chevalier avec une expression de honte et de frayeur impossible à décrire, en étendant son bras suppliant vers le colosse.

— Mais alors, — dit ce dernier en reprenant son sang-froid, et abaissant violemment le bras délicat et frêle que lui tendait M. de Rohan, dont il serra le poignet à le briser : — mais alors, puisque tu es blessé, mon fils soumis, pourquoi lever la main sur moi! hein?

Et il avança d'un pas lourd, dominant de toute sa hauteur M. de Rohan, qui, presque machinalement, recula aussi d'un pas, à demi ployé en arrière... les yeux hagards et fixes... — On eût dit la statue gigantesque du commandeur, serrant le débile poignet de don Juan dans sa formidable main de pierre!!

— Pourquoi vouloir tuer ton tendre ami, mon sujet fidèle et repentant? hein? — dit le colosse en avançant un autre pas sur le chevalier, qui reculait à mesure, les cheveux hérissés, le regard attaché sur celui du colonel, avec une indéfinissable terreur.

— Pourquoi vouloir séparer nos deux tendres cœurs? pour aller faire le tourtereau à

Penhoët. Pourquoi nous quitter? nous qui sommes si bien ensemble, hein?... Mais bath! Je suis bonhomme; tu en seras quitte pour *des manchettes*, et papa Latréaumont te pardonne!

Et le géant, ayant ainsi conduit M. de Rohan à reculons, pas à pas jusqu'à son fauteuil, le força rudement à s'y asseoir, ce que fit le chevalier en poussant un cri de douleur, car Latréaumont lui avait fortement froissé le poignet.

Et M. de Rohan, tombant anéanti, cacha sa tête sur son bras; et dans un accès de rage impuissante, il pleura. . . . .
. . . .

Latréaumont attisa le feu, et alla se rasseoir dans son fauteuil, en disant : — Avec tout ça, je n'ai pas bu... et je crève de soif!

Il sonna... Personne ne vint.

Cette scène avait été horrible; le jour était sombre et bas; la pluie fouettait les vitres; le vent gémissait à travers les immenses pièces démeublées qui conduisaient au cabinet de M. de Rohan; le plus effrayant silence régnait dans cette solitude, et le malheureux chevalier s'y trouvait seul, blessé, faible et souffrant, à la merci de son terrible complice, toujours prêt à abuser de sa force athlétique, et pouvant, là surtout, le faire impunément.

Quant au coup de pistolet, Latréaumont, habitué aux emportements du chevalier, et qui s'attendait un jour ou l'autre à un tel accident, avait prudemment, depuis long-temps, ôté la balle de cette arme.

M. de Rohan, nerveux comme il l'était, continuait de pleurer : on entendait ses sanglots.

— Nous avons donc toujours du chagrin ? — dit le colosse de son air impudent.

A ce dernier sarcasme, le malheureux chevalier redressa son beau visage, pâle et défait, se leva, essuya ses yeux, et d'une voix entrecoupée par une sorte de tremblement saccadé, il dit à Latréaumont :

— Monsieur... vous êtes le plus fort... je suis faible et blessé ; je ne puis vous mettre à cette heure hors de chez moi ; c'est donc à moi de sortir !

— Pas de ça, mon doux berger, mille triple-dieux ! Nous irions tout de suite demander pardon à maman Guémenée, ou voir le bon roi Louis XIV. — Et Latréaumont ôta la clef de la porte par laquelle Maurice s'était enfuie, et alla fermer celle de la galerie.

— Bien, bien, — monsieur, dit Rohan avec un sourire convulsif; — j'attendrai...

— Soit; alors, en attendant, causons de nos affaires, et quand tu m'auras entendu, tu changeras d'idée.

Le chevalier fit un mouvement de dédain, prit son mouchoir qu'il mordit, pour calmer son irritation fiévreuse, et ne prononça pas une parole.

Alors, Latréaumont tira la Gazette de Bruxelles de sa poche, la jeta sur la table devant Rohan, et lui dit : — Lis cela! car je l'ai bien gagnée à *Pointe-Pointe*, mille espadons!

Rohan détourna la tête.

— Soit; ne lis pas, et pourtant c'est la Gazette de Bruxelles, qui va te faire ouvrir de fameuses oreilles; car Monterey accepte, mon cher; il donne cinquante mille livres d'avance pour commencer la rébellion; plus cinquante autres mille livres dans un mois; et aussitôt que les derniers arrangements seront pris à Bruxelles, six cent mille livres à compte sur les deux millions, pour jouer notre grand jeu et commencer le branle! C'est pourtant ainsi que je fais tes affaires... moi! vilain ingrat!! et quand j'arrive, je te trouve tout coups d'épée et de pistolet à mon égard!! . Mais allons!

en faveur de cette bonne nouvelle, je serai bon prince... Voyons... venez baiser papa Latréaumont, et dire que vous ne le ferez plus!

Rohan ne répondit pas à cette insolence, et continua de mâcher son mouchoir avec une rage muette.

— Ah! nous ne voulons pas faire causette aujourd'hui, petite capricieuse? eh bien, je parlerai pour deux. — Et élevant la voix, le colosse ajouta : — Monterey, gouverneur général des Pays-Bas, accepte ton nom, chevalier de Rohan-Montbazon-Guémenée-Soubise! et te reconnaît pour chef suprême du complot dont le but est 1° d'établir violemment la république en Normandie d'abord, puis en France. Ensuite 2° d'abattre le roi Louis XIV de son trône, à l'aide d'un soulèvement, appuyé des armes étrangères. Y es-tu, à cette heure, mon fidèle sujet?

— Je ne sais ce que vous voulez dire, monsieur... Comme je ne puis pas plus vous empêcher de parler, que d'être chez moi,... continuez si bon vous semble!

— Ah! très bien. Monterey n'attend donc plus pour agir que nos dernières instructions; la flotte hollandaise, aussitôt qu'il les aura reçues, croisera devant Honfleur et Quillebœuf avec les troupes de débarquement à bord, jusqu'au moment où nous aurons fait le signal convenu; maintenant je crois que nous ferons bien d'envoyer de nouveau Van-den-Enden à Bruxelles... Dans un mois il sera de retour, et nos affaires seront en bon train, car il est fort compté là-bas, Monterey en fait grand cas... et sous mille rapports, c'est un parfait émissaire. Hein ? que t'en semble ?

— Monsieur, — répondit Rohan, avec ce calme forcé que donne la conscience d'une colère impuissante, — désormais je veux, et j'entends demeurer seul et maître chez moi; j'aviserai aux moyens d'y parvenir sûrement; et une fois guéri, vous me ferez raison de tant d'outrages. Quant aux propos que vous tenez contre le service du roi, comme je ne suis pas un délateur, je vous donne ma parole de gentilhomme que cela restera entre vous et moi; mais je vous dirai de plus, monsieur Duhamel de Latréaumont, et vous devez me comprendre, que *je n'ai conspiré, ne conspire et ne conspirerai jamais* contre le service de S. M. Est-ce clair, monsieur ?

— Et moi je te dis, monsieur de Rohan Montbazon-Guémenée-Soubise, *que tu as conspiré*, *que tu conspires, et que tu conspireras* contre le service de S. M. Est-ce clair?

— Je vous défie, monsieur, de me prouver d'abord que j'ai conspiré!

— Ah! tu n'as pas conspiré!... ah! tu ne conspires pas?

— Les preuves, monsieur?

— Les preuves!...

— Oui, les preuves, les *preuves écrites?*

Latréaumont fronça ses sourcils, se mordit les lèvres, mais après quelques minutes de silence il répondit froidement :

— Ah! nous jouons ce jeu-là, belle infante? J'avais prévu le cas, et mes précautions sont prises... Ecoute-moi bien, chevalier; — et le colonel prit un ton beaucoup plus sérieux qu'il ne l'avait eu jusque là; — puisque tu oublies ainsi tes promesses, ta vengeance, ton espoir et ton ambition! moi qui n'oublie rien, je veux ton nom et ta personne pour notre complot, et mille massacres! je l'aurai! comme je m'appelle Jules Duhamel de Latréaumont, ou sinon prends bien garde!

M. de Rohan fit un sourire de dédain.

— Louis! pour la dernière fois, il s'agit de conspirer? Est-ce oui?.. est-ce non?

— C'est non! non! mille fois non! et encore non! — s'écria Rohan.

Latréaumont attacha un instant sur le chevalier son regard pénétrant, et continua :

— Puisque c'est mille fois non, il ne te reste donc que deux partis à prendre : ou dénoncer le complot, ou t'en aller avec ta Maurice, sans conspirer davantage!!... Quant à dénoncer, tu n'oserais pas, il y a en toi trop de noble et vieille race ; c'est un sot scrupule, mais tu l'as, tu ne dénonceras donc pas le complot!... Il te reste alors à t'en aller et à n'y plus prendre part!... Or, tu sais si, quand je veux... je veux!! Eh bien, aujourd'hui, comme demain, comme toujours... à l'avenir, enfin, du moment où je te vois hésiter une minute... tu entends bien, hésiter une minute à continuer de conspirer, la minute d'après, *toi, Van-den-Enden, Nazelles, ta Maurice et moi* nous sommes tous cinq jetés à la Bastille, comme coupables d'un complot contre la vie du roi et la sûreté de l'État... complot dont tu es le chef, comprends-tu?

Rohan demeura stupéfait, il ne comprenait pas encore.

— Or, sur le pied de faveur et de tendresse où tu en es à cette heure avec Pacha XIV, son Visir Louvois, et sa Sultane Montespan... tu vois clair et net ce qui t'attend, mon doux agneau égaré, bêlant après le bercail?

— Et le colonel fit un horrible geste circulaire en se contournant le cou avec la main.

Le souvenir de l'affreux rêve de Maurice, dans lequel Latréaumont lui avait apparu sous la figure d'un bourreau, traversa la pensée de M. de Rohan, brûlante et aiguë comme un trait de feu; souffrant, nerveux, accablé par tant d'émotions si rapides et si contraires, les idées du chevalier commencèrent à se troubler; il regarda Latréaumont avec une stupeur égarée, et ce fut d'une voix éteinte, vague et inarticulée, qu'il répondit au colonel :

— Je ne sais pas ce que vous voulez me dire, moi ! — et M. de Rohan frissonnait malgré lui.

— Non?... Eh bien, voilà ce que je veux te dire, moi ! si tu refuses de conspirer davantage... Je prends une de ces plumes-là... et là... devant toi... sur cette table-là... je t'écris... tu m'entends bien? je t'écris à toi, monsieur Louis de Rohan, une longue lettre confidentielle, dans laquelle je développe et je raconte, point par point, nos plans, mes voyages et mes tentatives en Normandie, l'explication de *la Gazette de Bruxelles*, le projet des Hollandais, les propositions que je viens de faire en ton nom à Monterey, la réponse de ce ministre, les formules de république et les placards que Van-den-Enden a écrits de sa main; dans ma lettre je nomme Nazelles et ta Maurice comme sachant l'affaire; je t'annonce qu'il y a bon espoir, j'ajoute force injures contre le grand monarque, force allusions à ta haine contre lui, et à ses mépris pour toi, un mot cruel et insultant sur Louvois, un autre idem sur la Montespan, etc... puis, je fais tomber le tout dans les mains dudit marquis de Louvois. Comprends-tu maintenant?

Ce projet était si infernalement conçu, que Rohan, épouvanté de son audace, respirait à peine : — Mais vous vous perdez vous-même, — dit-il presque machinalement.

—Est-il enfant!! Eh! mille échafauds! certainement oui, je me perds!... que m'importe à moi? qu'ai-je à risquer maintenant? Je suis ruiné puisque tu es ruiné, je suis trop connu et trop vieux pour faire d'autres dupes... ce complot est ma dernière ressource; pour qu'il réussisse, il nous faut ton nom; si tu le retires, le complot avorte, et je suis réduit à la dernière misère ou à me brûler la cervelle! Or mourir ainsi ou de la main du bourreau, que m'importe à moi? et au moins en te menaçant d'agir comme je ferai... et tu sais si j'en suis capable, j'ai la chance de te forcer à continuer de conspirer; sinon, je fais qu'on nous arrête,... et je me figure que la fin du monde est arrivée!

— Oh! mon Dieu! mon Dieu! — Ce fut tout ce que put dire le chevalier en joignant les mains avec une terreur croissante.

— Vois si la trame est bien tissue, hein? Me perdant moi-même, tout étant vrai d'ailleurs, qui pourrait douter du complot? J'aurais bien pu aller trouver Louvois, te dénoncer pour obtenir ma grâce et quelque argent, mais quoique criminel, c'est une lâcheté qui ne me va pas; tandis que si je partage ton sort, beau pastoureau, je n'ai rien à me reprocher, c'est toi qui l'auras voulu. Quant aux accessoires de la révélation, dans le cas où Van-den-Enden, Nazelles, toi ou moi (car j'en aurais une velléité, mille tonnerres! pour compléter la scène), nous voudrions *nier* ce que j'aurai si longuement expliqué, il est, de par les souterrains de la Bastille, certaine bonne dame vêtue de rouge, ayant pour mains des tenailles de fer, et qui est si insinuante, qu'au bout d'un quart d'heure de conversation, elle a tous vos secrets et même ceux des autres ; ainsi donc, gagné par les caresses de cette bonne dame *Torture*, ainsi qu'on la nomme, nous avouerons tout, nous te chargerons tous ; et d'ailleurs, quand tu serais innocent (et tu es mille fois le contraire), la haine du roi, de son favori et de sa maîtresse, te perdrait à coup sûr. Alors donc, un beau soir, mon jeune prince, un beau soir, au chant des trépassés, on t'emmènera en procession vers une belle estrade tendue de noir, au milieu d'une belle place publique... et là... certain compère, mari de dame Torture, comme elle vêtu de rouge, tenant sa hache à la main, s'approche de toi...

— Et ne voulant que faire une atroce plaisanterie, Latréaumont se dressa brusquement, et s'avança sur le chevalier...

— Ah ! — s'écria M. de Rohan en se jetant en arrière, et en interrompant le colonel par un cri terrible ; puis il ajouta, en proie à un affreux délire de frayeur : — Maurice, au secours ! ton rêve... Maurice, au secours !

Et il tomba évanoui.

Depuis quelques minutes, le malheureux chevalier, épuisé par sa blessure, brisé par tant d'épouvantables secousses, sentait sa pensée lui échapper, à mesure qu'il entendait Latréaumont développer ses épouvantables menaces, d'une exécution si facile, si sûre et si affreusement en rapport avec l'indomptable caractère du partisan.

Puis ses idées superstitieuses revenaient de plus en plus effrayantes à son esprit troublé ; joignant au rêve de Maurice les souvenirs du chasseur noir, et de l'orage, au milieu duquel Latréaumont lui était apparu à Fontainebleau, tout enfin, jusqu'au singulier effet produit par le pistolet, qui l'aurait seulement étonné, dans son état normal, tout enfin concourait alors à frapper d'une superstitieuse terreur cette imagination déjà si affaiblie par la douleur ; aussi n'est-il pas étonnant que lorsque le géant, par une de ces effroyables plaisanteries qui lui étaient familières, s'approcha du chevalier, le geste qu'il fit, les mots affreux qu'il prononça, retraçant encore à M. de Rohan le songe de Maurice, il eût, dans le délire de la fièvre et de la terreur, pris un instant Latréaumont pour quelque fantôme effrayant.

M. de Rohan resta évanoui assez long-temps ; et, il faut le dire, Latréaumont parut touché de l'état de souffrance atroce où paraissait plongé le malheureux chevalier; il le porta sur un sofa, rebanda sa blessure, dont l'appareil s'était dérangé ; et lorsque M. de Rohan revint à lui, s'éveillant comme d'un songe, il vit Latréaumont, agenouillé près du sofa, et attachant sur lui ses gros yeux gris à fleur de tête...

Le premier mouvement de M. de Rohan révéla son effroi... il repoussa Latréaumont, et s'éloigna de lui avec horreur; puis passant la main sur son front brûlant, il regarda autour de lui avec angoisse.

Ayant enfin tout-à-fait repris ses sens, le chevalier voulut se lever du sofa où il était assis, mais ses forces le trahirent, et il y retomba en cachant sa figure dans ses mains.

—Eh bien! Louis, comment te trouves-tu à cette heure?... tu parais toujours bien faible!— lui dit le partisan, tâchant de prendre une inflexion aussi affectueuse que possible.

— Si vous avez l'ombre de pitié, monsieur, — répondit M. de Rohan d'une voix affaiblie, — laissez-moi; demain je vous répondrai, aujourd'hui je ne le puis... vous le voyez bien... je suis brisé, je n'ai plus la tête à moi, je délire! ayez donc un peu de pitié, que vous ai-je fait, mon Dieu! pour me torturer ainsi?

— Voyons.. voyons.. calme-toi, nous causerons après.. que diable! aussi, tu m'exaspères! J'avoue que j'ai été un peu cru tout-à-l'heure dans mes menaces!! mais aussi tu n'es ni juste, ni raisonnable!

— Vous êtes un infâme!

— Bon, je suis un infâme! pourtant, mon pauvre Louis, voyons un peu, tu me traites en véritable scélérat, tu m'accueilles en chien enragé; faisons donc nos comptes, et sans reproches, mort-Dieu! tu verras que je ne suis pas non plus si diable que j'en ai l'air!

En parlant ainsi, l'accent de Latréaumont était toujours rude, mais il y perçait une sorte de cordialité brutale, car, on l'a dit, le misérable état dans lequel se trouvait le chevalier eût attendri le cœur le plus dur; et d'ailleurs, Latréaumont, en sacrifiant impitoyablement tout à sa cruelle personnalité, avait trop de sens et n'était pas assez foncièrement méchant, pour ne pas éprouver parfois comme un remords confus du mal qu'il causait, ce qui sans doute le rendait plus coupable encore, en cela qu'il avait ainsi la conscience de ses crimes, et plus dangereux aussi, car le moindre mot d'affection dans la bouche de ce sacripan féroce était d'un effet d'autant plus assuré, qu'il contrastait fortement avec la dureté habituelle de ses manières.

— Voyons, mon pauvre Louis, — reprit le partisan,—faisons donc nos comptes; aujourd'hui, tu as voulu me tuer deux fois... de plus, tu m'as frappé au visage. Moi... je t'ai sauvé la vie une fois à Fontainebleau, une autre fois à Maëstricht, en te dégageant des mains de cinq hulans de Spuzheim; une autre fois encore j'ai fait mieux, je t'ai sauvé l'honneur, c'était au camp de Worms! te le rappelles-tu? Tu te trouvais dans un de tes jours nerveux où tu te laisserais battre par un enfant, et où tu es, malgré ça, taquin comme une vieille dévote; dans une discussion avec le comte de Syran, tu tournais à l'aigreur, Syran le prend sur le haut! tu t'intimides, je voyais le moment où il allait abuser de son avantage pour t'insulter; qu'est-ce que je fais?... pour déplacer la querelle qui s'envenimait, je saute à la perruque de Syran, en lui reprochant de me regarder de travers depuis une heure (il était louche), il me rend un soufflet, nous courons à nos épées, nous sortons de la tente... et hourra pour la bonne cause! ma rapière le cloue sur la bruyère, comme un papillon sur une carte! *Total*, tu as voulu me tuer deux fois et tu m'as frappé au visage une fois, moi, je t'ai sauvé la vie deux fois et l'honneur une fois... est-ce vrai?

— Oui, monsieur, cela est vrai sans doute, mais vous faites aussi cruellement payer vos services, — dit M. de Rohan avec amertume, et non sans une secrète frayeur d'entendre Latréaumont, au lieu de le menacer, prendre ce ton de brusque bienveillance et lui rappeler ses souvenirs.

— Soit... je suis hors de prix, — dit le colosse! — mais admettons que je te redoive; pour cela, voyons? qu'as-tu fait pour moi, toi? Tu m'as laissé grignotter le bord de quatre ou cinq cent pauvres mille livres, à même desquelles tu mordais à belles dents? Or, sans moi, tu les aurais mangées tout de même? et pas si gaiement, peut-être.

— C'est parce que je vous ai accueilli chez moi, et que je vous ai rendu des services, misérable! qu'il est infâme à vous de me traiter comme vous faites!

— Tu m'as rendu des services? oui, mort-Dieu... tu m'en as rendu! je ne rougis pas de l'avouer; et je dirai plus, je voudrais que tu pusses m'en rendre encore! mais aussi, moi,

en devenant ton commensal, n'ai-je pas été à
toi nuit et jour? soir et matin? toujours bon et
prêt à tout? Quand tu étais dans tes humeurs
sombres, qui te remontait? qui t'égayait?
qui savait te donner du cœur au ventre?
Latréaumont! qui te portait au lit quand tu
étais ivre? qui dressait tes chevaux d'arque-
buse? qui mettait mieux ta meute sous le
fouet, que pas un veneur? Latréaumont! qui
a enseigné nos dogues à mordre les culottes
des recors et des huissiers, en les excitant
contre un vieux sarrau noir? Latréaumont!
qui reçoit nos créanciers à coups de pieds dans
le ventre, les paie à coups de canne, et les
renvoie à coups de pieds dans le..... encore
Latréaumont... toujours Latréaumont!... Et
dernièrement, en Bavière, au risque de se faire
pendre, et pour te délivrer un moment, toi et
ton électrice, de l'espionnage de cet animal d'é-
lecteur, qui, mieux monté que vous, ne vous
quittait pas, qui donc dans une halte, profitant de la distraction de ce meynherr jaloux,
qui vous épiait de tous ses gros yeux, qui
donc a trouvé le moyen de mettre un petit
morceau de mèche de carabine, tout allumé,
dans l'oreille du cheval électoral? de façon
que ledit cheval, furieux, a tout-à-coup

pointé, rué, bondi, et fini par emporter aux cinq cent mille diables l'électeur épouvanté, qui poussait des cris de paon! et à sa suite toute sa cour effarée, comme une bande de moutons après leur bélier? de façon que restant seul avec l'électrice, tu as profité du moment pour t'assurer de ton premier rendez-vous? à qui dois-tu ça?... encore à Latréaumont... enfin, est-ce vrai? est-ce vrai?

— Laissez-moi, — dit Rohan, qui, par une incroyable versatilité de caractère, n'avait pu s'empêcher de sourire malgré lui, en se souvenant de ces grossières facéties du partisan, et qui sentait avec une angoisse horrible sa colère contre ce dernier perdre peu à peu de sa première violence.

— Allons, voyons, Louis, causons donc en hommes, mort-Dieu! et non pas en caillettes. Je te parle de ces folies, puisque les choses sérieuses t'effarouchent; car on ne sait, mille diables! comment te prendre.

— Laissez-moi... laissez-moi, vous dis-je ; vous m'effrayez plus maintenant que tout-à-l'heure! c'est ma ruine! c'est ma mort que vous voulez!

— Ah çà! que diable veux-tu que je fasse de ta mort, puisqu'elle entraînerait la mienne!

et quant à ta ruine, je voudrais bien, tripledieux! avoir encore à la vouloir; car nous serions plus riches que nous ne le sommes, mon garçon... Mais puisque ça est consommé par ta faute, par notre faute, si tu veux, qui, maintenant, tâche de te relever de cette ruine? qui, le premier, a pensé au complot de Normandie? Latréaumont!! car voyons, as-tu assez de tête pour machiner une conspiration? pour trouver des adhérents? pour soulever des mécontents? Non; tu es mou, tu es indolent, tu te décourages; et moi, pendant ce temps-là, j'organise tout; j'écris en Hollande; j'obtiens des résultats! je fais tout enfin; et pourtant, si l'affaire succède bien, qui sera le chef suprême de la république de Normandie? M. de Rohan; et qui aura tout préparé? M. de Latréaumont. Et voilà pourtant comme j'agis... et pourquoi? pour assurer la grande position d'un ingrat!!

— Un ingrat!!

— Mais oui, d'un ingrat; car dans tout cela, qui aura la part du lion? ce ne sera mort-Dieu pas le lion, n'est-ce pas? Ainsi, tu dois m'être reconnaissant de tout ce que je fais, de tous mes sacrifices!

— Vous ! vous ! des sacrifices !

— Moi ! Est-ce que, s'il le faut pour le bon succès de notre complot, je ne suis pas prêt à sacrifier la tranquillité de mon neveu, Auguste Des Préaux, mille-Catons ! la perle des garçons ! brave comme son épée, doux comme un agneau ; qui, à l'heure qu'il est, ne pense qu'à épouser en paix une femme riche et charmante qu'il aime depuis dix ans ! Eh bien, j'aurais pourtant le courage de te sacrifier tout ça !

— A moi ? Vous êtes fou.

— Encore une fois, à toi, puisque tu es le chef, et que le meilleur de l'affaire te revient. Or, parce que Des Préaux est mon propre neveu ! ça n'est pas moins dur. Cordieu ! je sais ce que je fais, et ce que valent Auguste et sa jolie veuve ! je sais bien aussi le chagrin terrible qu'ils vont avoir, d'être obligés de passer leur lune de miel dans tous les tracas d'une conspiration !... eux qui n'y pensent pas le moins du monde ! Et toi, triple-dieux ! au lieu d'être reconnaissant, au lieu de te remettre bravement et à franc collier dans le complot, tu t'amuses à lanterner des bergerades ! je t'ai bien entendu !

— Tenez, ne me rappelez pas cette scène !...

car, par l'enfer !... je ne sais pas de quoi je serais capable.

— Si... je veux au contraire te rappeler cette scène... Allons, calme-toi ; tu feras ce que tu voudras ; tu t'en iras en Bretagne avec ta Maurice, si cela te plaît.

— Vous me laisserez partir... vous renoncerez à votre affreux projet de tout révéler ?

— Peut-être...

Rohan, stupéfait, regardait Latréaumont avec un étonnement impossible à décrire : — Vous renoncez à vos menaces de tantôt ?

— Nous verrons, te dis-je... mais à cette heure, tout ce que je veux, c'est te faire comparer l'avenir que je t'offrais à celui qui t'attend avec ta Maurice ; ça ne t'engage à rien, n'est-ce pas ?

— Taisez-vous ! ne souillez pas le nom de cet ange !

— Au contraire, triple-dieux ! c'est moi qui m'épure en le prononçant ! écoute-moi donc ! Je veux d'abord que cet ange t'ait été fidèle pendant cinq ans, je veux que les bruits qui ont couru sur elle, sur Lorraine et d'Effiat, soient faux !

— Vous êtes un infâme calomniateur, taisez-vous.

— Ah! çà, mille grelots! est-ce que tu deviens fou? puisque je te dis au contraire que ces bruits sont faux! archi-faux!... Te voilà donc l'époux de ta Maurice, et vivant aux crochets de ta femme dont la fortune est, dit-on, de 400,000 livres; elle en prend cent pour payer tes créanciers, il lui reste donc cent mille livres et le manoir de Penhoët, qui, lorsque ses fermiers la paieront bien, lui vaudra 5 à 6,000 livres de revenu. Te voilà bien et dûment installé en véritable gentillâtre! ne possédant pas une obole à toi, et demandant de temps en temps deux écus à ta femme pour faire le garçon. Du reste, par saint Hubert! je te vois fouettant bravement un lièvre avec cinq ou six bassets galeux, et revenant manger ton dit lièvre avec le pot-au-feu de ta ménagère! Puis le soir, si ton curé ou ton bailli parlent autre chose que le patois bas-breton, tu fais avec eux un cent de piquet. Voilà qui est éblouissant et magnifique!... Hourra pour Lucullus!

— Eh! bien, oui... cette vie fût-elle aussi honteuse, aussi misérable que vous la dépeignez, je la préfère encore mille fois à celle que je mène ici! — dit impatiemment le chevalier.

— Voilà donc, — continua Latréaumont sans répondre à M. de Rohan, et sûr de l'avoir blessé dans son incurable amour-propre, — voilà donc la fin du brillant prince qui, l'an dernier encore, séduisait l'électrice de Bavière! du beau cavalier pour qui la belle duchesse de Mazarin avait tout sacrifié! du fier courtisan pour qui tous les cœurs soupirent! Te voilà donc enterré vif, à la grande joie de Lorraine, de d'Effiat, de Villarceaux, de Lauzun, de Cavoye, de tous tes rivaux enfin, qui se voient délivrés de toi et de tes succès qui les écrasaient. C'est bien! tu as fâché papa et maman, et tu vas toi-même te mettre en pénitence; c'est d'un gentil et doux caractère! On en fera de bons contes à la cour, où l'on te jalouse si peu. Mais peux-tu me dire ce que tu gagnes à cette visée d'enterrement?

— J'y gagne le calme, le repos, la paix de la conscience!

— Tout ce phœbus pastoral veut dire que tu trouves en te mariant de quoi payer tes créanciers et avoir quelques milliers de pistoles devant toi... Je comprends, triple-dieux! je comprends.

— Et quand cela serait? ne savez-vous pas que je suis à bout? sans ressources et sans aucuns biens à cette heure?

— Mais, peste d'opiniâtre, tu es à bout, parce que tu veux y être! tu ne veux pas entendre que Monterey accepte!! Vois cette gazette, te dis-je! Or, puisqu'il accepte selon nos conventions, le marchand portugais doit délivrer aujourd'hui même 50 premières mille livres, dans un mois 50 autres, et dans trois mois 600,000 à compte sur les 2,000,000 demandés pour entrer en danse.

— Mais, misérable! cet argent est destiné à assurer l'existence du complot, et non pas à payer mes dettes; détourner cet argent de son but, infâme, serait une autre ignominie!!

— Mais, millé créanciers du diable! qui te parle de payer tes dettes! Je compte bien, au contraire, qu'aucun de ces drôles à longs mémoires ne verra seulement l'ombre d'une de ces pistoles! Cet argent est chose sacrée s'il en fut, et absolument destiné à développer, comme tu dis si bien, *l'existence* du complot! or, comme l'existence du complot est incarnée en la nôtre, nous sommes forcés d'employer les écus de Monterey à développer largement et joyeusement notre dite existence, afin de nous faire une clientelle, de recruter des mécontents ; or, pour cela faire, ne faut-il pas, cordieu ! que le complot puisse avoir grande chère, gros jeu, bon vin et belles courtisanes ! qu'il mène enfin une vie généreuse et folle, pour prendre des complices à ces friands gluaux ; car on n'attrape pas, mille tonnerres ! des mouches avec du vinaigre. Aussi nous empaumons de la sorte autant de complices que nous pouvons ; et au mois de juillet, une fois l'arrière-ban convoqué à Rouen, nous partons pour décider le soulèvement et préparer le débarquement des Espagnols.

— Je vous dis que cette révolte est une chimère, et lors même qu'elle pourrait se réaliser, je vous l'ai dit, ne comptez plus sur moi !

—D'abord, comme tu n'as jamais mis le pied en Normandie, tu ne sais pas si c'est une chimère ; mais crois-tu donc, mordieu ! que Monterey, fin renard, au moins aussi madré que l'était l'Isola, s'en irait avancer des sommes considérables, faire croiser vingt vaisseaux de ligne sur les côtes de Normandie, et encombrer ces vaisseaux de troupes, de munitions et d'objets de débarquement; que Monterey enfin mènerait aussi chaudement cette affaire s'il n'avait pas la presque certitude d'un bon succès? si les rapports de ses émissaires en Normandie ne s'accordaient pas avec les espérances que moi et Van-den-Enden lui avons données; enfin, réponds à cela?

M. de Rohan ne sut, en effet, que répondre à cette objection, car le raisonnement de Latréaumont avait une grande apparence de solidité.

—Ainsi donc, — continua ce dernier,—il y a sinon certitude, du moins grande chance de succès. Maintenant, je suppose que le *Tiers et Danger* mettent déjà nos buveurs de cidre hors des gonds; bientôt notre or circule, les promesses tombent comme la grêle, les terreurs s'exploitent, enfin le soulèvement s'opère, la noblesse révoltée monte à cheval et s'assemble pour demander des états-généraux, la populace la suit en aboyant; alors Des Préaux et ses chers amis te présentent aux hobereaux indomptés; tu t'appelles Rohan, tu as une perruque blonde, un magnifique justaucorps brodé, tu es beau comme un ange, tu traites le grand monarque de tyran, tu ordonnes de courir sus à la personne et surtout aux coffres-forts de tous les receveurs de tailles et employés du fisc, que tu déclares *Peste publique* (1)!... Hourra! toute la gentilhommerie de la province t'appuie, et te voilà d'emblée, mordieu, reconnu comme général et chef suprême de la république normande, ainsi que Van-den-Enden demande qu'on appelle ça; en effet, le titre est bon pour commencer et affriander le populaire. Une fois donc la Normandie révoltée, se souvenant du duc de Rohan ton oncle, tous les huguenots mécontents du Dauphiné et de la Guyenne, s'insurgent le feu prend à la traînée, il n'y a pas dix mille hommes de troupes en France! où diable ceci peut-il s'arrêter! Mais alors, mille rancunes! vient le beau de l'histoire; nous marchons droit à Versailles, au plus gardé par deux mille hommes de la maison du roi, et nous mettons la main sur le Sultan, sur la Sultane, sur les Sultanillons et sur le Visir Louvois; je te laisse le sultan et la sultane, et je m'arrange du visir, à qui depuis long-temps j'ai à dire entre deux yeux le mot *potence!* Alors, vois-tu, dans ce jour de triomphe, cet orgueilleux despote qui t'a si souvent

(1) Voir aux pièces le programme du complot.

forcé de te courber devant lui pour t'insulter encore plus insolemment après... le vois-tu à ta merci ? toi pouvant te venger... l'avoir là entre les mains, pouvoir aussi disposer du sort de quelques mignons de sa cour qui t'ont outragé à son exemple... Lorraine, d'Effiat, Villarceaux ! mille tonnerres... comment ! quand ce triomphe ne devrait durer qu'une heure, tu n'achèterais pas cette heure par...

— Oh ! par ma vie ! l'avoir en ma puissance... une heure seulement, une heure, et mourir après ! — s'écria Rohan exaspéré par le souvenir des récentes humiliations qu'il avait encore souffertes, et cédant avec une misérable faiblesse aux instincts de vengeance et d'ambition que les paroles de Latréaumont venaient d'éveiller de nouveau dans son âme.

— Eh bien, mort-Dieu ! il y a mille et mille chances pour que tu aies Phœbus et ses rayons en ta puissance, et tu hésites encore ! lorsqu'il ne s'agit pour toi que de vivre joyeusement pendant deux mois et d'attendre ! car voilà tout ce que je te demande, attendre !... puisque je me charge de tout préparer avec Des Préaux, et que tu n'auras qu'à paraître au dernier moment.

— Oh ! ma faiblesse ! ma faiblesse ! — s'écria

Rohan avec une frayeur croissante, se sentant ébranlé et subissant déjà l'influence des perfides insinuations de Latréaumont, qui le pénétraient presque malgré lui. — Puis reprenant encore courage, il s'écria : — Non, non, laissez-moi, odieux tentateur, laissez-moi, — jamais... jamais je n'y consentirai, laissez-moi partir.

— Eh pars, mort-Dieu ! — répondit Latréaumont avec impatience, — je ne te retiens pas ! seulement, laisse-moi finir : Je te suppose donc, avec raison, à la tête de deux ou trois provinces révoltées, qui sait ensuite ce qui peut succéder pour toi ? Au point où la haine entière de l'Europe est soulevée contre Sultan XIV, serait-il donc bien impossible que l'empereur et le roi d'Espagne (j'en ai d'ailleurs touché deux mots à Monterey) (1), auxquels ta maison est alliée, afin d'abattre une bonne fois le grand monarque et sa gloutonne monarchie, te reconnussent comme prince souverain ou roi feudataire de l'Ile-de-France. Hein ! c'est maigre sans doute auprès de la totalité du territoire français; mais, mille-couronnes fermées ! c'est beaucoup au-

(1) Voir le procès.

près de la Logette au Diable à Saint-Mandé, royaume désert que nous prête S. M. Mr l'Huillier, conseiller au parlement de Rouen ! qu'en dis-tu ?

Le chevalier se trouvait dans une horrible perplexité ; telles chimériques que parussent les espérances dont Latréaumont le voulait enivrer, on le répète, la prodigieuse influence que le duc de Rohan, traitant de roi à roi avec Louis XIII, avait exercée était si évidente, les troubles de la minorité étaient si récents, on y avait vu de si singuliers exemples de l'étrange fortune des partis, qu'une tête moins faible et moins glorieuse que M. de Rohan aurait pu faiblir, et ajouter, comme fit le malheureux chevalier, une vague créance aux audacieuses visées de Latréaumont.

Aussi, M. de Rohan marchait à pas précipités, s'arrêtait, réfléchissait, se frappait le front avec désespoir, tandis que le géant, qui semblait tenir le fil au bout duquel voltigeait si douloureusement cette âme en peine, se complaisant dans l'impression qu'il causait, ajouta : — Je dis roi feudataire de l'Ile-de-France, parce que tu sens bien que Van-den-Enden, avec ses imaginations de république, de liberté, d'égalité, d'âge de miel et de paradis sur terre, est la plus vieille bête que je connaisse; et je le tiens, triple-dieux, pour une fieffée pécore, s'il se figure qu'après la révolte, on ne lui donnera pas des camouflets avec la fumée de ses paperasses républicaines... Je lui laisse croire qu'on fera ce qu'il désire, parce qu'il nous sera bon pour aller négocier avec Monterey; mais une fois ton trône assuré, sire! moi, ton premier ministre, je ferai pourrir dans un cul-de-basse-fosse, ou plutôt pendre, c'est plus sûr, ce vieux rêveur véritablement dangereux pour tout pouvoir établi.

— Que faire! que faire, maintenant! — dit le chevalier avec une horrible anxiété. — Oh! ma bonne résolution de tantôt!... oh! mon calme d'une seconde! Mon Dieu! que faire?

— C'est bien simple!... Conspire;... ou ne conspire pas et épouse : si tu conspires, tu feras un heureux; si tu te maries, un malheureux!

— Que voulez-vous dire?

— Si tu conspires, l'heureux sera moi! si tu te maries, le malheureux sera Lorraine, car tu lui prendras sa maîtresse pour en faire ta femme.

— Mais des preuves... des preuves, misérable!... donne-moi une preuve, seulement une preuve! et je ne revois Maurice de ma vie ?

— Où diable veux-tu que je te donne des preuves ? je n'en ai pas ; ce sont de simples *on dit*, des bruits que tout le monde répète. Après tout, il est possible que ce soit faux ; alors épouse, et je verrai ce que j'aurai à faire...

— Des bruits... mais ils courent ces bruits ! et le monde accueille si vite et si bien ce qui est bas et infâme, qu'une calomnie répandue devient à ses yeux une réalité!... Alors si, moi, j'allais passer pour la dupe de Lorraine ! pour avoir, pour un peu d'argent, épousé bassement une femme qui a été sa maîtresse ! — Quelle honte! Mais, venant à se rappeler la grandeur et la noblesse de dévouement de Maurice, et l'angélique et constante pureté de son caractère, il s'écria : — Mais non! c'est impossible! cette voix touchante, ces larmes, cette fierté, ces accents émus, ces mots entraînants, tout cela ne trompe pas; ce n'est pas là un vain jeu des lèvres! c'est un cri de l'âme la plus dévouée qui soit au monde! Aussi, tu mens, infâme! oui, tu mens! Laisse-moi... je le sens... mon bonheur est avec Maurice ; car j'étais si heureux tantôt! je me sentais si grand! si fort! si puissant! mes nobles résolutions me donnaient tant d'énergie! ma route me paraissait si belle et si riante! tandis que maintenant, oh! maintenant, misérable! grâce à toi, tout est ténèbres autour de moi! — dit le malheureux chevalier avec accablement; puis il reprit pourtant, avec un élan de croyance désespérée : — Non! non! Maurice m'aime; je ne la quitterai pas! Maurice m'est fidèle; encore une fois, de tels accents ne sont pas menteurs!

— Allons, je t'accorde que Maurice soit sincère, — dit Latréaumont avec insouciance; — pourtant écoute : Ne m'as-tu pas mille fois raconté, que sortant chaque matin de chez je ne sais quelle Laïs de bas étage, dont tu étais affolé, pour te rendre chaque jour chez la belle duchesse de Mazarin, tu savais pourtant tellement ensorceler cette dernière par ta voix, par tes larmes, par tes mots émus et par cent mille *et cœtera*, que tout cela, mort-Dieu, paraissait aussi à la duchesse : un cri de l'âme *la plus aimante qui fût au monde!* et pourtant c'était faux; tu trompais la Mazarine! Nous nous en moquions, et devant moi tu répétais, par dérision, ces mêmes phœbus si convaincants, à ces damnées sauteuses bohémiennes avec qui nous soupions quelquefois dans ces temps-là!

— Oh! c'est horrible, horrible,... cela est vrai! — dit le chevalier avec amertume, — j'ai bassement menti et souillé ce qu'il y a de plus saint au monde! pourquoi ne ferait-elle pas de même à mon égard? — Puis, voulant tenter un dernier effort de croyance : — Mais enfin, quel intérêt peut avoir Maurice à se faire épouser par moi?... Ne voulait-elle pas se faire chanoinesse?

— Oui, comme moi je veux me faire chanoine! Est-ce que si elle l'avait sérieusement voulu, elle serait venue te dire *je le ferai?*... non, elle l'aurait fait d'abord, et puis t'aurait dit *cela est*, maintenant acceptez ou n'acceptez pas.

— Mais, encore une fois, quel intérêt peut-elle avoir à m'épouser?

— Eh! mais, cent diables, elle veut faire une fin! Qui s'est présenté pour cela jusqu'ici? Personne. Dans deux ou trois ans elle sera vieille fille ou jeune femme; et, si les bruits sont vrais, avec le peu de fortune qu'elle a, c'est mort-Dieu trouver une prodigieuse retraite, je pense, que d'entrer dans la maison, de Rohan, et d'épouser un des plus grands et des plus charmants seigneurs de France? et cela, après avoir joyeusement rôti le balai, comme on dit; sans compter qu'elle y trouverait à se venger après, en se moquant de toi avec Lorraine ! Et, entre nous, mille tortures ! tu n'auras pas volé une perfidie ! car enfin, l'as-tu assez maltraitée ? assez écrasée de mépris et d'insultes ? T'imagines-tu qu'elle n'en a conservé aucun ressentiment ? Est-ce que tu crois, mille rancunes ! que si elle était aussi innocente qu'elle le dit, elle souffrirait de toi tout ce qu'elle a souffert depuis cinq ans ? Non, non, la noble pureté s'indigne et se rébecque;... la tromperie se courbe lâchement sous les outrages, suit opiniâtrement son but, et sa haine cachée s'augmente de chaque insulte !!

Grâce à sa profonde connaissance du caractère de M. de Rohan, Latréaumont n'avait pas en vain employé cet infernal raisonnement; car il savait, on l'a déjà dit, que le chevalier, par une conséquence de son détestable caractère, tout en rendant Maurice la plus malheureuse des femmes, avait la conscience du mal qu'il lui faisait, et son âme, aigrie par l'infortune, ne pouvait pas croire que Maurice, ainsi méconnue, eût assez de générosité pour oublier ces cruautés, et n'y répondre que par une affection, impassible dans son dévouement; en un mot, M. de Rohan ne pouvait comprendre cette résignation douce et pieuse, qui est à la tendresse, si cela se peut dire, ce que le *courage civil* est au courage d'action. Aussi, l'infortuné, dans son aveuglement, attribuait-il l'amour opiniâtre de Maurice à une dissimulation haineuse, qui marchait sourdement à la vengeance.

— Mon Dieu! mon Dieu! que faire?... comment sortir de ce doute,... de ce chaos?... C'est horrible! — disait le malheureux chevalier.

— Que les mille millions de tonnerres et éclairs du bon Dieu te servent de lanterne pour en sortir! mais décide-toi, conspire ou épouse, oui ou non,... je verrai ce qui me reste à faire. Tu sais tes deux destinées, maintenant choisis, décide-toi, et dis-moi : Je suis à toi, *foi de Rohan!*

— Ah! si j'étais sûr que Lorraine... si tu étais sûr...

— Mille diables! je ne suis sûr que d'une chose, c'est que Monterey accepte, que tu peux espérer un trône, et que tu hésites entre une couronne et une gentilhommière de Bretagne... Voyons?... est-ce oui?... est-ce non?

— Au fait, — dit Rohan avec un accent de résolution désespérée, et se jetant pour ainsi dire les yeux fermés dans l'abîme que Latréaumont avait ouvert sous ses pieds, — j'épouserais Maurice demain, et elle serait innocente, que la source de toute croyance est à jamais empoisonnée en moi; ainsi, vivre solitairement toute sa vie avec une femme que l'on soupçonne, ou jouer sa tête pour une couronne... le choix n'est pas douteux; Latréaumont, c'est peut-être l'arrêt de ma mort que je signe... — Et le chevalier hésita un moment, puis il ajouta rapidement : — FOI DE ROHAN... je suis à toi... je conspire!

— Et foi de Latréaumont! tu fais bien... C'est, entre nous, à la vie, à la mort. — Et Latréaumont embrassa cordialement le chevalier.

A ce moment, un bruit épouvantable retentit; la porte de la galerie tomba sous des coups de hache, et L'Andouiller, armé de sa carabine, Dupuis d'une vieille hallebarde, et maître François d'une fourche, se précipitèrent dans le babinet en criant : — Tuons le scélérat! s'il ne l'est pas, tuons-le!!

Cette brusque invasion fut un contraste d'autant plus grand, que Latréaumont tenait encore la main de Rohan dans les siennes.

— Qu'est-ce que cela ? — demanda le chevalier en fronçant le sourcil.

— Monseigneur, — dit Dupuis, — vous m'aviez ordonné d'aller chercher L'Andouiller et François ; je viens de les trouver, et nous venions...

— Nous venions, monseigneur, pour... — dit L'Andouiller en mettant Latréaumont en joue.

— Dupuis est un vieux fou ; il a pris une plaisanterie pour une chose sérieuse... Allez... retirez-vous, — dit M. de Rohan en faisant un signe de main qui stupéfia ces dignes serviteurs.

— Ah çà ! Dupuis, vieux drôle, — dit le colonel, — à boire, mille diables ! et dans mon grand verre ! car avec tout ça je n'ai pas bu, et je crève de soif. Et toi, maître François, — ajouta-t-il, — attèle tout de suite tes deux rosses, vieil ivrogne, si elles peuvent se traîner ce soir !

— Monseigneur ? — dit ce dernier en s'adressant à M. de Rohan d'un air interrogatif.

Comme le chevalier hésitait, Latréaumont

lui dit à l'oreille : — Ne faut-il pas aller tout de suite faire partir le vieux de Piquepuce ?

M. de Rohan soupira et dit : — Attèle, maître François.

Et les domestiques stupéfaits se retirèrent.

— Allons, le temps est calmé, — dit Latréaumont ; — en revenant de Piquepuce nous irons faire un tour à Vincennes, et après, pour te distraire, si tu veux, nous irons souper chez la Duchesnet, et, vive Dieu ! dire deux mots à ses nièces après le pharaon qui suivra le souper !

— Non, non... je veux rentrer ici.

— Soit ! je te disais cela, parce qu'il doit y avoir un jeu d'enfer ! Louvigny me l'a dit hier en sortant des *Trois-Cuillers*... Ah ! à propos, une bonne histoire, tu ne sais pas qu'il m'a fallu dégaîner pour avoir cette gazette.

— Et contre qui ?

— Contre Châteauvillain ! qui a, mille diables ! emboursé un fruit savoureux de ma quarte basse.

— Bravo ! je le hais, il est des amis de Lorraine !

— C'est ça qui m'aura, sang-Dieu ! porté bonheur ; allons, viens, appuie-toi sur moi !

mais avant de partir, laisse-moi boire ce que m'offre ce drôle.—Et Latréaumont, après avoir bu un grand coup de vin que lui apportait Dupuis, fit une grimace horrible, et s'écria : — Ah çà!... je ne veux désormais boire ici que du vin de Bourgogne de chez la Guerbois! tu m'entends, vieux drôle... et veille toi-même à ce qu'on ne s'y trompe pas...

— Le carrosse de monseigneur! — dit tristement L'Andouiller.

Et Rohan, soutenu par Latréaumont, traversa la galerie. Arrivé au perron dévasté, maître François se pencha sur son siége, et dit... selon les habitudes de cocher de ce temps-là : —Monseigneur, où faut-il toucher ?

— A Piquepuce, chez maître Van-den-Enden, vieil ivrogne! — dit Latréaumont.

LATRÉAUMONT.

Cinquième partie.

LE COMPLOT.

CHAPITRE VINGTIÈME.

Le poison lui-même peut, je crois, grâce à un heureux naturel, être ennobli par un salutaire usage...

SCHILLER. — Don Carlos, act. 5, s. x.

Le Complot.

Ces mots Hôtel des Muses, qu'on se souvient peut-être d'avoir lus au commencement de cet ouvrage, sur l'enseigne de l'école que maître Affinius Van-den-Enden tenait à Amsterdam en 1669, pouvaient alors se lire à Paris, et servaient au même usage, car *l'hôtel des Muses* se trouvait transporté faubourg

Saint-Antoine, tout proche le couvent des révérends pères Piquepuce.

A part quelques différences de localité, rien ne paraissait changé dans l'entourage et les habitudes du vieux docteur, qui avait alors plus de 74 ans; c'était toujours l'aigre et criarde dame Catherine, c'était toujours Clara-Maria, fille aînée du philosophe, qui le suppléait, comme en Hollande, dans ses leçons de langues anciennes ; car aux humanités se bornaient alors les enseignements de Van-den-Enden; toute instruction politique, selon qu'il l'eût entendue, lui étant naturellement interdite en France. Néanmoins, l'austère et incorrigible républicain, souvent entraîné malgré lui par la puissance irrésistible de ses convictions, s'échappait de temps à autre, jusqu'à se permettre quelque allusion démocratique hasardée, qui plaisait à ceux-ci, effrayait ceux-là, ou semblait indifférente à d'autres.

De terribles événements avaient amené Van-den-Enden en France, à savoir : le ravage des sept Provinces-Unies par les armées de Louis XIV, et le massacre des frères de Witt, conséquences rigoureuses et inévitables des trahisons multipliées de ce roi, assassinat d'une férocité inouïe, à l'instigation duquel on ne disait pas non plus le prince d'Orange étranger.

Comme Van-den-Enden avait été fort des amis et admirateurs du *Grand Pensionnaire* Jean de Witt, le vieux docteur fut obligé de s'expatrier pour se soustraire aux premières réactions exercées par Guillaume d'Orange contre tous les Hollandais soupçonnés d'être républicains ou du *parti français*; ces deux appellations étant devenues synonymes, en cela que le vertueux et intègre Jean de Witt, si lâchement trompé par Louis XIV, à l'alliance et à la bonne foi duquel il croyait aveuglément, avait constamment soutenu de toutes ses forces, les intérêts de la France, contre la politique anglaise et espagnole, qui appuyait au contraire le parti de Guillaume d'Orange.

Le *Grand Pensionnaire* avait toujours redouté l'influence de ce prince, qu'il prévoyait sûrement devoir être un jour le destructeur du gouvernement démocratique, que lui Jean de Witt et la faction de Louvestein défendaient depuis longues années, avec l'énergie d'une conviction profonde et expérimentée; car cet état de choses avait, en effet, porté les sept Provinces-Unies à un degré de puissance et de prospérité inouïe jusque là.

Ainsi donc, malgré la haine et la jalousie cupide que Louis XIV nourrissait contre cette république, telle était aussi la rage de ce roi contre Guillaume d'Orange, que se présenter comme persécuté par ce prince, était presque se recommander sûrement auprès du gouvernement français. Aussi Van-den-Enden put-il librement résider à Paris, et s'y vouer à l'enseignement des langues, de la médecine et de la chimie.

Quelque temps après son arrivée à Paris, le docteur avait retrouvé Latréaumont, qu'il avait vu au camp de Norden lors de l'invasion de la Hollande par nos troupes; car fuyant les persécutions du Stathouder, Van-den-Enden avait été forcé de demeurer pendant quelques mois réfugié dans une masure proche de ce camp, avec sa femme et ses enfants.

Alors la ruine de M. de Rohan était consommée, le philosophe et le partisan reparlèrent de leurs anciennes visées, des chances de renouer à ce sujet, avec l'étranger, les négociations jadis interrompues, et se donnèrent rendez-vous à Paris, où le docteur devait aller, ainsi qu'on vient de le dire; ils s'y rencontrèrent et reprirent leurs projets du camp de Norden, auxquels Des Préaux s'était fait initier, on expliquera plus tard pourquoi. Latréaumont, de nouveau poussé à ce complot par l'ambition et la cupidité, Van-den-Enden par son incessant et irrésistible désir de voir se réaliser ses utopies (car il n'avait accordé cette fois encore, son intervention en Hollande, qu'à la condition expresse de rédiger seul et à son gré les statuts politiques de la future *libre République* Normande).

A l'étranger, le docteur pouvait être véritablement l'âme de cette conspiration. La proscription dont il avait été frappé par le prince d'Orange, prouvait que l'influence du philosophe était considérable. En effet, à Amsterdam, la haute vertu, le savoir et le courage civil de Van-den-Enden étaient depuis vingt ans aussi populaires que l'inébranlable fermeté de ses opinions démocratiques. Dès l'arrivée de M. le comte de Monterey à Bruxelles, le baron d'Isola avait instruit ce nouveau Gouverneur général, des ouvertures relatives à la révolte de Normandie, autrefois à lui faites par Latréaumont. Ce projet, difficile à tenter et à appuyer en 1669, au milieu de la paix profonde où était la

France avec l'Europe, devait sembler des plus opportuns en 1674, alors qu'on disait le mécontentement général en France, et que presque toutes les puissances se soulevaient contre Louis XIV. M. de Monterey parla de ces projets de rébellion au prince d'Orange; par cela même que ce dernier haïssait de voir les maximes républicaines se perpétuer dans un État qu'il voulait dès-lors gouverner despotiquement, il les regardait comme un levier terrible, précieux à employer pour miner ou renverser le trône de Louis XIV. Aussi Van-den-Enden put-il librement revenir en Hollande, dès qu'il eut écrit à M. de Monterey pour lui demander une entrevue au sujet des communications faites en 1669 au baron d'Isola.

Autant par conviction, par vraisemblance, que par son violent désir qu'il en fût ainsi, le docteur avait ajouté la foi la plus entière à tout ce que Latréaumont lui avait confié de nouveau, sur la disposition hostile et menaçante des esprits en Normandie; aussi, lors de son voyage à Bruxelles, où il alla vers la fin de 1673, Van-den-Enden fit-il aisément partager ses espérances à M. de Monterey et au prince d'Orange, non moins ardemment désireux que lui de voir les choses en cet état, et les laissa extrêmement disposés à soutenir la rébellion de Normandie ; mais lors de la promulgation de l'impôt du *Tiers et Danger*, cet impôt parut et était si véritablement cruel, inique et exorbitant, que les deux personnages dont on a parlé, ne doutant pas un moment de l'imminence d'une révolte en France (1), s'engagèrent à l'appuyer, et en donnèrent l'assurance positive aux conjurés, en faisant insérer dans la Gazette de Hollande les deux articles significatifs dont la teneur avait été rédigée par Van-den-Enden et Latréaumont, et envoyée en Hollande au moyen d'un marchand portugais, émissaire secret de Monterey.

On dira peut-être que malheureusement égaré par son aveugle esprit de prosélytisme, il était odieux à Van-den-Enden, réfugié à

(1) On voit dans la correspondance diplomatique de M. de Pomponne (avril, mai. 1674) que la promulgation de cet impôt fut accueillie en Espagne et en Hollande avec une grande joie, tant on croyait son effet devoir être fatal au gouvernement de Louis XIV. On le répète, au pays de Normandie ce droit *était du tiers du prix de la vente*, et la dixme, ou *danger*, de 2 sols par livre de tout le prix : le total était donc de TREIZE LIVRES sur *trente livres*. Voir le Guidon des financiers. Ragneau. Glossaire du droit français. Paris, 1704, in-4°, f. 2643.

Paris, de trahir les lois de l'hospitalité en rêvant le renversement du roi qui lui accordait un asile; — cela est vrai, bien que le philosophe pensât fermement doter la France des plus merveilleuses institutions et assurer ainsi le bonheur du peuple qui l'avait accueilli; — puis, aussi en se mettant au point de vue de Van-den-Enden, on verra que l'initiative de l'ingratitude la plus noire et la plus féroce appartenait à Louis XIV et à Louvois, qui, sans autre raison qu'une rage brutale et une ignoble cupidité, oubliant enfin les immenses services que la république et le parti de Jean de Witt avaient rendus à la France, portèrent malgré les traités les plus sacrés, les serments les plus saints, une épouvantable guerre d'extermination au sein des Sept-Provinces-Unies, patrie de Van-den-Enden. . . . .

. . . .

Maintenant, avant que d'introduire le lecteur dans le nouvel intérieur de l'Hôtel des Muses, on doit dire ici quels événements singuliers instruisirent M. de Nazelles du complot tramé par Latréaumont.

Logeant près du couvent de Piquepuce, et attiré comme beaucoup d'autres curieux par la naissante renommée de maître Van-den-Enden, M. de Nazelles avait assisté par hasard à une des leçons de latinité professées par Clara-Maria.

Chose étrange, cette femme d'un aspect si austère et si glacial, énamoura tellement M. de Nazelles, que non seulement il devint un des auditeurs les plus assidus du docteur et de sa fille, mais encore, qu'il fit tant d'adroites démarches auprès de dame Catherine, qu'il parvint à être agréé dans l'école comme pensionnaire, à la grande joie de l'avare ménagère qui se voyait ainsi défrayée d'une grande partie de sa dépense par le revenu annuel de la pension de M. de Nazelles, généreusement portée par lui à quinze cents livres.

Bien que Van-den-Enden, et surtout Clara-Maria fussent très loin de partager l'engouement de dame Catherine pour celui qu'elle appelait fièrement *son pensionnaire*, telle était la crainte qu'elle continuait d'inspirer dans cette pauvre maison, dont elle demeurait toujours la souveraine absolue, que, pour rien au monde, le docteur n'eût osé fermer la porte de son école au protégé de dame Catherine.

Quant à la connaissance que Nazelles eut

du complot, elle s'explique ainsi qu'il suit:

Las d'être sans cesse rebuté par Clara-Maria, qui, le haïssant avec une indomptable persistance de mépris, savait toujours éviter les tête-à-tête qui auraient dû se rencontrer si fréquemment depuis l'admission de l'avocat parmi le domestique de l'hôtel des Muses, voulant à tout prix trouver l'occasion de parler longuement de son amour, Nazelles s'était un jour imaginé, en l'absence du gendre de Van-den-Enden (le docteur Kerkerin, alors en Hollande), s'était imaginé de se cacher dans une espèce de petit oratoire où Clara-Maria se retirait souvent le soir pour lire, prier et méditer.

Par un hasard singulier, ce jour-là même Van-den-Enden, ayant à causer confidemment avec Latréaumont de la révolte de Normandie, et se croyant sans doute plus secrètement isolés dans le parloir de la fille, le docteur et le colonel s'y rendirent et conférèrent si longuement et si particulièrement de la rébellion projetée, que Nazelles fut instruit de tout. L'entretien fini, le partisan et Van-den-Enden se séparèrent, et Nazelles sortit de sa cachette.

Le lendemain, comme Latréaumont se promenait sous les arceaux de la Place Royale, Nazelles l'aborda bravement, le prit à part au milieu de la foule, et lui dit : *Je sais tout.* — En vain le partisan stupéfait voulut nier; mais l'avocat lui donna des détails tellement circonstanciés, qu'il lui fut impossible de persister dans ses dénégations. — Puis, comme le colonel s'emportait en menaces terribles, Nazelles lui répondit froidement « que tout ce qu'il avait surpris touchant la conspira- » tion était écrit de sa main et déposé chez un » notaire, son ami, en manière de testament, » de sorte que dans le cas où Latréaumont lui » tendrait quelque sanglante embuscade, ledit » garde-note avait mission de dévoiler aussi- » tôt la cause probable du meurtre et les dé- » tails du complot, renfermés dans la lettre. »

— « Que voulez-vous donc alors? lui de- » manda Latréaumont. » — « Rien, reprit l'a- » vocat; je me contente de savoir ce qui en » est, et de tenir dans ma main l'existence de » ceux qui conduisent cette affaire (1), qui » d'ailleurs, je l'espère, d'une façon ou d'une » autre, pourra servir mon amour; aussi, » quant à présent, *je ne veux* pas paraître in-

(1) Voir le procès.

» struit de tout ceci aux yeux de Van-den-
» Enden, non plus qu'aux yeux de M. de
» Rohan. »

Que faire dans une conjoncture aussi extrême ? Tuer Nazelles. Mais son testament dirait tout. Lui offrir quelque argent sur les sommes que Monterey devait envoyer ? Mais l'avocat avait refusé, ayant assez de fortune, assez peu de besoins, pour ne pas vendre son silence.

Latréaumont se résigna donc à subir la fortuite et dangereuse initiation de Nazelles, et se garda surtout d'en instruire M. de Rohan ; car cette nouvelle chance d'être découvert eût sans doute encore augmenté les irrésolutions du chevalier.

Cette parenthèse épuisée, revenons à la scène qui se passait à *l'Hôtel des Muses*, ce jour-là même où Latréaumont venait enfin de décider M. de Rohan à conspirer, et où tous deux devaient demander à Van-den-Enden de repartir à l'instant pour Bruxelles.

Il était cinq heures du soir, Clara-Maria, encore assise dans sa chaire, et rassemblant ses livres épars, avait terminé sa leçon ; tous ses auditeurs venaient de sortir de la vaste salle de l'école, à l'exception d'un seul ; celui-là était Nazelles, arrivé depuis deux heures, du cabaret des Trois-Cuillers.

Soit que la jeune femme fût encore occupée de remettre ses livres en ordre, soit qu'elle ne voulût pas s'apercevoir de la présence de l'avocat, elle tenait ses yeux continuellement attachés sur sa table en rangeant quelques papiers; aussi, fallut-il que M. de Nazelles s'approchât de Claria-Maria, presque à la toucher, pour qu'elle parût enfin le voir.

— Madame, — dit-il d'un air timidement patelin, — on ne saurait mieux professer que vous ne l'avez fait tout à l'heure; et si la science n'avait pas déjà tant de charmes par elle-même, le bonheur d'être enseigné par vous, lui donnerait un merveilleux attrait.

— Excusez-moi, monsieur, mais je vais aller dans le jardin retrouver mon père, — dit Clara-Maria d'un ton bref et de son grand air calme, sérieux et glacé.

Néanmoins, M. de Nazelles se plaçant proche de la petite porte qui fermait la chaire, s'appuya dessus, de façon que Clara-Maria n'en pouvait sortir.

— Veuillez, madame, me donner une seconde... un seul moment! — dit-il d'un air empressé.

— Que voulez-vous, monsieur ? — dit la jeune femme, en levant sur l'avocat ses yeux bleus, clairs et assurés, devant lesquels il baissa le regard.

Après un moment d'hésitation, Nazelles arracha un soupir désespéré du fond de sa poitrine, et dit à voix basse : — Hélas ! vous le savez bien, belle inhumaine, qui ne voulez-pas entendre à mon amour !

Il est impossible de peindre le coup d'œil de hauteur et d'écrasant mépris que Clara-Maria, toujours pâle et grave, jeta sur cet homme ; puis, sans même l'honorer d'un accent d'impatience ou de colère, elle lui dit froidement, sans le regarder, en prenant à la hâte quelques livres :

— Ouvrez cette porte !

— Par pitié, madame... un mot,... un seul mot, écoutez-moi ! Ne m'exaspérez pas ! — Et l'avocat s'accoudant sur le bord de la chaire, levait ses mains suppliantes.

— Cette porte, monsieur... cette porte ! — dit impérieusement la jeune femme en se levant droite et imposante dans sa longue robe noire, et s'apprêtant à sortir.

— Mais, madame, depuis bientôt un an... ma passion... vous est connue. Je meurs d'amour... ayez pitié de moi... Il faut que vous ayez pitié... il le faut! — Et l'avocat, après avoir prononcé ces mots d'une voix haletante et entrecoupée, s'avança sur le bord de la chaire, et tâcha de saisir une des mains de Clara-Maria, qui se rejetant en arrière, et frissonnant comme si un hideux reptile l'eût approchée, s'écria :

— Ne me touchez pas... Ah!... ne me touchez pas!!

Il y eut dans ces mots, dans le geste qui les accompagna, et sur le visage austère de la jeune femme, une si insultante expression de dégoût et d'horreur, que M. de Nazelles ouvrit brusquement la porte de la chaire en rougissant de rage, tandis que ses yeux fauves brillèrent un instant d'un feu infernal.

Alors Clara-Maria descendit de l'estrade, sans regarder l'avocat, et portant ses livres sous son bras, traversa la salle d'étude avec une majestueuse lenteur.

M. de Nazelles, atterré, la suivit quelques moments du regard. Puis, faisant un geste de menace, et frappant du pied avec fureur, il sortit, pendant que Clara-Maria, irritée, mais toujours calme, allait au jardin rejoindre son père.

Van-den-Enden n'ayant pas un grand nombre d'écoliers, la guerre et les obligations des charges laissant fort peu de désœuvrés à Paris, avait joint à son enseignement des langues anciennes, une école pour les enfants (1), auxquels le vieillard apprenait à lire avec une patience et une bonté toutes paternelles, et pourquoi ne le dirait-on pas? avec un intérêt plein de charmes pour lui.

Contraste curieux et touchant, cet esprit sérieux et pensif, ce grand savant, ce mâle génie politique, descendant ainsi des hauteurs solennelles et mystérieuses de la méditation, ou sortant des profondeurs de la science la plus aride, trouvait un bonheur ineffable à venir rasséréner encore sa belle âme auprès de ces naïves petites créatures; à contempler ces trésors d'innocence, de jeunesse et de candeur, et à sourire pieusement à leurs joies enfantines; les seules peut-être que l'homme goûte jamais pures et sans remords!

Lorsque le temps et la saison le permettaient, Van-den-Enden faisait l'enseignement des enfants dans le vaste jardin de son école. — Or, la soirée de ce jour était aussi riante et

---

(1) Voir le procès.

aussi belle, que la matinée avait été sombre et pluvieuse; la tiède brise du sud chassait lentement, sur le bleu foncé du ciel, de blancs flocons de nuages aux contours argentés, tandis que les frais et verts bourgeons du printemps montraient leurs premières pousses sur la brune écorce des lilas et des amandiers; l'air était doux, le soleil avait séché le sable des allées, et le philosophe, assis à ses rayons, dans un grand fauteuil de bois, au milieu d'un quinconce de tilleuls, était entouré de quelques enfants dont le plus vieux n'avait pas six ans.

Il faut dire que le bon vieillard ne paraissait pas à leur égard d'une extrême sévérité; les uns insouciants jouaient gaiement entre eux, assis à ses pieds; tandis que d'autres, pensant à l'avenir, se montraient curieusement et sans envie il est vrai, mais avec une sorte d'inquiétude mal dissimulée, les deux savants de la bande, que le docteur finissait alors de faire lire.

C'était un gracieux tableau.

Van-den-Enden, vêtu de brun, courbé par l'âge, coiffé d'un chaperon de velours noir d'où s'échappaient ses cheveux blancs, souriait doucement.... Le soleil éclairait en plein sa figure vénérable, bien pâle, bien souffrante, il est vrai, bien profondément sillonnée par les veilles et les chagrins; mais qui alors avait une rare expression de bonheur et de quiétude. Il tenait sur ses genoux une grande bible peinte; et deux enfants debout auprès de lui, se serraient côte à côte, en suivant sa leçon.

L'un, frêle et joli, blanc et vermeil, à longs cheveux d'un blond doré, à la physionomie singulièrement fine et spirituelle, était vêtu d'une jaquette écarlate, et ouvrait attentivement ses yeux bleus vifs et intelligents, tandis que, du bout de son tout petit doigt rose à fossettes, il suivait d'un air sérieux et appliqué les lettres coloriées que le vieillard lui indiquait d'une main tremblante, et que l'enfant disait à mesure.

L'autre au contraire, robuste et beau garçon, brun et déterminé, aux grosses joues fermes et hâlées, vêtu d'une jaquette verte, oubliait parfois le livre pour suivre de ses grands yeux noirs, résolus et distraits, les oiseaux qui voletaient dans les branches; aussi sa bonne voix hardie et décidée ne répétait-elle jamais les lettres, que lorsque son camarade les avait épelées de son petit accent doux et timide.

Mais, à la grande joie des enfants qui s'éparpillèrent aussitôt, la leçon fut interrompue par Clara-Maria qui vint rejoindre son père, et lui dit d'une voix émue :

— Cela devient intolérable, mon père; encore cet homme!!

— Van-den-Enden haussa les épaules, en disant tristement : — Ah, Catherine! Catherine!!

— Mais, mon père, que faire? — je n'ai rien voulu dire à mon mari, car vous savez combien il est violent! les instances de cet homme me sont odieuses! encore une fois, que faire? Sa position de pensionnaire ici lui donne mille occasions de me poursuivre de ses honteux propos. Je vous en supplie, mon père, dites à ma belle-mère de le chasser! — ajouta Clara-Maria, qui, on le sait, était fille du premier lit de Van-den-Enden.

— Que veux-tu, mon enfant! tu connais Catherine, à quoi bon des observations avec elle? ne sais-tu pas toi-même, hélas! que c'est vanité!!

— Mon père, je lui parlerai donc si vous le permettez.

— Ah, mon Dieu! la voilà, — dit le docteur d'un air un peu craintif.

En effet, c'était dame Catherine, comme toujours, vêtue de noir avec une fraise et un béguin blanc; on l'a dit, véritable figure d'Holbein, dure, sèche et pâle.

Clara-Maria s'apprêtait à lui soumettre ses griefs contre M. de Nazelles, lorsqu'elle fut prévenue par une violente explosion de la colère de dame Catherine, qui s'écria :

— Eh bien, jour de Dieu! j'en apprends de belles! je rencontre à l'instant *mon pensionnaire*, M. de Nazelles; moi je lui dis : « — Dieu vous garde, monsieur, nous souperons bien ce soir; car ce n'est pas pour me vanter, mais nous aurons un hochepot (1) et un potage au poisson qui ne dépareraient pas la table d'un chanoine. » — Qu'arrive-t-il? au lieu d'accueillir mes avances de hochepot, comme doit le faire un pensionnaire d'un appétit flatteur, M. Nazelles me répond d'un air à fendre l'âme : — « Merci, dame Catherine, je » n'ai pas faim, je ne souperai pas ce soir, je » vais prendre mon feutre et mon manteau » pour sortir. » — « Ne pas souper! m'écriai-je, quand je vous annonce un pareil hochepot Mais cela n'est pas naturel. Il faut qu'il y ait

(1) Sorte de macédoine de viande et de légume.

quelque chose là-dessous, M. de Nazelles. » Enfin après bien des *si* et des *mais*, la douce créature finit par m'avouer que c'est encore vous, madame! — et dame Catherine attacha un regard furieux sur sa belle-fille, — que c'est encore vous! qui, avec vos discours aigres et fâcheux, lui avez ôté l'appétit!

— Il a osé vous dire cela, madame?

— Il a dit... il a dit... il n'a rien dit sans doute, la pauvre âme de pensionnaire qu'il est... mais je l'ai deviné, car, comme il sortait de votre classe, ça ne pouvait être que vous qui l'ayez tourmenté. Mais je dois vous le dire une bonne fois pour toutes, cela m'ennuie à la fin! je tiens à mon pensionnaire comme au salut de mon âme. Grâce à ses quinze cents livres, nous vivons presque pour rien, car vous ne croyez pas sans doute, madame, que ce soient les soixante méchantes pistoles par an que nous donne votre mari, qui puissent nous avancer beaucoup, j'imagine!

— Ma femme! ma femme!

— Et vous! vous ne valez guère mieux non plus! reprit dame Catherine en se retournant vers le philosophe, et le toisant d'un air irrité.

— Pourquoi en veut-on ainsi à mon pensionnaire? Ne paie-t-il pas exactement sa pension ? quinze cents bonnes livres du bon Dieu. Trouvez donc un pensionnaire pareil? Aussi, encore une fois, que lui fait-on ? Pourquoi le hait-on? que lui veut-on?

— Je ne le hais pas, madame; je le méprise, — dit Clara-Maria.

— Sainte Vierge! mépriser mon pensionnaire! et de quel droit, s'il vous plaît?

— Madame, il est de ces choses qu'on ne peut dire, — reprit sévèrement la fille du docteur.

— Enfin, Catherine, puisqu'il faut vous l'apprendre, — dit le philosophe avec impatience, — M. de Nazelles fait la cour à ma fille, et l'obsède de propos déplacés... Comprenez-vous à cette heure?

— Eh bien! après, voyez donc le grand mal. Est-ce que votre fille n'est pas honnête femme? Est-ce qu'elle ne peut pas bien se garder elle-même, sans pour cela maltraiter mon pensionnaire, lui ôter l'appétit, le dégoûter d'un si bon hochepot, sur lequel je comptais tant pour m'attacher de plus en plus M. de Nazelles? Mais il le mangera! Affinius... je vous le déclare, il faut qu'il le mange! ou au moins qu'il en goûte, entendez-vous!

— Si vous tenez si fort à ce que votre souper soit mangé, — dit le vieillard, ne pouvant s'empêcher de sourire de la fureur de sa femme, — voici un compagnon qui vous rendra aisément ce service, — et il lui montra Latréaumont, qui arrivait accompagné de M. de Rohan.

— Bon Dieu du ciel! c'est l'affreux géant! Je crois bien qu'il mangerait aisément mon souper et bien d'autres encore avec!! — s'écria la ménagère en frémissant; — il aura sans doute eu vent du hochepot, car le voilà qui vous arrive avec ce seigneur... mais quel seigneur, mon Dieu! un mauvais seigneur ruiné, dit-on, car vous ne sauriez autrement choisir vos belles connaissances, vous!! — dit dame Catherine avec mépris.

En apercevant M. de Rohan et Latréaumont, Van-den-Enden avait fermé son livre, pendant que Clara-Maria se retirait, et que Catherine suivait sa belle-fille, se souciant peu de supporter, comme d'habitude, les impertinentes plaisanteries de Latréaumont, et craignant sans doute pour la sûreté de son hochepot, bien que le colonel ne vînt plus, ainsi qu'autrefois à Amsterdam, s'imposer comme son commensal habituel.

Le docteur resta donc seul dans le jardin avec ses deux hôtes.

— Eh bien, père La Sagesse, tu vas rire ! — dit Latréaumont, qui s'était familiarisé avec ce vieillard à ce point qu'il le tutoyait insolemment ; — tu vas rire dans ta barbe, Monterey accepte ! et Rohan aussi... La *Gazette* est arrivée !

M. de Rohan fit un signe de tête affirmatif.

— Monterey accepte ? — s'écria Van-den-Enden avec une expression de joie impossible à décrire, en levant au ciel ses mains tremblantes ; — il accepte... Enfin il a tenu la parole qu'il m'avait donnée ! Mais montons chez moi, nous y serons plus retirés.

Et tous trois montèrent dans le cabinet du docteur, pièce petite et sombre, éclairée par une seule fenêtre, et encombrée de livres et d'instruments de physique ; véritable antre d'alchimiste.

Van-den-Enden ferma soigneusement la porte, s'assura que personne ne se trouvait dans une pièce voisine, et les trois conjurés s'assirent.

— Il accepte, il accepte ! — répéta le vieillard.

— Tiens, — lui dit Latréaumont, — lis.... voici la *Gazette*.

Pendant que le docteur absorbé examinait ce journal avec attention, Latréaumont reprit :

— Voilà, j'espère, mon vieux Lycurgue, une belle occasion d'appliquer ton système, et de semer enfin ta chère république en Normandie, afin d'y faire pousser des anges. Eh bien!... quand, il y a cinq ans, à Amsterdam, je te disais qu'il ne fallait pas te désespérer, et que je trouverais un nom pour servir d'enseigne et de chef à notre sédition?... Hein? t'ai-je tenu parole?... Est-il assez brave et assez noble, celui-là, Louis de Rohan?... neveu du grand duc Henri de Rohan, cet indomptable révolté!

— Oh! oui,... très noble et très brave,... — dit Van-den-Enden avec une singulière expression; — j'aurais pu choisir le chef de l'état républicain que je rêve depuis si longtemps... que mon choix fût certainement tombé sur M. de Rohan.

— C'est comme moi, — reprit Latréaumont. — Voyez un peu comme les belles âmes se rencontrent !

— Allons ! j'espère que tout ceci succèdera bien, — dit M. de Rohan avec une angoisse mal dissimulée, car la pensée de Maurice lui revenait à l'esprit;— l'affaire est engagée, maintenant hâtons-la, pour Dieu ! hâtons-la!... *car il n'y a pas de plaisir à rester ainsi long-temps dans le crime* (1) !

— Dans le crime ? — s'écria Latréaumont en riant. — Ah çà! mille repentirs, si tu prends cela pour un crime, à présent! Si te venger des dédains et des insolences d'un roi qui t'a offensé est un crime! si te remettre à flot d'or quand tu es embourbé dans la ruine la plus fangeuse, et la plus noire! si tu appelles cela un crime... alors je ne m'y connais plus.

— Un crime! — s'écria Van-den-Enden, qui ne daigna pas relever l'ignoble manière dont Latréaumont envisageait les fins de la conspiration, car le philosophe, ayant son noble but à lui, méprisait profondément les vues sordides de son complice; — un crime! — s'écria donc le vieillard avec exaltation. — Ah! ne croyez pas cela, monsieur!... Arracher ce malheureux pays au despote qui le décime et le ronge! délivrer vos frères des entraves qui les enchaînent! assurer la liberté, l'égalité et le bonheur de tous! faire enfin pour votre pays ce que ce grand martyr de la liberté, Jean de Witt, rêvait pour le sien! accomplir

(1) Voir le procès.

ce que votre oncle, monsieur, cet intrépide indépendant, voulait accomplir pour les religionnaires... oh! ce n'est pas là un crime!... non, non, monsieur!... C'est l'action la plus sainte et la plus grande qui puisse élever un homme au-dessus des autres hommes; c'est pour l'avenir s'assurer un de ces noms sacrés, que les peuples révoltés contre leurs despotes crient pour ralliement en courant aux armes!! un de ces noms vengeurs enfin, qui, écrits en traits de feu dans l'histoire, font bien souvent pâlir les tyrans sur leur trône... comme Balthazar à son festin!

— Van-den-Enden était sublime en parlant ainsi, la fière énergie de cette conviction réagit puissamment sur M. de Rohan, qui, entendant ce vieillard si sage, si éclairé, si véritablement homme de bien, faire un pareil tableau de la révolte, se sentit comme rehaussé à ses propres yeux, regarda décidément les scrupules de Maurice comme dictés par la crainte ou la personnalité, et, partageant l'exaltation du vieillard, s'écria :

— Vous avez raison!... Non, ce n'est pas un crime! et puisse mon nom se prononcer encore avec quelque gloire après celui du grand Rohan !

Rien ne pouvait mieux servir les vues de Latréaumont, qui dit vivement à Van-den-Enden :

— Maintenant, il te faut partir, mon vieux Brutus, et aller de nouveau trouver Monterey à Bruxelles pour prendre avec lui les derniers arrangements, puisqu'il a toute confiance et créance en toi...

— Je partirai !...

— Demain ?

— Demain !...

— Avez-vous de l'argent pour faire ce long voyage ? — lui demanda M. de Rohan.

— Non ! car c'est à peine si le peu que je gagne suffit à ma famille.

— Que vous faut-il ?

— De quoi faire la route !

— Deux mille livres ? — demanda Rohan.

— C'est beaucoup trop, — dit le docteur en haussant les épaules.

— Mille livres ?

— C'est encore trop, je crois... Mais je vous rapporterai ce qui restera.

— Brave homme ! — s'écria M. de Rohan.

Latréaumont reprit :

— Sais-tu, mon digne Lycurgue, que tu es bien vieux pour une telle entreprise ?

— Soixante et quatorze ans, né avec le siècle. Puissé-je seulement voir, un jour, le triomphe de la liberté, et mourir après !

— Sais-tu bien qu'il y a deux armées à traverser pour aller à Bruxelles ? — dit le colonel.

— Je le sais ! !

— Qu'il y a de grands dangers à courir?

— Je le sais! je le sais ! — dit avec une impatiente résolution, ce vieillard qui naguère tremblait devant sa femme.

Depuis quelques moments, M. de Rohan faisait signes sur signes à Latréaumont, pour lui donner à entendre qu'il prenait un singulier moyen d'engager le philosophe à se charger de cette dangereuse entreprise, en lui en exagérant ainsi tous les périls; mais Latréaumont ne tenant compte de ces muettes recommandations, continua :

— Sais-tu, enfin, que si l'on t'arrête, on pourra bien te pendre comme espion?

— Convenons donc vite du chiffre, afin que je puisse vous écrire sûrement de là-bas, — répondit le vieillard en haussant les épaules, sans que son front eût sourcillé à la pensée des dangereux obstacles qu'il devait en effet braver pour remplir sa mission.

Alors, se retournant vers Rohan, Latréaumont lui dit en montrant Van-den-Enden : — Je m'apercevais bien de tes signes, mais je voulais le pousser jusqu'au bout! Hein? vois quel homme! soixante-quatorze ans! quel courage! et toi, tu hésitais pourtant!

— Ne vous ai-je pas donné ma parole *foi de* ROHAN? — dit le chevalier avec tristesse et dignité.

— C'est vrai, c'est vrai, aussi es-tu un Romain ou un Spartiate du vieux temps... à ton choix... Mais ta Maurice, te sens-tu, là... mort-Dieu, bien dépêtré de ses liens?

— Puisque je suis à vous.. n'est-ce pas rompre à tout jamais avec elle!! et pourtant, si elle est pure et vraie.. si elle était loyale dans ses offres.. ma conduite envers elle est un épouvantable crime! — dit M. de Rohan avec un soupir...

— Oui, mort-Dieu, je dis comme toi, si elle ne voulait pas t'amener à l'épouser, pour rire après de toi avec Lorraine et d'Effiat, c'est un épouvantable crime.

— Les horribles doutes du malheureux chevalier étant de nouveau réveillés par cette perfide réponse du colonel, — il s'écria, — eh bien oui, n'y aurait-il qu'une chance sur mille! pour que cet odieux soupçon fût une réalité, pour que Maurice fût capable d'une telle infamie... Je ne veux pas même courir cette unique chance d'être couvert d'ignominie, et alors plus la secousse est violente! plus la rupture et assurée.

Pendant cette conversation à laquelle il était resté étranger, Van-den-Enden profondément absorbé avait écrit quelques notes à la hâte.

—Tenez, dit-il enfin à Latréaumont, voici, je pense, un chiffre qui sera bon pour communiquer sans crainte, car le secret des lettres est chaque jour violé. Ecoutez bien : lorsque j'aurai à vous écrire au sujet de notre affaire et qu'il s'agira de M. de MONTEREY, je suppose, je dirai *mon gendre Kerkerin*, à cette heure à Bruxelles; par *ma fille Marguerite*, j'entendrai les ETATS DE HOLLANDE; et par *Clara-Maria* mon autre fille, les ETATS DE FLANDRES?

— Parfait, père la Sagesse, — dit Latréaumont; — ainsi : « J'ai vu *mon gendre Kerkerin* » au sujet de ce que vous savez, mais avant » de se résoudre il faut qu'il consulte *ma fille* » *Marguerite*,

Signifiera :

« J'ai vu MONTEREY *pour la conspiration*, et

» *il faut qu'il consulte* LES ETATS DE HOLLANDE.

— Assurément, — reprit Van-den-Enden qui continua ; — L'ARGENT que Monterey doit encore envoyer, s'entendra par *les diamants, le coche* signifiera LA FLOTTE ; *les paquets*, LES TROUPES ET OBJETS DE DÉBARQUEMENT, et enfin *la maison* signifiera LA PLACE QU'ON POURRA LIVRER (1).

J'y suis, reprit Latréaumont ; ainsi KERKERIN *mon gendre enverra d'abord les diamants, et ensuite par le* COCHE *les* PAQUETS *que vous attendez, quand il aura la réponse de ma fille* MARGUERITE *et qu'il saura le numéro de la* MAISON *où il faut adresser le tout*, — signifiera : — MONTEREY *enverra d'abord* L'ARGENT, *et ensuite sur la* FLOTTE, *les* SOLDATS *et les* OBJETS *qui doivent être débarqués quand il aura consulté les* ETATS DE FLANDRES *et qu'il saura décidément la* PLACE *que l'on peut livrer*.

— C'est cela même, — dit le vieillard.

— Bravo ! nous nous comprenons comme deux amants qui ont à tromper un jaloux, — reprit le colonel.

— Ainsi, — reprit M. de Rohan, — nous convenons bien de ceci : puisqu'il serait dé-

---

(1) Voir le procès.

sormais dangereux de l'écrire : — On demande à M. de Monterey six mille hommes de troupes pour le débarquement ; sur la flotte des armes pour vingt mille hommes, ainsi que des outils pour les fortifications.

— Et, — ajouta Latréaumont, — deux millions d'argent, dont six cent mille livres le plus tôt possible, pour disposer les masses, nous faire des créatures et enrôler des mécontents par l'entremise du seigneur Plutus.

— C'est entendu, — dit Van-den-Enden.

— Dès que la flotte hollandaise paraîtra sur la côte de Normandie, — continua Latréaumont, — « six gentilshommes iront trouver » l'amiral, quatre resteront en otage, et deux » viendront mettre les Espagnols en possession » de Quille-Bœuf. — Alors, — dit Van-den-» Enden, — la Normandie assurée de ce point, » s'arme, reconnaît M. de Rohan pour chef, » et se déclare en république libre et indé-» pendante, selon mes statuts politiques, c'est » ma condition expresse, et cela, sans que les » Espagnols y puissent prétendre aucune domination » !

— Sinon Quille-Bœuf, — reprit Latréaumont, — qu'ils ne garderont que jusqu'à temps qu'on leur ait livré le Havre ou Abbeville, pour otage de la sûreté de leurs troupes !

— C'est entendu ainsi, — reprit Van-den-Enden.

— Mais, — ajouta M. de Rohan en se tournant vers Latréaumont, — en cas de revers, qu'as-tu décidé? — car, avec une inconcevable insouciance qu'il faut sans doute attribuer à l'irrésolution où il était demeuré jusqu'alors, au sujet du complot, le chevalier avait laissé Latréaumont seul maître de toutes les conditions (1).

— « En cas de revers, — reprit Latréau-
» mont, — ainsi que Monterey l'a fait dire par
» le Portugais, on nous promet une retraite
» assurée en Hollande ou en Espagne ; trente
» bonnes mille livres de pension pour toi,
» vingt mille non moins bonnes pour moi, et
» la Hollande ou l'Espagne ne signeront aucun
» traité avec la France sans que l'assurance
» de notre grâce y soit stipulée et garantie
» positivement (2). » J'espère, mille diables! que ce n'est pas non plus un mauvais sort pour l'avenir, hein? Ainsi, n'oublie pas

---

(1) Voir le procès.
(2) Idem.

surtout cette clause, vieux Brutus? car on ne sait pas ce qui peut succéder.

— Je n'oublierai rien, — dit le vieillard.

— Mais, à propos, — s'écria M. de Rohan, — et vous, Van-den-Enden, quel est votre sort?

— Que la cause de la liberté triomphe ou qu'elle succombe, il n'y a que l'échafaud, ou la postérité, qui puisse me payer jamais de ce que j'aurai fait! — dit gravement le vieillard.

— Mort-Dieu! mon vieux Brutus, tu ne ruineras pas les trésors de l'empire et de l'Espagne, toi! une hache bien affilée, ou la creuse trompette de la creuse renommée, voilà ta creuse ambition! — s'écria le colonel avec un bruyant éclat de rire; mais voyant le visage de M. de Rohan s'assombrir, il ajouta gaiement : — Allons, allons, à bientôt, notre ambassadeur plénipotentiaire auprès de Monterey! Et vive la libre république normande et son glorieux chef, Louis de Rohan, *premier républicain du nom!*... Ainsi donc, à demain, brave Lycurgue; je viendrai te voir encore avant ton départ, et boire avec toi le coup de l'étrier!

Et Latréaumont entraîna M. de Rohan...

. . . .

Le philosophe les suivit long-temps d'un regard de mépris, et quand il les eut perdus de vue, il s'écria en marchant à grands pas dans son cabinet :

— Enfin! enfin! après tant d'années passées dans l'attente et la crainte, après tant d'espérances amèrement déçues, je touche donc au terme! Ces rêves... ces utopies, comme ils disent, vont donc se réaliser! cette âme de mes veilles va donc animer un corps vaillant, robuste et généreux! LE PEUPLE!... et peut-être le pousser à de grandes, à d'incalculables destinées! Et bonheur! bonheur! le sort favorise assez cette cause sainte, pour que ce Rohan et ce Latréaumont, voués avec moi à son triomphe, ne puissent en dénaturer l'essence ou en arrêter la marche, ne puissent enfin plus tard, substituer leur égoïsme sordide aux fins sacrées de l'insurrection populaire!! seulement, je regrette avec amertume que celui-là seul, qui comprenait toute ma pensée, ne soit pas là.....

Hélas! ce noble jeune homme, Des Préaux, a-t-il oublié nos vastes desseins au milieu des délices d'un bonheur paisible? Que de force et de bonté dans ce caractère! car, malgré l'infortune qui l'écrasait alors, quel ardent amour il ressentait pour l'humanité tout en-

tière! on eût dit que sa belle âme souffrante
voulait se distraire de ses douleurs en rêvant
le bonheur des hommes !... Mais, enfin, si celui-là manque à la cause de la liberté, mes
deux autres complices ne peuvent, heureusement, la flétrir...... Après tout, qu'est-ce
que ces deux hommes ? Un débauché, faible
et irrésolu, n'ayant pas même l'énergie de son
ambition; un soldat féroce, qui ne sait pas
même cacher l'ignoble cupidité qui le dévore !
Quelle autorité de tels hommes peuvent-ils
avoir sur les masses, dont l'instinct de mora-
lité est si pur et si grand ? Pendant la tourmente, le nom du courtisan déshonoré, de
même que le nom matériel de la chose la plus
inerte ou la plus impure pourra bien servir
de mot d'ordre; pendant la tourmente, l'a-
veugle impétuosité du partisan pourra bien
raffermir quelques courages ébranlés; mais
après, mais lorsque le torrent populaire aura
passé sur ce monstrueux édifice social, bâti
sur les plus exécrables préjugés, qui aura mission de le réédifier sur deux bases indestruc-
tibles, l'*égalité et la liberté de tous* (1)? sera-ce
le partisan cruel, sera-ce l'indolent débauché ?

(1) Voir le procès.

Non! non !... Alors, viendra mon heure à moi ! alors, se lèvera resplendissant sur l'humanité le grand jour de l'application de ces fécondes et magnifiques théories, dont les sages de tous les siècles ont voulu garantir le bonheur des hommes, et que les puissants de tous les siècles ont taxé de songes, parce que ces tyrans se trouvaient trop bien de la réalité de leur vie criminelle !... Quel avenir ! quel jour que ce jour ! O de Witt ! oh ! mon noble ami ! oh ! mon frère ! ne sera-ce pas là une vengeance digne de toi ? assurer le bonheur d'un grand peuple, en renversant de son trône l'implacable despote dont la trahison a causé ta mort, et celle de notre république !!!

Et le vieillard, exalté par ses pensées, attendit avec une fiévreuse impatience le lendemain, jour de son départ pour Bruxelles.

CHAPITRE VINGT-UNIÈME.

O... mes songes dorés !...
— SCHILLER. — Les Brigands.

La Veuve.

—❦—

Huit jours après cette visite de M. de Rohan et de Latréaumont à l'hôtel des Muses, visite qui décida Van-den-Enden à partir pour Bruxelles, la scène suivante se passait dans le château d'Eudreville, où on a laissé, il y a cinq ans, madame de Vilars tristement préoccupée du départ subit d'Auguste Des Préaux obligé d'aller rejoindre M. de Téméricourt, pour accompagner ce capitaine au siége de Candie.

M. de Vilars étant mort à la fin de 1672, — vers le milieu du mois de mai 1674, époque à laquelle se rattache ce récit, la marquise se trouvait donc veuve depuis dix-huit mois, et âgée d'un peu plus de trente-trois ans.

Il était quatre heures de l'après-dînée, et Louise, occupée d'un travail de tapisserie, causait confidemment avec madame de Sarrau, femme de son oncle Isaac de Sarrau ministre protestant, rempli de vertu, de savoir et de piété, doué de toutes les qualités enfin, qui semblaient naturelles dans cette famille de grands hommes de bien.

Madame de Sarrau avait cinquante ans; ce n'était pas une femme d'un esprit très étendu, mais la solidité de son commerce, son caractère droit et sincère, sa bonté ineffable, la rendaient précieuse à la marquise, qui pouvait, au moins avec elle, parler sûrement et constamment de son bonheur et de ses espérances, car Louise était bien heureuse..., bien profondément heureuse. L'expression calme et pure de sa charmante physionomie n'avait pas changé. Bien que douloureusement affectée de la mort de M. de Vilars, la conscience de cette jeune femme était demeurée si paisible, l'accomplissement rigoureux de ses devoirs l'avait toujours maintenue dans une telle sérénité d'âme, que sur ce noble et beau visage semblait s'épanouir encore la première fleur de la jeunesse.

Ayant depuis six mois quitté le grand deuil, madame de Vilars portait une robe de taffetas gris d'argent garnie de rubans noirs, pareils à ceux qui nouaient, de chaque côté de son front d'ivoire, ses grosses boucles de cheveux blonds; rien de plus simple, de plus élégant que cette mise qui faisait singulièrement valoir la blancheur de la peau de Louise et le doux et tendre incarnat de ses joues.

La marquise et sa tante semblaient alors divisées d'opinions.

— Louise, vous êtes une petite opiniâtre, disait gaiement madame de Sarrau, et si j'étais à la place du chevalier Des Préaux!!!

— Eh bien, que feriez-vous, ma bonne tante?

— Ce que je ferais?. Je reculerais, à mon tour, l'époque de votre mariage.

— Et qui serait puni, je vous prie?

— Le fait est que ce serait un peu une arme à deux tranchants... Mais vous êtes si méchante aussi!

— Méchante... méchante... voyons, ma chère tante... réfléchissez?... que me demande Auguste?... d'avancer de six mois le jour que j'ai fixé pour notre union... voilà tout.

— Eh bien, n'est-ce rien cela?? Six mois! quand on aime comme il vous aime... Six mortels mois d'attente!

— Non, cela n'est rien auprès de l'éternité de bonheur qui nous est réservée.

— Soit! mais moi j'aimerais bien mieux, comme le veut Auguste, commencer l'éternité six mois plus tôt; car enfin, pourquoi ce retard? les convenances n'en demeureraient-elles pas toujours aussi bien gardées?.. Et vous, Louise, vous dont l'esprit est si sage et si réfléchi, comment, lorsqu'il s'agit de vous remarier, pouvez-vous attacher la moindre importance à six mois de plus ou de moins? surtout lorsque vous voyez le chagrin impatient que votre résolution cause à ce pauvre Auguste.

— Tenez, ma tante, dit Louise d'un air grave, je ne puis vous dire la raison qui m'oblige d'agir ainsi, mais si vous la connaissiez..., je suis sûre que vous m'approuveriez... Et puis enfin, Auguste ne doit-il pas me croire aveuglément?

— Mais, méchante! c'est justement parce qu'il vous croit aveuglément qu'il est si malheureux! il sait bien que rien au monde ne vous fera changer d'opinion... D'ailleurs, vous savez combien il se désole facilement; vous m'avez dit vous-même que lorsque vous fûtes obligée de renoncer à le voir, il partit presque fou de désespoir pour aller se faire tuer à la guerre, mais que l'infortuné, ne trouvant pas encore assez de chances sur mer, malgré les recommandations de M. de Saint-Marc, suivit son oncle et M. de Rohan à l'armée de Hollande!

— Ah! tenez ma tante, — dit Louise tristement, — ne me parlez pas de cela; alors j'ai vaillamment fait mon devoir, en éloignant Auguste; mais combien j'ai souvent frémi pour le sort de ce malheureux enfant, quand j'ai su quels dangers il avait aveuglément affrontés, et surtout dans quelle effroyable compagnie il avait été éperdument se jeter! Un M. de Rohan! et surtout M. de Latréaumont!

— Il paraît que ce dernier est véritablement un homme terrible et abominable?

— A ne jamais nommer en compagnie de

gens de bien, ma tante; mais que le ciel soit béni! par cela même que la corruption était aussi outrée, elle est heureusement demeurée sans influence sur les sentiments d'Auguste, et cette dangereuse épreuve, l'a pour ainsi dire encore épuré davantage!!...

— Ecoutez-moi, Louise, — dit à son tour, très sérieusement, madame, de Sarrau, — vous savez si je vous aime, mon enfant, vous savez si j'admire votre noble caractère, si j'ai été profondément émue du dévouement religieux que je vous ai vue témoigner à M. de Vilars pendant ses derniers moments; tout ce que le cœur d'une fille qui chérit son père peut lui inspirer pour alléger les douleurs de celui qu'elle aime et qu'elle vénère plus que personne au monde, vous l'avez fait! la veille même du jour où vous avez perdu M. de Vilars, il m'a témoigné toute son admiration, toute sa reconnaissance pour vous! ne faisant, disait-il, à cette heure suprême, qu'un vœu, celui que vous fussiez aussi heureuse pendant le restant de votre vie, que vous l'aviez rendu heureux, lui, pendant dix années de la sienne; dix années, disait-il encore, qui avaient passé comme un songe de félicité divine!

— Ma tante!!

— Si... je puis parler ainsi, Louise, parce que vous devez avoir assez la conscience de tout le bien que vous avez fait, pour que le souvenir de cet ami si sûr et si bon vous soit doux, au lieu de vous être cruel!

— Cruel! oh non! — dit Louise, — je m'y appesantis au contraire.

— Eh bien, c'est au nom de ces souvenirs, au nom de votre bonheur et de celui d'Auguste, qui depuis si long-temps se montre digne de vous, que je vous supplie, mon enfant, de ne pas vous hasarder à perdre peut-être tout cela, à propos d'une résolution que vous vous opiniâtrez à ne pas vouloir changer.

— Perdre Auguste!.. oh! ma bonne tante! vous exagérez fort... et je gage que s'il vous entendait.. il ne serait pas de votre avis, — dit la marquise en souriant.

— Sans doute... j'exagère peut-être beaucoup... mais enfin... le désoler, ce doit être déjà trop pour vous!... et cette détermination l'afflige si profondément.

— A cela, ma bonne tante, je n'ai rien à dire, si ce n'est que je ne la puis pas changer, — répondit Louise, avec un accent et une expression de fermeté impossibles à décrire.

— Mais, enfin, avouez-lui du moins la raison qui vous fait agir !

— Il doit penser que cette raison est noble et nécessaire, puisque moi qui l'aime autant qu'il m'aime, je la subis, et d'ailleurs quand Louise lui dit qu'elle ne peut pas être sa femme avant le mois de novembre... il doit croire Louise, — répondit la marquise avec fierté.

— Mon Dieu !... il ne vous croit que trop, encore une fois ! mais pourquoi lui cacher le motif de ce retard ?... C'est ce manque de confiance de votre part qui le rend surtout malheureux.

— Cela est vrai... pauvre Auguste ! — dit la marquise en soupirant.

— Il serait si reconnaissant ! et puis, tenez, mon enfant, personne plus que moi n'admire la fermeté, mais en tout, croyez-moi, il est un excès qui peut être fatal.

— Vous avez raison, ma tante, — dit Louise pensive; — et sans changer ma détermination, car, si vous la connaissiez, vous agiriez comme moi, j'en confierai du moins la cause à Auguste.... jusqu'à présent je m'y étais refusée... dans la crainte puérile peut-être, de blesser sa susceptibilité ou plutôt l'exquise délicatesse de son affection pour moi.... mais au fait... cette crainte est une injuste offense envers un tel caractère, et aujourd'hui même.. il saura tout.

— Ah mon enfant, que vous allez le rendre heureux!! Mais tenez, j'entends du bruit dans la cour d'honneur, je suis sûre que c'est le ciel qui envoie le chevalier. Comme il s'agit d'un secret... je vous laisse... mais avant, — dit madame de Sarrau en baisant sa nièce au front, — laissez-moi vous remercier de cette généreuse et sage détermination.

En effet, c'était Auguste; cinq années de plus avaient donné aux beaux traits du chevalier un caractère plus ferme et plus décidé... et puis cette expressive et noble figure semblait pour ainsi dire éclairée par les reflets intérieurs du bonheur immense qui rayonnait en lui; aussi, bien qu'en eût dit la tante de Louise, Auguste ne semblait pas positivement affligé: son charmant visage révélait plutôt une mélancolie douce, agitée çà et là par cette impatience ardente et inquiète, si naturelle à ceux qui brûlent de voir enfin se réaliser une espérance, long-temps regardée comme un rêve!

— Asseyez-vous là, Auguste, — dit la marquise dès qu'elle le vit entrer ; — j'ai de bonnes nouvelles à vous apprendre.

— Quoi! vous consentiriez enfin!! — s'écriat-il, car pour l'amoureux jeune homme il n'y avait au monde qu'une seule bonne nouvelle.

Louise ne put s'empêcher de sourire, et lui dit : — Ne vous hâtez pas trop de vous réjouir, mon pauvre ami ; ce que j'ai à vous dire, n'est pas ce que vous désirez tant !

— Hélas ! — dit tristement le chevalier ; — puis il reprit avec grâce : — Non, non, pas hélas.. pas hélas... car j'ai cru cela un instant, et j'ai ressenti un bonheur si grand, si vif, que je dois vous dire au contraire : oh ! bien merci ! de ce moment d'ivresse.

— Bon Auguste !... écoutez : si je n'ai pas à vous dire *soyez heureux demain*, j'ai du moins à vous confier la cause de ces retards qui vous affligent... et que jusqu'à présent j'avais hésité à vous apprendre.

— Oh ! Louise, Louise, que je vous sais gré de cette confiance, et qu'elle va m'aider à supporter l'attente !

— Écoutez-moi, — dit madame de Vilars d'un air sérieux, — et ne vous étonnez pas, si je reprends les faits d'un peu haut...

— Je vous en prie, au contraire.....

Louise, reprenez-les dès ma première pensée... dès ma première joie, dès ma première tristesse... dès mon amour pour vous, enfin.

— Non, non, je ne veux pas ainsi prodiguer mes trésors, je veux seulement vous rappeler ce qui s'est passé depuis 1669, lorsqu'il y a cinq ans vous partîtes pour Candie, mandé subitement par M. de Téméricourt.

— Mon Dieu! que je souffrais donc alors!... ah! que j'étais malheureux!

— Oui, vous partîtes bien triste, bien découragé; et moi aussi, pour la première fois, je me sentis atteinte d'une cruelle angoisse... Enfin, ce soir-là même, M. de Vilars me dit : — Louise, je crois qu'Auguste vous aime.

— Il vous a dit cela! — s'écria le chevalier.

— Oui...

— Et que lui avez-vous répondu?

— Que je le croyais aussi.

— Que vous le croyiez aussi!... que je vous aimais!... Et lui... lui... à cela que dit-il?

—Il dit à cela, Auguste, — ajouta Louise les yeux humides, — un mot de confiance sublime, qui prouvait l'estime inaltérable qu'il avait pour moi, et l'intérêt paternel qu'il vous portait... Il répondit à cela : *Malheureux enfant!*

Auguste, profondément ému, baissa le regard.

— Après cette découverte, — reprit Louise, — rien ne pouvait changer dans les rapports d'intime et mutuelle confiance qui régnait entre M. de Vilars et moi... comme toujours, nous causâmes de vous, avec la plus tendre sollicitude; nous pesâmes ensemble ce qui valait mieux pour vous, ou de vous laisser revenir à Eudreville, ou de trouver un prétexte plausible de vous en éloigner peu à peu, afin de vous éviter les chagrins d'un amour sans espoir; mais, d'un autre côté, nous pensions aux bonnes et fécondes inspirations que vous puisiez dans cette affection que je devais toujours ignorer, à l'heureuse influence qu'elle me donnait sur vous; en véritables amis, enfin, nous songions aux désordres dans lesquels vous auriez pu vous plonger par désespoir, si nous rompions violemment des habitudes de cœur établies depuis si long-temps; aussi, nous décidâmes, après avoir mûrement réfléchi, que vous reviendriez à Eudreville comme par le passé... cela... c'était il y a deux ans et demi.

A quelques mots de la marquise, Auguste tressaillit malgré lui, surtout lorsqu'elle parla des funestes partis où le pouvait entraîner son désespoir; mais Louise, absorbée, ne s'apercevant pas encore de l'émotion du chevalier, continua :

— Vous revîntes donc après une longue absence... et un soir, ici, à la place où vous êtes... vous me fîtes l'aveu de votre amour... Cet aveu ne m'offensa pas, Auguste... non... mais il me navra profondément, parce qu'avant de me l'avoir déclaré, bien que ce sentiment existât, bien que tout en vous le trahît, je pouvais vous voir comme d'habitude ; mais après cet aveu formel, que je dus confier à M. de Vilars, il n'était digne ni de lui, ni de moi, de vous recevoir davantage, comme il n'était pas non plus digne de vous, de revenir à Eudreville. Désespéré, vous partîtes donc pour la guerre de Hollande.

A ces mots de la marquise, le trouble d'Auguste augmenta beaucoup; il pâlit comme si un souvenir effrayant se fût tout-à-coup présenté à sa mémoire, et s'écria :

— Louise, ne me rappelez pas cet affreux voyage! par pitié, Louise, ne m'en parlez pas... il faut que je l'oublie!

Madame de Vilars, très étonnée de l'anxiété qui s'était si soudainement peinte sur la figure d'Auguste, continua avec calme, en sentant néanmoins son cœur battre fort et vite :

—Vous avez raison, Auguste, il faut oublier ce malheureux voyage, causé par un fatal aveu; mais remerciez le ciel de vous avoir sauvé de la mort que vous cherchiez alors... et surtout de vous avoir arraché aux autres dangers qui vous entouraient... car on ne meurt qu'une fois... tandis qu'on peut être infâme bien souvent... et l'affreuse renommée de ce M. de Rohan... de votre oncle... ah! j'en frémis encore.

— Oh! par pitié, Louise, encore une fois, ne me parlez plus de ce temps-là... il faut que je le regarde comme un rêve affreux.... ne m'en parlez plus.... il faut que je l'oublie.... vous dis-je...

En disant ces mots, les traits d'Auguste étaient si bouleversés, sa voix si altérée, que Louise commençait aussi à pâlir sous l'obsession d'une terreur vague et involontaire; mais pensant tout-à-coup à l'excessive délicatesse d'Auguste, elle crut, avec assez de vraisemblance, que, venant de rappeler au souvenir du chevalier toute la noblesse des procédés de M. de Vilars, il éprouvait un violent remords de s'être montré si ingrat envers le marquis, en osant faire à sa femme l'aveu d'une passion coupable; aussi Louise, sachant à Auguste un gré infini de ce noble repentir, se remit de son effroi passager, et lui dit avec une affectueuse expansion : — Vous avez raison... mon pauvre Auguste, pour un cœur tel que le vôtre... de pareils souvenirs sont amers... ne parlons donc plus de ce temps-là... qui m'est aussi bien cruel; car enfin c'est à cette époque, — ajouta Louise avec tristesse, que M. de Vilars commença de ressentir les premiers symptômes de la maladie dont il mourut... Je fis alors pour lui tout ce qu'il était au monde possible de faire; je fis ce que je devais enfin, et ma conscience me dit que j'avais bien agi... Malgré mes soins... bientôt M. de Vilars sentit sa fin s'approcher; il la vit s'avancer avec calme et sérénité, — dit la jeune femme profondément émue, tandis qu'une larme tremblait au bout de ses longs cils... puis regardant Auguste, elle reprit : — Ah! mon ami, si vous saviez ce que j'éprouvais alors de regrets déchirants ! l'ayant toujours trouvé si noble, si bon pour moi !... et pour vous ! — ajouta-t-elle en tendant la main à Auguste.

Le chevalier attendri prit la main de Louise, qu'il serra dans les siennes et parut surmonter peu à peu l'effrayante émotion qui l'avait un moment agité.

— Vous allez juger, mon ami, — continua Louise en essuyant ses larmes, — tout ce qu'il y avait de grand et de généreux dans cette belle âme... et savoir enfin ce que je vous cachais... C'était le 20 novembre, cinq jours avant sa mort ; il était tard, il me fit renvoyer les gens et me pria de m'asseoir près de son lit... alors il me dit avec un accent de reconnaissance et de tendresse impossible à rendre : « Louise,
» je puis encore aujourd'hui vous exprimer
» tout ce que j'ai ressenti de votre conduite
» envers moi; demain, peut-être, il serait trop
» tard... Pendant dix années, Louise, je vous
» ai dû la vie la plus profondément heureuse
» dont la Providence puisse jamais combler ses
» élus... A cette heure dernière, Louise, j'ai
» une prière à vous faire et un pardon à vous
» demander. Auguste vous aime... et vous
» l'aimez aussi... ange de vertu! et vous avez
» peut-être bien cruellement souffert depuis
» long-temps? » — Je tombai à genoux, il continua : « Pardon, Louise, d'avoir accepté sitôt
» votre main, pardon... car ainsi je vous ai pri-

» vée de quelques années d'une *autre* affection
» que celle que j'ai pu vous offrir... Maintenant
» ma prière est celle-ci ; bien qu'elle vous
» semble peut-être cruelle, elle est pourtant
» dictée par la tendre sollicitude d'un père
» pour sa fille chérie. A dater de ce jour... at-
» tendez seulement deux années avant que
» d'épouser Auguste... il est jeune encore, il a
» les plus nobles et les meilleurs instincts,
» tout en lui démontre une rare et noble per-
» sistance dans le bien; cette attente d'un bon-
» heur immense et inespéré, auquel il pourra
» de la sorte se pieusement préparer, sera donc
» la dernière et bien douce épreuve, puisqu'il
» vous verra presque chaque jour, qu'il devra
» subir pour arriver au comble de la félicité hu-
» maine... Et puis enfin, ajouta M. de Vilars en me
» remettant un paquet cacheté, la véritable rai-
» son qui m'engage à vous faire cette prière, et
» qui résume d'ailleurs les motifs que je vous ai
» exposés, se trouve tracée dans cet écrit...
» Maintenant, Louise, promettez-moi de n'ou-
» vrir cette lettre... que le lendemain du jour
» où vous serez mariée... c'est-à-dire dans deux
» ans... » Je promis à M. de Vilars d'exécuter
ses volontés et d'attendre ce délai. Enfin, pour
répondre à sa confiance, sans crainte de le

blesser dans ce moment solennel où les susceptibilités de l'amour-propre s'effacent, je lui avouai qu'en effet je vous avais aimé, Auguste.. tendrement aimé depuis long-temps... Il me serra la main... nous nous étions compris... cinq jours après il n'était plus... Maintenant, mon ami, vous savez pourquoi j'ai toujours voulu remettre notre mariage à la fin de cette année...

— Oh ! maintenant, Louise, — dit Auguste tout-à-fait revenu de la crise pénible qu'il avait éprouvée ; — oh, maintenant, pardon de vous avoir amenée, par mon impatience, à me faire, peut-être malgré vous, cette confidence qui vous rappelle des souvenirs pénibles!... mais si vous pouviez savoir aussi, combien je vous en suis reconnaissant ! combien j'admire et vénère l'homme généreux qui, à ses derniers moments, s'inquiétait encore de votre avenir et du mien... car, Louise, penser à assurer davantage votre bonheur, n'était-ce pas songer au mien?.. Enfin, la pensée de ce délai qui vous donnait le temps de mûrement réfléchir, avant de vous engager encore, et de juger enfin si je me montrerais toujours digne de vous... cette pensée n'était-elle pas dictée par la plus haute et la plus sage prévoyance ?

Aussi, croyez-moi, Louise, jamais mon cœur n'oubliera tout ce que M. de Vilars a fait pour moi, ses conseils, ses bontés; et si j'ai un reproche navrant à me faire, c'est d'avoir osé abuser de l'hospitalité qu'il m'offrait si loyalement, pour vous faire l'aveu d'un amour coupable... Et pourtant s'il était possible de me justifier, je vous dirais, Louise... que tout en croyant ma conduite condamnable, je ne sais... mais, à mes yeux, M. de Vilars avait avec vous des manières si gravement affectueuses, si paternelles... et vous-même vous vous montriez envers lui d'une affection si filiale, si respectueuse... si sainte... que... enfin, pardonnez-moi, Louise, si ce que je dis vous offense... mais... il me semblait que mon amour eût été bien plus coupable, si M. de Vilars ne m'eût pas semblé être pour vous... un père.

La jeune femme baissa les yeux et rougit beaucoup.

— Aussi, — continua Auguste, — vous ne sauriez croire ce qui rendait mon éloignement moins cruel, mes longues nuits sans sommeil moins déchirantes! c'était encore cette pensée!! Ce qui maintenant enfin me donne le courage de supporter presque sans chagrin ce retard à mon bonheur... eh bien! c'est encore l'enivrement que me donne cette pensée!! Oh Louise... ma bien-aimée... dites... n'est-ce pas que mon cœur a deviné?... n'est-ce pas, Louise, que j'ai toujours eu l'instinct de mon ineffable bonheur?

— Auguste, taisez-vous, — dit Louise, dont le sein palpitait, et qui était à la fois heureuse et confuse de voir ainsi dévoiler le secret de son pur et chaste amour.

— Oh! laissez-moi tout vous dire, — reprit Auguste; — qu'aucune de mes joies, de mes extases ne vous soient inconnues! Laissez-moi vous dire mes rêves sans fin, laissez-moi vous parler de l'avenir, oh! Louise, de l'avenir! Nous voyez-vous unis, à jamais unis... concevez-vous cette vie?... N'est-ce donc pas un songe?... moi! moi! être à vous... vous appartenir, enfin, vous pouvoir dévouer à jamais cette existence dont vous avez éveillé les premières sensations!

— Oui, Auguste, oui, je le crois, je le sens, une ineffable, une grande félicité nous attend, bien grande, bien ineffable, parce que nous en jouirons sans remords, avec la conscience généreuse de l'avoir méritée. Oh! mon ami, je dis aussi, comme vous, quel avenir! Pensez donc quelles longues et rapides journées? et nos promenades du matin? et nos lectures du soir?... et nos pauvres à visiter? et nos occupations des champs? et puis vous ne savez pas, Auguste? il faut absolument décider votre père à venir à Eudreville; il aime bien Préaux, mais je me charge de le lui faire oublier.

— Oh oui, Louise, vivre entre vous et mon père, réunir tous les bonheurs du cœur, toutes les joies sacrées de la famille, et plus tard... peut-être, d'autres joies encore, ces joies enfantines... qui semblent les échos vivants de notre bonheur. Oh! n'est-ce pas, Louise? — dit Auguste avec amour, — voir naître et se développer sous ses yeux ces fraîches fleurs du matin de la vie, qui embellissent son couchant, de leur éclat et de leur parfum... N'est-ce pas, ma bien-aimée?

Et Auguste, pressant avec ivresse la main de la marquise, cherchait en vain son doux regard; car Louise, tremblant et doucement émue, tenait ses beaux yeux continuellement baissés....

A ce moment le bruit d'une porte, qu'on ouvrit dans un salon précédant la galerie, fit tressaillir Louise, qui retira précipitamment sa main des mains d'Auguste.

Bientôt un valet de chambre de la marquise, ayant gratté à la porte, entra, et, s'adressant à Auguste, — Un ami de M. le chevalier, qui n'a qu'un mot à lui dire, est à la petite porte du parc; il arrive de Préaux, où on lui a assuré que M. le chevalier était ici.

— Quelle bizarrerie! pourquoi, chevalier, votre ami n'entre-t-il pas? — dit Louise étonnée.

— Permettez-vous, madame la marquise, que j'aille m'informer de ce que ce peut être?

— Mon Dieu, allez, et revenez vite me dire quel est ce mystérieux et timide inconnu.

Et Auguste, ayant salué madame de Vilars, suivit le valet de chambre, qui lui indiqua une partie du parc fort solitaire; car c'était à une petite porte, percée à cet endroit, qu'attendait le cavalier, — disait le laquais.

Auguste, précipitant son pas, moitié par inquiétude, moitié par curiosité, arriva bientôt, ouvrit cette porte, et vit... son oncle Latréaumont... Un autre cavalier, enveloppé de son manteau, était à cheval, tenant en main la monture du colonel.

CHAPITRE VINGT-DEUXIÈME.

Pensiez vous que le lion sommeillât, parce qu'il ne rugissait pas ?

SCHILLER. — Fiesque, acte 2, sc. 19.

La Promesse.

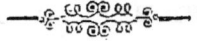

Des Préaux ne put cacher le profond étonnement et l'indéfinissable malaise qu'il éprouva à la vue de son oncle.

— Bonjour, mort-Dieu! bonjour, Auguste! — dit le colonel en pressant cordialement la main de son neveu, qui répondit avec assez de froideur à cette avance.

— Ah çà, — reprit Latréaumont, — bien que nous ne nous soyons pas vus depuis dix-huit mois, je n'ai qu'un mot à te dire, et vivement, car on m'attend à Rouen pour souper *Aux Uniques* avec quelques bons compagnons... — Et le partisan ajouta à voix basse :
— Tu vas être bien surpris et bien content ! Cette conspiration dont tu as voulu être, il y a deux ans, et de laquelle je ne t'avais pas soufflé mot depuis, pour ne pas te donner de fausse joie, notre conspiration marche à cette heure comme sur des roulettes... L'étranger nous appuie. Ta vieille idole de Van-den-Enden a été obligée d'aller subito à Bruxelles pour nos affaires, sans cela il serait venu lui-même te rappeler ton serment, car il ne s'agit plus maintenant que de soulever les gentilshommes de la province, et c'est en partie sur toi que nous comptons pour ce faire, puisque tu nous as donné ta parole.

Auguste demeura pétrifié,... immobile, il regardait son oncle sans le voir.

— Eh bien ! mort-Dieu, qu'as-tu ?.. Auguste ? Auguste ? te voilà tout ébaubi ?

— Ma parole ! — répéta le malheureux Des Préaux, — ma parole !

— Eh oui, sans doute, ta parole... allons,

voyons, reviens à toi, que diable as-tu à me manger ainsi des yeux? est-ce que tu ne reconnais pas ton bon oncle?

— Ma parole! — dit encore Auguste en paraissant se réveiller d'un songe, car toute l'horreur de sa position éclatait à sa pensée, et par cette sorte d'intuition soudaine que donne la conscience d'une catastrophe prochaine, inévitable et terrible; aucune des effroyables conséquences de la promesse qu'il avait faite, ne lui échappait dans ce moment; enfin l'émotion violente qui venait de l'accabler un instant, dans son entretien avec la marquise, n'avait été causée que par un souvenir involontaire de cet engagement fatal. Deux mots feront tout comprendre.

On l'a dit, lors de son retour de Candie, ivre d'amour pour madame de Vilars, Auguste lui ayant fait l'aveu de sa passion. Louise fut forcée de l'exiler pour toujours de sa présence; désespéré, connaissant l'inflexibilité des principes de la jeune femme, voyant ses espérances à jamais perdues, forcé de renoncer à un sentiment qui avait été jusque là le seul mobile de toutes ses actions, voulant en finir avec une vie qui lui était devenue odieuse; ne pouvant se résigner à rester à

Préaux, la proximité de ce fief avec le château d'Eudreville dont il ne devait plus approcher lui rappelant de trop douloureux souvenirs; Auguste quitta son père malgré ses larmes et ses ordres; puis, ne trouvant pas de place vacante dans les cadres de la marine, il alla trouver Latréaumont, qu'il savait prêt à partir pour la Hollande avec M. de Rohan; supplia son oncle de l'emmener avec lui, le suivit à cette guerre, tâcha de trouver la mort dans deux ou trois actions meurtrières où il se jeta en aveugle, mais ne réussit pas. Latréaumont songeait alors sérieusement à la révolte de Normandie, voyant le désespoir de son neveu qui ne cherchait que des partis extrêmes, connaissant son courage et son énergie, et pensant que, par ses relations de famille, le chevalier lui serait fort utile pour l'aider à disposer les esprits en Normandie, et qu'enfin il est toujours bon de s'assurer un complice déterminé comme le sont tous ceux que la fatalité pousse à bout. Il fut facile au colonel d'amener Auguste à lui demander de prendre part à cette téméraire entreprise, dont Latréaumont lui avait parlé légèrement, et dans laquelle le malheureux Des Préaux vit, pour le présent, un moyen de s'étourdir sur l'horreur de sa position, et pour l'avenir, l'espoir presque certain d'être débarrassé de l'existence, ou de se trouver l'un des principaux acteurs d'une grande et heureuse révolution politique. Car ce complot n'avait rien que d'apparemment généreux arracher la Normandie au despotisme écrasant de Louis XIV, la déclarer libre et indépendante au nom de l'égalité et de la fraternité de tous ; c'était un de ces beaux rêves, toujours faits pour séduire une imagination noble, jeune, ardente, et d'ailleurs exaltée par de terribles infortunes !

Surtout affermi dans sa résolution par plusieurs longs entretiens qu'il eut avec Vanden-Enden, dont les vues pures, nobles et désintéressées, ainsi que le grand caractère, l'impressionnèrent vivement, et étouffèrent ses derniers scrupules, Auguste fut donc de tous les conciliabules tenus entre son oncle, le philosophe et M. de Rohan, connut ainsi les plans et les ressources des conjurés, entra volontairement dans tous leurs desseins, et se chargea, lors de son retour de l'armée, de décider plusieurs gentilshommes de sa province à entrer dans la conspiration.

Mais par une épouvantable fatalité, après six mois de cette vie fiévreuse et désespérée, au moment où il venait de se compromettre et de se lier si gravement pour l'avenir, par son initiation à ce complot, et par plusieurs lettres écrites de sa main, et demeurées en possession de son oncle, Auguste apprend tout-à-coup que Louise est veuve, libre... et qu'elle l'aime !

Latréaumont, connaissant par Auguste le caractère de madame de Vilars, vit aussitôt l'immense parti qu'il pourrait tirer plus tard de l'influence de la marquise en Normandie, dans le cas où elle deviendrait la femme d'Auguste.

Mais si d'un côté, le partisan était assez sûr de la loyauté de Des Préaux pour craindre qu'en le laissant partir, persuadé de l'imminence de la révolte, le chevalier eût peut-être le courage de renoncer à la main de madame de Vilars, plutôt que de lui faire partager, comme sa femme, les terribles conséquences de son imprudente initiation à un complot de lèse-majesté; d'un autre côté, Latréaumont comptait assez sur l'entraînement de la passion, pour espérer qu'en voyant rejeter à une époque indéterminée le jour de la rébellion, Auguste ne réfléchirait pas que pour être incertain et reculé, le malheureux engagement qu'il avait pris n'en existait pas moins. Aussi, le colonel ne pensa-t-il qu'à une chose : à effacer dans l'esprit d'Auguste les effrayantes promesses du passé sous les enivrantes visions de l'avenir, lui parla incessamment de son amour, et fort peu de la conspiration, fit même adroitement naître des doutes sur son opportunité, mit en jeu pour cela, la faiblesse et l'irrésolution habituelle de M. de Rohan, et se conduisit enfin avec une ruse si habile et si infernale, qu'il parvint à étourdir alors complétement Des Préaux sur une aussi dangereuse complicité, dont le colonel comptait cruellement abuser un jour; qu'en un mot, Auguste partit enivré d'espoir et d'amour, et qu'au milieu de tous les ravissements d'une passion partagée, il oublia bientôt d'aussi tristes souvenirs.

Pendant dix-huit mois, Latréaumont se garda bien de parler de la conspiration à son neveu; il interrompit tout commerce avec lui. Aussi le malheureux Auguste, croyant ces projets de révolte à jamais évanouis, se confiait à toutes les délices du plus rayonnant avenir, lorsque Latréaumont vint l'arracher de cette sphère de félicité céleste, pour le rejeter dans l'abîme d'une épouvantable réalité.

Que devait faire le chevalier? Il avait demandé d'entrer dans le complot; il possédait le secret de Van-den-Enden, de Latréaumont, et de M. de Rohan. Il avait juré d'agir; et en d'aussi terribles et criminelles circonstances, refuser son concours au moment du danger, n'était-ce pas lâchement trahir ses complices? chacun appartenant à tous, et tous étant solidaires de chacun!... Et puis enfin, à force d'avoir entendu la marquise incessamment répéter que l'aveugle obéissance à la parole donnée librement, était la première nécessité d'un loyal et noble caractère, les idées d'Auguste s'étaient presque empreintes de la même exaltation à ce sujet; aussi doit-on concevoir l'horrible anxiété qui le torturait, en voyant Latréaumont venir lui rappeler sa promesse. . . . .
. . . .

— Ah çà, — reprit le colonel, — tu restes là, mort-Dieu, comme un marbre... sans me répondre... je suis pressé, te dis-je, on m'attend pour souper *aux Uniques;* d'ailleurs ce que tu as à faire est tout simple et mille fois convenu entre nous dans les temps; il s'agit de voir les gentilshommes du pays, de les monter, de les exciter; enfin c'est l'A B C du métier!... ainsi c'est convenu... pousse-moi vertement ces buveurs de cidre, et dans quinze jours tu me reverras.

— Mais c'est impossible, — dit Auguste égaré, — encore une fois, cela est impossible maintenant!

— Comment, impossible?.... de soulever ces gentillâtres?... mais autrefois tu m'as dit qu'ils iraient tout seuls!...

— Dans les temps... oui... dans les temps! mais je vous dis que vous ne pouvez plus songer à cette heure à soulever la Normandie, encore une fois c'est impossible! — reprit le malheureux avec une angoisse déchirante, — tout est calme dans la province, je vous le jure... pas un gentilhomme ne bougera!

Latréaumont regarda fixement son neveu, et l'entraînant loin de M. de Rohan, lui dit à voix basse: — Auguste, *la province est calme maintenant*, signifie que maintenant tu veux rester calme; *pas un gentilhomme ne bougera...* signifie que tu ne veux plus bouger : sont-ce là tes promesses, mort-Dieu? sont-ce là tes promesses!! quand as-tu parlé à ces gentilshommes? où les as-tu vus?... moi qui arrive de Rouen, j'ai déjà embauché plus de cent mécontents! Auguste, tu mens!! tu veux lâchement trahir ta parole.

Le malheureux Des Préaux cacha sa tête dans ses mains.

— Qui m'a demandé à être complice de cette révolte? — continua le partisan. — Est-ce moi qui te l'ai proposé? n'es-tu pas venu à moi, n'est-ce pas toi qui m'as supplié de te laisser participer à une noble et dangereuse entreprise, qui devait assurer la liberté de notre province? n'as-tu pas conféré des jours entiers avec Van-den-Enden dont tu ne pouvais te lasser d'admirer la vertu? et maintenant, que tu as pénétré tous nos desseins, tous nos projets, maintenant que tu sais tout... à l'heure du danger tu as peur, tu refuses d'agir... tu es un lâche, peut-être pis encore... un infâme!!

— Un infâme! — dit Auguste avec amertume, en songeant à la vie de son oncle, — c'est vous qui m'appelez infâme!...

— Oui, tu seras un infâme, si tu trahis ta parole! car si, au lieu de moi qui ne suis qu'un vaurien et l'épée de l'affaire, je le sais... si la noble pensée qui domine la conspiration, si Van-den-Enden enfin était venu te trouver? aurais-tu osé nier ta promesse en face de cet austère philosophe dont tu étais fanatisé? en face de cet homme d'une vertu antique, comme tu disais alors? enfin n'est-il pas aussi ton complice, lui? n'a-t-il pas aussi ton serment à réclamer?— dit Latréaumont qui, avec habileté, mettait ainsi en avant l'imposante figure de Van-den-Enden.

— Mais puisque je vous dis que ce soulèvement est impossible à cette heure! — répéta le malheureux chevalier, obsédé par une seule idée.

— Comment le sais-tu... qu'il est impossible? depuis dix-huit mois tu n'y as pas pris part, — reprit le colonel en le regardant fixement. — Eh bien! je vais te prouver, moi, qu'il est possible... et très possible... écoute-moi bien : — et le partisan mit en peu de mots Auguste au courant des promesses faites par Monterey. — Eh bien! diras-tu que c'est impossible maintenant?

— Oh mon Dieu! mon Dieu! — s'écria le malheureux Des Préaux en portant la main à son front avec désespoir, — oui, c'est impossible... car elle?... elle? que voulez-vous donc qu'elle devienne... si je la quitte!!

— Qui ça, elle?... ta marquise? eh! mort-Dieu, c'est tout simple, comme elle t'aime, et que c'est une vaillante créature, elle se mettra du complot, si tu t'en mets, rien de plus sûr... j'y ai bien compté... aussi est-elle en tête de ma liste !

— Louise!! Dieu du ciel! Louise! compromettre ainsi Louise! — s'écria Des Préaux avec rage, — avant cela, voyez-vous, je vous tuerais et moi après...

— D'abord, « vous ne tuerez jamais votre oncle Latréaumont... » dit le 49ᵉ commandement du bon Dieu... et quant à ta marquise, je ne la verrai seulement pas, je ne la forcerai à rien, mais, aussi vrai que je m'appelle Duhamel de Latréaumont, je te répète qu'elle conspirera si tu conspires... et cela, sans qu'on ait besoin de le lui dire à deux fois! la courageuse femme!

— Et si je ne veux plus conspirer, moi!! — s'écria Des Préaux hors de lui.

— Je t'en défie, moi, de ne plus conspirer! de te conduire comme un lâche et un traître? — dit le colonel, connaissant toute la loyauté de son malheureux neveu, qui ne pouvait en effet sortir de l'inextricable position où il s'était si imprudemment jeté par le passé... Encore une fois, — reprit le partisan, — pourquoi es-tu venu à nous? pourquoi as-tu voulu savoir nos secrets? pourquoi nous as-tu volontairement promis d'agir?

— Eh bien oui, c'est vrai, j'ai promis, vous avez ma parole, j'ai été à vous... mais rappelez-vous aussi, combien alors j'étais malheureux! désespéré! mon oncle... Mon oncle, par pitié songez donc à cela !

— Que veux-tu que nous y fassions? ça me coûte... mais il est trop tard! en affaires capitales, le passé enchaîne l'avenir! tu as nos secrets! tant pis ou tant mieux pour toi! Rohan, Van-den-Enden et moi, nous comptons sur toi comme tu peux compter sur nous! mais si nous sommes à toi, il faut que tu sois à nous!

— Mais vous!... vous pouvez bien me rendre ma parole? renoncer au complot.

— Impossible; je n'ai qu'une volonté, et nous sommes quatre; il est trop tard. Monterey accepte, nous appuie; à l'heure qu'il est, Van-den-Enden confère avec lui... il faut vigoureusement pousser les choses puisque le four chauffe; dans un mois peut-être il ne sera plus temps. Et, mille diables, il y va de notre cou !!

— Mais, encore une fois, vous pouvez bien me rendre ma parole et agir sans moi ; vous savez bien que je ne vous trahirai pas !

— Ne pas agir... c'est trahir...

— Mais abandonnez vos desseins...

— Mes complices ont ma parole... comme j'ai la tienne... impossible...

— Ah mon Dieu, mon Dieu!— s'écria le malheureux Auguste; il était horriblement pâle, la sueur lui coulait du front; enfin, voulant tenter un dernier effort, il leva ses mains suppliantes vers Latréaumont, et lui dit d'une voix déchirante, en rassemblant tout ce qu'il avait de tendresse dans l'âme pour le mettre dans son accent :

— Puisque je ne vous suis rien... puisque me porter ce coup affreux ne vous est rien... mon oncle... au nom de ma pauvre mère... et de la vôtre aussi... que vous aimiez tant! abandonnez votre projet ou agissez sans moi!!

Et le malheureux inondait de ses larmes les grosses mains de Latréaumont.

— Ne me parle pas de ma sœur ni de ma mère!— dit le colonel en frappant du pied;— ce n'est pas l'heure... tais-toi...

Mais Auguste, espérant avoir fait quelque impression sur Latréaumont, qu'il voyait ému, continua.

— Que vous ai-je fait?... J'étais si heureux tout à l'heure encore... mon oncle... regardez-moi, ne détournez pas la vue! On dit que je ressemble tant à ma mère, qui ressemblait tant à votre mère à vous! et vous le savez! vous ne pouviez leur jamais rien refuser à elles!! à votre mère... ni à votre sœur!!

— Enfer! laisse-moi! tais-toi! — dit le colonel attendri.

— Mon oncle, — s'écria Des Préaux en se jetant dans les bras du partisan, — je le vois, vos yeux sont humides... ces souvenirs vous émeuvent malgré vous... j'espère!! je suis sauvé! vous m'avez serré contre votre cœur!!

En effet, tel bronzé que fût Latréaumont, il ne pouvait rester insensible à une aussi atroce douleur, ni échapper à l'influence du souvenir de sa mère et de sa sœur, les deux seules créatures auxquelles le partisan eût peut-être jamais sacrifié sa personnalité; aussi dans ce moment, était-il véritablement et profondément ému.

Alors, se dégageant des bras de son neveu, et s'approchant de M. de Rohan, jusque là silencieux témoin de cette scène déchirante, toujours à demi caché dans son manteau; Latréaumont tira violemment ce vêtement, de façon qu'il put voir M. de Rohan bien en face, et lui dit d'une voix presque irritée :

— Quand je te disais, moi, monsieur de Rohan Guémené-Montbazon-Soubise, que j'avais à sacrifier autre chose qu'une damnée femelle! Vois ce garçon, noble, généreux et bon, qui a autant de qualités que toi et moi nous avons de vices! il ne veut rien, lui! ni argent, ni honneur, ni assouvir de haine!! Comme le vieux Van-den-Enden, ce qu'il rêvait, c'était le bonheur et la liberté de la France; il allait oublier ce rêve pour épouser une femme belle, riche et vertueuse... Eh bien! à ton élévation future il faut pourtant que je risque de sacrifier tout cela!... Aussi, mort-Dieu! une fois roi ou presque roi, tu m'en rendras bon compte!

— Que dites-vous? — s'écria le malheureux Auguste, qui avait eu un moment d'espoir.

— Je dis, mon garçon, que s'émouvoir et pleurnicher, c'est fort bien; j'ai payé, comme on dit, mon tribut à la nature, au souvenir, à la famille, à tout ce que tu voudras; mais, mille tonnerres! c'est tout de même, il est trop tard, il faut que tu tiennes ta parole; le complot compte trop sur toi et sur ta marquise pour y renoncer, le moment est décisif, il faut jouer tout notre jeu, et toi et elle vous êtes nos meilleures cartes!!

En voyant s'évanouir aussi cruellement son espérance d'un moment, Auguste ressentit plus affreusement encore l'horreur de sa position ; en effet, il avait librement pris part à ce complot, égaré, sans doute, par le désespoir ; mais enfin il en possédait le secret, et maintenant, par cela qu'il était le plus heureux des hommes, devait-il, manquant à sa parole, laisser ses complices, et surtout Van-den-Enden, pour lequel il professait la plus souveraine admiration et qu'il reconnaissait pour le plus vertueux des hommes, partager seuls les dangers d'une aussi téméraire entreprise? et bien qu'il s'agît d'une tentative criminelle en soi, n'avait-il pas, en s'y associant autrefois de bon gré, perdu le droit de la qualifier désormais? Enfin, à cette heure, une fois librement compromis, ne devait-il pas avoir le triste courage de se mettre au-dessus de toute autre considération sociale pour partager aveuglément, avec les autres conjurés, cette effrayante communion?

Ces pensées se heurtèrent confuses dans la tête brûlante de Des Préaux, et ce pendant Latréaumont ne le quittait pas des yeux...

— Enfin Des Préaux dit à son oncle : — Je ne sais encore que résoudre, monsieur, mais à quoi que je me décide, vous pouvez être sûr que je ne faillirai pas aux effroyables mais inévitables conséquences de ma parole; que mon sort s'accomplisse donc!... demain j'irai vous trouver à Rouen, vous pouvez y compter, — dit Auguste avec accablement.

M. de Rohan, que le colonel n'avait pas voulu laisser seul à Paris, malgré son adhésion formelle au complot, craignant quelque nouvelle faiblesse de sa part, et qu'il allait *montrer aux mécontents pour les décider,* ainsi que disait le partisan, M. de Rohan véritablement touché de l'affreuse position d'Auguste, lui dit affectueusement: — Allons, Des Préaux... du courage, notre affaire marche, elle est en bon train, l'appui de l'étranger nous répond de son bon succès!!

— Ah! son bon succès m'importe bien peu à cette heure! — répondit le chevalier.

— Mais, mille tonnerres, il doit t'importer beaucoup au contraire!... Une fois qu'on conspire, vois-tu... agir mollement tandis que les autres conspirent vertement c'est agir contre la peau de tous! Mais je te conçois... le premier moment est toujours comme ça, un peu ébouriffant, demain tu viendras à des sentiments plus raisonnables... et tu comprendras qu'il vaut mieux, et pour toi et pour ta marquise, que vous conspiriez tous deux... mais là... vigoureusement.

— Oh! cela, jamais!... jamais.

— Tu verras... Je n'y suis pour rien, encore une fois tu seras bien sûr que je ne l'influencerai pas, n'est-ce pas?... Et pourtant, aussi vrai que Rohan monte son cheval *Sélim*, tu verras que ta belle marquise sera des nôtres... Allons, à demain... je t'attends Aux Uniques... tu sais, proche le bailliage. Viens dîner, le vin sera frais, le repas chaud, et nous conviendrons de tout ce qui nous reste à faire entre la poire et le fromage... Allons, voyons, embrasse ton *no-noncle*, comme tu disais étant petit, et crois bien, mort-dieu, qu'il m'en coûte plus qu'à toi, va!! de venir te déranger ainsi! Allons, embrasse-moi donc! — Et Latréaumont tendit paternellement ses bras à Auguste, qui fit un mouvement d'horreur.

— Alors j'embrasserai à ton intention la première servante passable que je trouverai dans l'auberge, car il faut, mille tendresses! que j'embrasse aujourd'hui, — dit le colonel en refermant ses bras inutilement ouverts.

Puis, remontant à cheval, il s'éloigna rapidement avec M. de Rohan.

CHAPITRE VINGT-TROISIÈME.

Ton sort sera le mien...
SCHILLER. — Wallenstein, act. 2, s. 19.

Le Dévouement.

Resté seul dans le parc, Auguste crut un moment que sa tête ne résisterait pas à cette horrible secousse; puis pourtant il se remit peu à peu.

Obéissant au premier élan de son cœur généreux, avant que de se résigner à devenir victime du sort affreux qu'il prévoyait, Des

Préaux avait compté, pour ébranler la volonté de fer du colonel, sur toutes les nobles inspirations auxquelles lui-même Auguste aurait cédé... Tendre et bon, il essaya de s'adresser à la tendresse et à la bonté de son oncle; mais lorsqu'il fut amèrement convaincu que ces cordes desséchées ne vibraient plus dans l'âme de Latréaumont, Des Préaux se résolut à son horrible position avec calme et fermeté.

Une dernière fois il tâcha d'entrevoir s'il ne trouverait pas quelque moyen terme pour se dégager de sa promesse... il n'en vit aucun... Il lui fallait absolument ou agir comme un lâche, en abandonnant ses complices à l'heure du danger, ou devenir criminel de lèse majesté.

Peut-être l'homme qui ne voyait à une telle position que les deux issues extrêmes, poussait-il, jusqu'à un scrupule blâmable, le respect dû à la promesse; peut-être une neutralité ferme eût été louable, peut-être Des Préaux aurait-il pu, tout en conservant religieusement le secret de ses complices d'autrefois, à cette heure, leur refuser son concours.

Mais malheureusement Des Préaux n'agit pas ainsi; il est à croire que les raisons qui le déterminèrent à demeurer fidèle à sa parole furent un point d'honneur mal compris; la profonde vénération que lui avait inspirée Van-den-Enden, et surtout, on le répète, l'habituelle et puissante réaction des sentiments de la marquise sur les siens, en cela que, dès son enfance, Auguste, ayant entendu la femme qu'il adorait, et qu'il écouta toute sa vie comme un oracle de grandeur et de vertu, exalter sans cesse l'héroïque probité qu'on devait mettre à accomplir toute promesse faite librement, en vint à s'exagérer, aussi bien que Louise, les obligations de la foi jurée, qui sont au moins contestables dans certaines conditions. Auguste se résolut donc à conspirer, et aussi à rompre avec Louise jusqu'après l'issue de la révolte, ne voulant pas compromettre madame de Vilars, et se reprochant avec horreur de lui avoir jusqu'alors caché un aussi terrible secret.

Il balança un moment avant que de se décider à revoir la marquise et à lui tout confier. Il voulait retourner à Préaux, dont heureusement son père, le brave M. de Saint-Marc, était absent, et de là, écrire à Louise qu'une nécessité insurmontable le forçait à ne pas la voir pendant deux ou trois mois... mais il pensa que madame de Vilars serait affreusement inquiète ; que les démarches qu'elle ferait peut-être, afin de pénétrer le motif de cette rupture subite, seraient sans doute dangereuses pour tous deux; il avait d'ailleurs depuis si long-temps l'habitude de tout dire à Louise, de la consulter sur chaque détermination, et de suivre aveuglément ses avis, il connaissait si bien la noblesse de ce caractère sérieux et résolu, qu'il prit le sage parti de lui avouer loyalement tout ce qui était, et de lui faire peser et adopter les raisons puissantes qui nécessitaient momentanément leur séparation.

Il regagna donc le château. . . . . .
. . . .

Pendant l'entretien de Des Préaux et de Latréaumont, Louise, heureuse, souriante et doucement agitée, avait, non sans distraction de tendres pensées, continué sa tapisserie, d'après un beau bouquet de roses, placé devant elle dans un vase de cristal.

Plus d'une demi-heure s'était écoulée depuis le départ du chevalier, Louise commençait à fort maudire le fâcheux qui venait dérober à son amour d'aussi précieux moments, lorsqu'elle entendit les pas du chevalier. Prenant alors à la hâte le bouquet de roses qu'elle copiait, la jeune femme se blottit derrière une porte, et, riant aux éclats lorsque Auguste entra, elle lui jeta cette touffe de fleurs qui s'effeuillèrent sur son habit, et lui dit : — Ah ! c'est ainsi, monsieur, que vous me laissez seule pour... — Mais voyant l'effroyable pâleur de Des Préaux, ses traits bouleversés, Louise s'écria en courant vers lui : — Dieu du ciel ! qu'avez-vous ? vous m'épouvantez !!

Auguste s'appuya sur un fauteuil, et lui dit d'une voix entrecoupée :

— Pardon, Louise... un moment... un seul moment, et vous allez tout savoir..

Et le malheureux chevalier s'assit, tandis que Louise stupéfaite, les mains jointes, le regardait de ses deux grands yeux, arrondis par la terreur.

— Enfin, Auguste, — dit Louise...

— Cet étranger ?...

— Eh bien, cet étranger ! — puis ne pouvant achever, sentant sa résolution lui échapper, il se jeta aux pieds de la marquise et cachant sa tête dans ses mains, lui dit en étouffant ses sanglots. — Il faut que je parte, Louise !! que je vous quitte, pour quelque temps...

Ces mots étaient si inexplicables pour madame de Vilars, cette idée de départ était si loin de sa pensée du moment, et lui paraissait tellement improbable, qu'elle n'en fut pas effrayée d'abord; aussi prit-elle les deux mains d'Auguste dans les siennes, et avec sa fermeté habituelle, ne s'épouvantant pas de paroles dont elle ignorait le sens, elle reprit avec tendresse :

— Voyons, mon ami, remettez-vous, asseyez-vous près de moi, et dites-moi ce que vous avez?

— Il faut que je vous quitte, Louise, — s'écria Auguste en la regardant avec des yeux humides de larmes, — il faut que je vous quitte, pour quelque temps du moins.

— Mais pourquoi cela? pourquoi me quitter?... encore une fois expliquez vous... Auguste.

— Eh bien, Louise! — dit Auguste d'une voix brève et saccadée, — vous allez tout savoir, et vous verrez bien, hélas! qu'il faut nous séparer... Lorsqu'il y a deux ans... éperdu, désespéré, je suivis mon oncle en Hollande, ne pouvant trouver la mort dans les combats, voulant me débarrasser d'une vie qui m'était insupportable, toute folle et dangereuse entreprise devait me séduire.... en un mot à cette époque, je me suis librement engagé dans un complot contre le roi et l'Etat... et à cette heure qu'il faut agir, mon oncle vient me sommer de remplir ma promesse !

—Oh ! mes pressentiments !!!— s'écria Louise en se rappelant ses craintes pour Auguste lorsqu'elle le sut en compagnie de M. de Rohan et de Latréaumont ; puis elle ajouta en songeant qu'Auguste s'était ainsi compromis pendant l'exil qu'elle lui avait imposé ; — et c'est moi ! c'est moi ! qui l'ai perdu !!

— Et j'ai pu vous cacher aussi long-temps ce terrible secret ! ah ! voilà mon crime à moi ! — dit Auguste d'un ton déchirant.

—Un complot contre l'Etat.. Dieu du ciel,— dit Louise en frémissant,—mais comment vous, Auguste, vous!! avec les principes d'honneur que je vous sais, avez-vous pu vous laisser entraîner à un aussi terrible dessein ! comment surtout des hommes tels que votre oncle et M. de Rohan ont-ils pu vous amener là ?—Puis sans donner à Auguste le temps de lui répondre, la marquise ajouta douloureusement, se parlant à elle-même : — Mais c'est tout simple... le malheureux enfant était fou de douleur, égaré par le désespoir : encore une fois, c'est moi... c'est moi qui l'ai perdu !!

—Ah! croyez-moi, Louise, j'étais fou... désespéré, je cherchais des partis extrêmes, mais je vous le jure... si mon oncle et M. de Rohan eussent été les seuls fauteurs de ce complot, je ne m'y serais sans doute pas jeté, sur leur seule créance!

— Mais qui donc vous a décidé alors?

— Un grand homme de bien, Louise, un philosophe austère, digne de votre estime.... je vous l'assure... en un mot, un étranger nommé Van-den-Enden.

— Et où l'avez-vous rencontré?

— Au camp de Norden, lors de la première invasion de Hollande par nos troupes. Ah! Louise, si vous aviez vu les ravages de cette épouvantable guerre portée par le roi dans ces innocentes et paisibles contrées! vous concevriez peut-être que déjà aigri.. égaré par la douleur, l'aspect de pareils malheurs ait pu alors m'inspirer une haine violente contre celui qui les causait; enfin ce fut à la lueur de l'incendie des villages hollandais qui brûlaient à l'horizon, au milieu d'un camp gorgé de pillage, que pour la première fois je vis Van-den-Enden : ce malheureux vieillard, fuyait à la fois et les Français qui ravageaient son pays, et le prince d'Orange qui le proscrivait;

il emmenait avec lui sa femme et ses enfants ; tous étaient dans la plus profonde misère, le peu qu'ils avaient sauvé d'Amsterdam leur ayant été enlevé par nos soldats. Que vous dirai-je, Louise?... pendant le temps qu'il demeura près de Norden, logé par pitié dans une masure abandonnée, chaque jour je le vis... Je ne saurais vous exprimer l'espèce de calme bienfaisant que sa conversation sereine et élevée répandait sur mes douleurs. Vous avez perdu tout ce qui vous attachait à la vie, me disait-il, l'existence vous est à charge? eh bien ! consacrez désormais cette existence à une cause noble et sainte, à la cause de la liberté enfin, qui est celle de tous les hommes purs et généreux. Voyez les désastres qui écrasent mon malheureux pays ! qui les cause? l'implacable volonté du tyran qui vous gouverne; qui courbe vos frères sous un joug affreux? qui les ruine et les désole par les impôts les plus écrasants? qui sacrifie hommes et choses au féroce caprice de son ministre? qui insulte enfin, à la face du monde, aux sentiments les plus sacrés de la famille, en étalant au grand jour, avec faste et appareil, un double et monstrueux adultère?... encore lui!

— Pauvre malheureux enfant!! — dit Louise,

— hélas! je conçois votre entraînement! Ah! j'étais bien sûre, moi!! qu'il devait y avoir un noble motif, même au fond de ce parti criminel et désespéré.

— Enfin, Louise, je voyais dans cet homme tant d'énergie, tant de hautes et mâles pensées, de si nobles convictions, les affreux désastres que j'avais sous les yeux m'exaspéraient tellement contre le roi, que je me décidai à conspirer, et que je m'y engageai librement et par serment...

— Librement et par serment!... — répéta Louise en joignant ses mains avec terreur...

— Hélas! oui, et à ce moment même j'appris que vous étiez libre et que vous m'aimiez... Dites, Louise... dites! étais-je assez malheureux? ne suis-je pas au moins excusable à vos yeux?

— Vous, Auguste... oh sans doute!...

— Me pardonnerez-vous enfin de vous avoir tout caché... ou plutôt d'avoir tout oublié... dans l'entraînement de mon bonheur? Mais aussi je revenais ivre d'espoir et d'amour; et puis, en partant, mon oncle m'avait assuré que l'exécution du complot était indéfiniment ajournée... mais je le sens, Louise... ma faute irréparable fut de ne vous avoir pas dit que j'étais aussi gravement lié pour l'avenir... car c'est mon détestable égoïsme... la peur involontaire de vous perdre peut-être, qui m'a fait agir ainsi... Ah! Louise, Louise!! je suis bien malheureux et bien coupable...

— Oui, bien malheureux... — dit la marquise, qui resta long-temps pensive et silencieuse. — Puis redressant son noble visage où éclatait une admirable expression d'enthousiasme et de résolution, elle dit d'une voix ferme : — C'est un effroyable malheur... mais il est irréparable, il faut donc s'y soumettre et obéir à cette horrible destinée. Maintenant dites-moi quel est votre rôle à vous, Auguste, dans cette révolte? que devez-vous faire?

— J'ai promis d'exciter les gentilshommes à se soulever en armes, à refuser l'impôt, et à résister de vive force aux ordres et aux soldats du roi.

— Et si le complot réussit, qu'arrive-t-il?

— La Normandie, déclarée libre république... et désormais régie par les douces et paternelles lois formulées par Van-den-Enden, reconnaît M. de Rohan pour chef.

— Et si le complot ne réussit pas... si les conjurés sont pris ou découverts, quel est leur sort?

—La mort... Louise... une mort infâme!...

— Et M. de Latréaumont assure avoir des chances de réussite?

— De grandes, dit-il... étant certain d'intelligences à Quillebœuf, qui aideront au débarquement des troupes.

Louise resta de nouveau et long-temps pensive, puis pâle et grave elle dit à Auguste d'une voix profondément émue :

— Vous me connaissez, Auguste, vous savez si pour moi l'accomplissement d'une promesse est sacrée, il n'y a pas une minute à hésiter... Je vous le répète, c'est un affreux malheur... mais vous avez promis... il faut tenir votre parole.

— Vous m'y engagez, Louise!

— Oui.

— Mais pourtant c'est un crime... un crime de lèse-majesté! — dit Des Préaux en faisant un retour sur sa position, et, malgré lui, voulant tenter d'y échapper encore.

— Si maintenant cela est un crime à vos yeux, Auguste, il en devait être ainsi autrefois; alors pourquoi vous êtes-vous librement engagé dans ce complot?

— Eh bien! autrefois j'ai eu tort, et je me repens à cette heure...

— Si *cette heure* était le moment du triomphe, et *autrefois* celui du danger, peut-être votre conduite serait-elle excusable.

— Mais, encore une fois, alors j'étais désespéré, et à présent vous m'aimez!!

— Et que fait cela à votre parole, Auguste? vous avez eu foi aux nobles espérances de Vanden-Enden, vous avez partagé ses desseins, vous lui avez promis de tâcher de les faire réussir. C'est un homme de grande vertu, dites-vous, le seul de vos complices qui ait de nobles visées... Eh bien, quand ce ne serait donc que pour ne pas faillir à celui-là, il faudrait agir, quoique vous deviez vous croire aussi religieusement engagé envers les autres conjurés, puisque c'est librement que vous êtes venu à eux...

— Mais ce soulèvement est impossible! c'est une chimère...

— Il fallait raisonner ainsi autrefois; maintenant il vous faut tout faire, pour qu'il succède bien.

— Mais mon père! mon père!

— Il fallait autrefois songer à votre père, Auguste!... aujourd'hui il est trop tard!!

— Ainsi, parce qu'un moment j'ai été égaré, tout remords m'est interdit!

— Non pas le remords,... mais la trahison

avec vos complices vous est interdite, et c'est les trahir que les abandonner au moment du danger.

— Ainsi vous me conseillez d'agir de la sorte?

— Je vous conseille d'agir de la sorte.

— Mais songez qu'alors il faut que je vous quitte, car maintenant vous voir chaque jour serait vous affreusement compromettre.

— Vous ne me quitterez pas, vous ne pouvez pas me quitter.

— Mais il le faut, Louise; songez donc aux conséquences?

— Quelles conséquences?... Ne suis-je pas maintenant votre complice? dit Louise avec une sublime simplicité.

Auguste la regarda stupéfait. Ces paroles de Latréaumont : *Louise conspirera*, lui revinrent à la mémoire, il frissonna malgré lui. — Jamais! jamais! s'écria-t-il ; vous ne saurez rien de plus de ces détestables projets, je pars demain... je pars à l'heure même.

— Et moi demain... et moi à l'heure même j'écris à votre oncle pour lui proposer l'aide de ma fortune et de l'influence que j'ai dans la province et sur mes tenanciers!

— Mais cela est impossible, malheureuse

femme; vous ne savez donc pas que si le sort nous trahit...

— On risque sa tête... vous me l'avez déjà dit.

— Grand Dieu!!

— Et pourquoi donc ne ferais-je pas ainsi que vous faites? pourquoi donc ne partagerais-je pas un danger que vous courez? Bien que notre union soit reculée, ne me considérerai-je pas comme à vous? ma promesse ne vaut-elle pas ma main? et si le sort n'avait pas retardé notre mariage, une fois votre femme, ne m'auriez-vous pas regardée comme bien lâche si je n'avais pas agi ainsi que j'agis?

— Mais, Louise, quel rôle pour une femme comme vous!

— Madame la duchesse de Longueville était plus grande dame que moi, et elle conspirait.

— Mais...

— Mais j'y suis résolue, — dit impatiemment la marquise; — cela est horriblement fatal sans doute, mais je dois partager en tout votre sort.

— Encore une fois, au nom du ciel, laissez-moi agir seul... Si tout succède bien, je vous reviendrai, vous en êtes bien sûre.

— Et si tout succède mal? Et si la conspiration avorte! vous perdez la vie, n'est-ce pas?

— Hélas!

— Et le moyen que tout succède bien, n'est-ce pas de donner le plus de base, le plus d'extension possible au complot? de lui assurer enfin le plus de chances de réussite possible? et pour cela faire, mon influence dans la province ne nous peut-elle pas servir? Mes terres ne me donnent-elles pas de nombreuses mouvances? eh bien! j'ai des tenanciers, des fermiers... nous les armerons!! Par mes relations de famille, je connais bon nombre de gentilshommes, nous les soulèverons contre la tyrannie du roi et l'iniquité des impôts, — dit la marquise avec une incroyable énergie.

— Mais, mon Dieu, il s'agit d'une conspiration à laquelle votre intérêt est étranger; vous n'avez aucun motif de haïr le roi, vous, malheureuse femme, aucun motif de renverser ce qui est!

— Il s'agit bien pour moi du sujet de la conspiration! — s'écria Louise avec une admirable impatience, — il s'agit bien pour moi de renverser ce qui est! Et que m'importe tout cela? Pour moi... il ne s'agit que d'une chose, entendez-vous!! de disputer votre tête à l'échafaud! puisque la réussite ou la ruine du complot est pour vous une question de vie ou de mort.

Encore une fois, je dois, je veux tout sacrifier pour que cette révolte triomphe!! ou mourir avec vous... puisque je n'aurais pas pu vous sauver! . . . .

Toute l'âme, tout le caractère, toute l'exaltation de Louise, se révélaient dans ces derniers mots qui résumaient, avec une concision et une logique écrasante, la nature de son amour et de son dévouement pour Auguste.

En effet, rien de plus rigoureusement vrai, une fois Des Préaux, et conséquemment la marquise, engagés dans cette lutte, tout les forçait, ainsi que l'avait subtilement dit Latréaumont, d'agir le plus efficacement possible afin de faire triompher la cause de leurs complices, qui, par le fatal engagement d'Auguste, était devenue la leur.

CHAPITRE VINGT-QUATRIÈME.

Le peuple !!! ce colosse aveugle et sans discernement, qui commence par faire grand fracas par ses lourds mouvements, dont la rage dévorante menace de tout engloutir ! ce qui est élevé, comme ce qui est abaissé ! ce qui est éloigné, comme ce qui est rapproché ! et qui enfin trébuche... sur un fil !!

SCHILLER. — Fiesque, act. 2, sc. 5.

𝔇𝔢𝔠𝔢𝔭𝔱𝔦𝔬𝔫𝔰.

Vers les premiers jours de septembre, environ trois mois après avoir forcé Auguste Des Préaux et la marquise de Vilars à prendre une part active, au complot qu'il tramait, Latréaumont se trouvait à Rouen avec son neveu.

Le colonel demeurait dans une hôtellerie,

où il descendait d'ordinaire, *Aux Uniques*, proche le bailliage.

Il était huit heures du soir; l'oncle et le neveu causaient confidemment à la lueur d'une lampe dans une vaste chambre, triste, froide et avarement meublée, comme toute chambre d'auberge; au fond, le lit de Latréaumont; à gauche du lit la porte d'un cabinet masquée par une portière de vieille tapisserie; à droite, un bahut de noyer sculpté; et pour compléter l'ameublement, deux antiques fauteuils où étaient assis les interlocuteurs de la scène suivante, ayant entre eux une table à pieds torses, sur laquelle était une bouteille de genièvre à laquelle le colonel recourait parfois.

Des Préaux était vêtu d'un costume de voyage qui ressemblait assez à l'habit militaire; justaucorps de buffle, écharpe rouge et grandes bottes de basane à éperons d'acier; il arrivait d'Eudreville, où il avait laissé la malheureuse marquise. La figure pâle et amaigrie du chevalier portait l'empreinte de profonds chagrins, car les émotions de la vie orageuse qu'il menait depuis trois mois, et surtout les horribles angoisses dont il était incessamment torturé, en songeant que pour lui chaque jour Louise risquait sa tête; tant de cruelles anxiétés avaient enfin douloureusement creusé ce noble et beau visage.

Quant à Latréaumont, son accoutrement sentait de nouveau la mauvaise fortune; il était à peu près aussi mal vêtu qu'autrefois à Amsterdam; son énorme embonpoint avait de beaucoup diminué; ses joues, jadis pleines et rubicondes, commençaient à se tanner; puis, pour la première fois peut-être depuis bien des années, Latréaumont semblait pensif, soucieux et découragé; ses traits étaient sombres, et sa mauvaise humeur s'exhalait en boutades amères ou en violentes imprécations, bien que de temps à autre, son habitude de raillerie brutale et d'intrépide insouciance reprît le dessus.

La cause de l'irritation du partisan était fort simple; il voyait ses espérances de soulever la noblesse et le peuple de Normandie à peu près évanouies et déçues; l'arrière-ban avait été convoqué, les gentilshommes campagnards étaient montés à cheval, et malgré leurs promesses, tous étaient restés calmes, quoique l'écrasant impôt du Tiers-ec-Danger eût été promulgué.

Latréaumont, beaucoup trop porté à juger

des désirs et des vœux des autres par les siens propres, s'était complétement abusé sur le caractère général de la noblesse de campagne. Parce qu'entre deux vins, ces gentillâtres, un moment surexcités par l'énergie communicative du partisan, avaient bravement porté quelques toasts séditieux, ou hasardé quelques murmures sur la dureté du temps et la lèpre dévorante des impôts. Il ne fallait pas croire qu'une fois les fumées de l'ivresse dissipées, ces campagnards, encore tous meurtris des désastres de la Fronde, iraient exposer de nouveau leurs modestes héritages à toutes les chances périlleuses d'une révolte ouverte et d'une guerre civile.

Tant qu'il s'était agi de déclamer à huis-clos contre le despotisme de Louis XIV, et de se plaindre entre les quatre murs d'une gentilhommière — *d'être traité comme en Turquie* (1), — chaque hobereau avait plus ou moins bien tenu sa partie, dans ce concert de malédictions; mais lorsque Latréaumont, en intrépide Maëstro, proposa de faire pour ainsi dire exécuter en rase campagne l'ouverture de cette révolte, avec accompagnement de

---

(1) Voir le procès.

mousquets et de carabines, tout son monde lui manqua.

D'ailleurs, depuis long-temps le gouvernement du roi était sur ses gardes ; et une particularité fort curieuse, c'est que deux jours après que Latréaumont eut écrit à M. de Monterey, Louis XIV, ignorant sans doute le nom des auteurs de ces propositions, savait pourtant que des ouvertures venaient d'être faites à l'étranger (1).

(1) Le 25 avril 1674, M. Pellot, premier président au parlement de Normandie, écrivait à Colbert, à propos de l'impôt du tiers et danger, qui s'élevait à la somme exorbitante de *vingt francs* par arpent :

« J'ai reçu, monsieur, la lettre que vous m'avez fait l'honneur de m'écrire le 24, par laquelle vous me mandez que le roi veut que l'arrêt de son conseil du 21 mars dernier, touchant l'impôt de vingt francs par arpent, soit exécuté, et que j'aie à le faire enregistrer en notre chambre ; sur quoi je prendrai la liberté de vous dire que ladite chambre fera grande difficulté d'insérer ledit arrêt, comme étant contraire à l'édit. Aussi, je crois que dans ce temps il faudrait un peu ralentir les poursuites du tiers et danger, qui est un droit qui fait grand'peine, et chagrine bien les gens de ce pays. Ce qui confirme, monsieur, dans ce sentiment, est une lettre que je viens de recevoir de S. M. du 23 de ce mois par un courrier exprès, par laquelle elle me mande qu'ayant été *informée que des gens malintentionnés de cette province avaient envoyé au comte de Monterey pour lui offrir d'y faire des soulèvements, s'ils étaient secourus, j'ai à m'employer avec M. de Roquelaure à les découvrir.*»
(Correspondance de Colbert 1674. Manuscrit bibl. royale.)

M. Pellot, premier président de Normandie, fit alors, ainsi que M. le duc de Roquelaure, gouverneur de la province, des démarches fort actives pour découvrir ce malintentionné, qui n'était autre que Latréaumont; mais, comme il se tenait alors tranquille à Paris, les recherches furent vaines; ou bien peut-être, instruits de ses vues et du nom de M. de Rohan, que le partisan se proposait de mettre à la tête de la sédition, Louis XIV et M. de Louvois, afin de perdre sûrement l'homme qu'ils haïssaient tous deux, laissèrent-ils ces imprudents se jeter dans un complot insensé, dont on tenait tous les fils.

Ce qui ferait adopter peut-être cette hypothèse, c'est qu'on s'attendait évidemment en France, depuis cette époque, à une entreprise des ennemis sur le littoral, principalement sur la côte de Normandie, et que le plan de Latréaumont, à propos de l'attaque de Quillebœuf, était pénétré, car M. le duc de Saint-Aignan écrivait du Havre à Colbert, dès le 28 juin 1674 (1), que la noblesse était parfaite-

---

(1) Voici des fragments de cette dépêche, 28 juin 1674 :

« Monsieur,

» C'est trop vous parler peut-être des troupes de ce gouver-
» nement; mais, monsieur, il n'est pas hors de propos

ment disposée à faire son devoir, et qu'il avait pris toutes les mesures pour repousser sûrement les tentatives de la flotte hollandaise qui croisait incessament sur les côtes de France, depuis Calais jusqu'à La Rochelle.

Or, de tout cet immense armement commandé par Tromp, Ruyter et le comte de Horn, le gouvernement des Sept-Provinces ne retira pas d'autres avantages que l'insignifiante attaque de Belle-Ile-en-Mer (27 juin) et de Noirmoutiers (7 juillet), avantages qui se réduisirent à l'incendie de quelques barques et cabanes de pêcheurs situées sur la côte; car malgré ces démonstrations de l'ennemi et l'appui qu'elles semblaient promettre aux

» que vous sachiez qu'à la fin elles n'iront pas à moins de
» 14,000 hommes dans un lieu de 14 lieues de long. Il est
» juste de tenir ce que je vous ai promis en vous en-
» voyant le plan de la manœuvre, puisque c'est dans cet ordre
» que je voudrais attaquer les ennemis, s'ils voulaient entre-
» prendre ce qu'ils espèrent contre la Normandie, et particuliè-
» rement contre Quillebœuf. » Ici, M. de Saint-Aignan donne un plan fort exact de la côte, des travaux qu'il a fait exécuter près Quillebœuf, de ses projets stratégiques, etc., etc. Puis, plus bas, il ajoute : — « La noblesse du voisinage témoigne
» désirer l'arrivée des ennemis pour se signaler; quelques uns
» de leurs bâtiments connaissent déjà que notre milice ne
» craint pas leur canon, etc., etc » (Correspondance de Colbert. Manuscrit bibl. roy., 1674.)

mécontents, la frayeur des populations était si grande, les terribles exécutions de Bretagne encore si récentes, et enfin l'obligation d'assurer chaque jour, par un travail exorbitant, son existence matérielle, contre l'exigence d'impôts écrasants, tenait le peuple dans une si cruelle préoccupation, que personne ne bougea (1), bien que le mécontentement fût profond et universel.

Maintenant, ce qui semblerait impossible, si l'humanité n'avait pas une part si absolue dans toute combinaison humaine, ce serait d'expliquer comment M. de Monterey et le gouvernement des Sept-Provinces, complétement abusés sur la disposition des esprits en France, avaient pu hasarder un armement aussi considérable, seulement d'après les rapports de Van-den-Enden appuyés des promesses de Latréaumont.

Rien pourtant de plus logique dans son inconséquence : le prince d'Orange, on l'a dit, nourrissait une haine d'instinct, fatale, irrésistible, contre Louis XIV.

Impénétrable, calme, réfléchi, défiant, pro-

(1) Cette année même, les mousquetaires avaient été assurer à Rennes l'exécution de plusieurs révoltes. Voir les cruelles lettres de madame de Savigny à ce sujet.

fondément habile et mesuré dans toute autre circonstance, l'esprit de Guillaume, ordinairement d'une solidité inébranlable, et d'une prudence outrée, se laissait pourtant quelquefois aller aux chimères les plus vaines lorsqu'il s'agissait d'un plan hostile au roi de France.

Aussi, usant de l'omnipotence qu'il avait déjà rudement usurpée dans la direction des affaires de la république, selon la prévision de Jean de Witt, le jeune Stathouder, pour assouvir sa haine, décida seul cet immense armement, qui, s'il eût réussi à exciter un soulèvement général en France, portait, il est vrai, un coup irréparable à Louis XIV, en opérant sur le littoral de son royaume une dangereuse diversion, pendant que ses armées étaient occupées aux frontières et en Allemagne.

Mais ce mouvement ne pouvait réussir, parce que cette même réaction de personnalité qui avait aveuglé le prince d'Orange sur l'opportunité d'une révolte en France, avait aussi trompé les deux seuls véritables acteurs de cette conjuration : Latréaumont et Van-den-Enden ; car M. de Rohan n'était qu'une bannière aux mains du partisan, et Auguste ainsi que la marquise étaient de pauvres complices malgré eux, presque convaincus d'avance de l'impossibilité du soulèvement.

Pourtant, madame de Vilars, ardemment fidèle à cette pensée juste et vraie, que plus elle rendrait par ses adhérences le complot important, plus elle accroîtrait les chances de salut d'Auguste et d'elle-même; et d'ailleurs accomplissant ce qu'elle regardait comme un devoir, avec l'héroïque probité qu'on lui sait, madame de Vilars avait tout tenté pour engager ses fermiers, ses tenanciers et quelques gentilshommes de son voisinage, à se rebeller; mais partout elle avait échoué, tant la terreur des échafauds était grande; seulement, la noblesse du caractère de Louise inspirait une estime si générale et si profonde que, malgré d'aussi dangereuses ouvertures dont la révélation aurait pu la perdre, aucun de ceux à qui elle les fit ne parla. Louise et Auguste furent donc trompés dans cette visée de conspiration, ainsi que Van-den-Enden et Latréaumont, parce qu'on le répète personne des fauteurs de cette conspiration ne possédait une connaissance exacte de la disposition des esprits.

Sans doute Van-den-Enden, cet austère philosophe, voulait le bien à sa manière; sans doute ses utopies étaient respectables;

mais, esprit de spéculation et non de réalité, il agissait incessamment pour un type unique et impossible, pour l'enfant idéal de ses sublimes aspirations, pour l'homme exceptionnel enfin, seulement éclos dans le paradis de sa chaste et sereine pensée. Van-den-Enden n'avait jamais songé à l'humanité telle qu'elle était; il oubliait qu'avant d'avoir le loisir de répondre aux cris de liberté, les hommes *vrais* répondaient d'abord au cri de la faim, et que généralement il faut jouir d'un certain superflu, ou être un brigand capable de tout, pour perdre à dessein un temps irréparable parmi les agitations stériles d'un soulèvement. Or, la majorité des hommes ne se compose pas de pillards et de meurtriers; et comme pour peindre et dorer le Versailles du grand roi, il fallait que le peuple prît sur le pain noir que le travail écrasant de chaque jour lui apportait à peine, il ne restait pas aux populations une minute à dépenser en révoltes.

Dans le fol et naïf orgueil de sa belle âme, et aussi dans l'ardeur impatiente de voir ses utopies en œuvre, Van-den-Enden avait ensuite pensé que ses écrits, répandus en Normandie par le colonel, en manière de placards, disposeraient surtout merveilleusement le peuple à la rébellion, en lui faisant espérer un âge d'or, que le philosophe se proposait de convertir en réalité, une fois l'action brutale et matérielle du renversement de la monarchie despotique opérée par Latréaumont et M. de Monterey, que le docteur était allé solliciter avec tant de désintéressement et de courage. Mais, encore une fois, tout cela était vanité, et les écrits du philosophe ne furent ni lus, ni compris.

Quant à Latréaumont, toujours égaré par ses souvenirs de la Fronde, un des plus singuliers phénomènes de l'histoire, il avait complétement méconnu l'esprit public. Ce partisan effronté, qui ne rougissait pas de s'avouer à soi-même, qu'il n'agissait que par ambition et cupidité personnelle, n'ayant ni assez d'art, ni assez de secret pour dissimuler ces honteux motifs, ignorait sans doute, qu'à part de très rares exceptions, il n'est jamais donné aux hommes de sa trempe, qui se produisent ouvertement tels qu'ils sont, d'agir assurément sur les autres hommes; il ignorait encore que, dans les masses, l'instinct de conservation et d'intérêt va souvent jusqu'à la plus haute sagacité d'égoïsme, et que leur subtil bon sens fait chercher et trouver aux intelligences les plus grossières le *pourquoi* véritable de toute révolution tentée, leur dit-on, en leur faveur. En un mot, si le changement de choses dont on les berce ne répond pas absolument aux nécessités ou aux idées (folles ou sages) du plus grand nombre; si celui enfin qui prétend à dominer la foule n'est ou ne semble pas être le représentant incarné des besoins et des idées générales du moment, toute espérance de soulever un peuple demeure une folle et absurde imagination.

Or, c'est parce que Latréaumont, instruit par l'expérience, sentait à cette heure qu'il ne réunissait aucune des conditions voulues pour assurer le bon succès de ses projets, qu'il ne pouvait contenir sa déplorable humeur en causant avec Des Préaux dans cette chambre d'une auberge de Rouen dont on a parlé.

—Et dire,—s'écriait le colonel en vidant brusquement son verre,— que pas un de ces butors de gentillâtres n'a seulement voulu bouger, les misérables et lâches valets qu'ils sont, de leur charrue et de leur colombier!! Ah! mille dieux! le noël a bien raison!— Et sans doute pour calmer sa colère, le partisan entonna un couplet d'une des chansons du temps sur la convocation de l'arrière-ban (1). (C'est un campagnard qui parle).

> Si je péris dans les combats,
> Je veux qu'on grave sur ma tombe :
> Ci-gît qui mourut d'un *hélas !!*
> En voyant crever une bombe,
> Et n'eut d'affaire à son pays,
> Que pour l'honneur du pain bénit.

— C'est vrai !.. voilà pourtant, mort-Dieu, comme ils parlent, et voilà comme ils mourront

---

(1) Voici quelques couplets d'un autre noël sur le même sujet, extraits du manuscrit déjà cité, qui offre un assez plaisant tableau de la vie ordinaire des gentilshommes campagnards, et prouve aussi que, faute de culture, les terres étant restées en friche après la convocation de l'arrière-ban, presque toute la noblesse de campagne fut ruinée par les suites de cette levée, très inutile au service du roi, et qui fit un tort irréparable à beaucoup de gentilshommes. Ce vaudeville est dialogué.

LE GENTILHOMME (*sur l'air des adieux de Cadmus*).

> Je vais partir, ma chère femme,
> Puisque l'arrière-ban en tous lieux se proclame,
> Je crains trop d'être roturier !
> Les deux chevaux entiers qui labourent ma terre
> Pourront bien me porter pour aller à la guerre ;
> Pour écuyer, j'aurai mon charretier.

LA FEMME.

> Ah ! mon cœur, que j'ai de souci !
> Si tu prends les chevaux, adieu le labourage ;
> Que ferai-je dans mon ménage,

tous... *de peur!!* les vils bouviers!! Et dans nos réunions ils faisaient les rodomonts!... c'était à qui tirerait l'épée le premier pour la révolte!! et une fois à cheval, une fois rassemblés sous les yeux de ce Saint-Aignan, que l'enfer confonde, ils n'ont eu de voix, ces maudits man-

<blockquote>

Quand tu ne seras plus ici ?
Tu sais que ton fusil nous faisait si bien vivre!
Ah ! pourquoi ne te puis-je suivre !

LE GENTILHOMME.

Tu m'enverras l'argent qui viendra de la vente
Que tu feras demain des troupeaux de moutons,
Des poulets, des canards, des oisons, des cochons;
Que de la basse-cour enfin rien ne s'exempte.

LA FEMME.

Ne crains-tu pas pour nous la famine présente ?
Que ferons-nous après que tu seras parti ?
Mon cœur, crois-moi, demeure ici.
Si tu pars, que j'aurais d'alarmes
De te voir exposer ainsi,
Toi qui n'es pas né pour les armes !

LE GENTILHOMME.

J'ai besoin de secours, quoi, veux-tu m'accabler !
Ah ! ma femme, est-il temps de me faire trembler ?
Mon Dieu ! que je souffre de peines,
Je ne sens que trop les douleurs ;
Demeure ici, ton espérance est vaine.

(*Chansons hist. manuscrites.* vol. XXIV. bib. roy.)

</blockquote>

geurs de pommes, que pour braire... vive le roi!! mort Dieu! Et dire que personne n'ose remuer! Mais, par l'enfer, qu'ont-ils donc à perdre?... leur chienne de vie?... voilà qui est bien regrettable! Et par la lâcheté de ces misérables, renoncer à tant de chances de réussite! quand il y a là en croisière soixante vaisseaux de ligne qui ne demandent qu'à jeter vingt mille hommes sur la côte!... si on leur assurait seulement un point de débarquement... Mais non... ce maudit Saint-Aignant est partout; à Quillebœuf il y a mis garnison, il n'y a pas une falaise de la côte où il n'y ait une vigie ou un corps-de-garde! et il n'en faut pas plus pour intimider ces hobereaux, les empêcher d'agir. Ah! c'est à se damner mille fois... Ainsi, ni toi, ni ta marquise, n'avez pas mieux réussi?

— Non, je vous l'ai dit,... madame de Vilars a parlé entre autres à M. d'Aigremont et à M. de Saint-Martin d'Urbec; ce dernier a éludé, l'autre a répondu qu'il connaissait la moitié d'une compagnie de dragons à vendre, sur laquelle on pourrait peut-être compter, voilà tout... Quant au reste des gentilshommes, la marquise ou moi avions beau leur remontrer l'odieux des impôts, ils ont tous répondu : « C'est vrai,...

» mais le roi est le maître... et plus fort que
» nous... Voyez en Bretagne, combien d'é-
» chafauds sont encore sanglants. »

— Et les tenanciers les fermiers, ces bœufs de labour, qu'ont-ils beuglé?

— Aux premiers mots de soulèvement, ils se sont tous écriés : « Et pendant que nous se-
» rons à nous rebeller, qui cultivera nos
» terres? Et si l'ennemi fait une descente et
» brûle nos récoltes comme à l'île de Noir-
» moutiers? et si la guerre civile recommence
» ses ravages comme dans la minorité? com-
» ment faire pour vivre? Comment payer la
» taxe? Nous sommes bien affreusement mal-
» heureux, sans doute, mais au moins nous
» vivons. »

— Les infâmes!! C'est toujours la même sotte chanson!... *Vivre!!* Ça ne pense qu'à vivre... Ah! si ce que j'espère arrive! si j'ai jamais sous la main un millier de bandits déterminés, ces bêtes de somme me paieront cher leur refus et leur stupide prétexte de vivre! Que tu sois roué vif, si je ne fais pas litière de leurs blés verts aux chevaux de mes cavaliers! et si le viol, le sac et l'incendie ne me vengent pas de leur crasse lâcheté! — ajouta le colonel en vidant la bouteille d'un trait; puis, la brisant après sur l'âtre avec fureur, il reprit : — Et ton père... tu ne lui as parlé de rien ?

— Mais vous pensez bien que connaissant ses sentiments de loyauté et son respect pour la personne du roi, il est le dernier, grand Dieu, à qui j'aurais osé parler de tout ceci, à part même la crainte de le compromettre... Ah! mon pauvre père... mon pauvre père!... s'il savait!! — ajouta le chevalier avec un profond soupir, puis il reprit : — Enfin, il est heureusement à Paris pour un procès, et il ignore tout.

— Mais ce qu'il y a de plus terrible, — s'écria le colonel avec un nouvel emportement, — c'est que les Hollandais croisent depuis trois mois sur nos côtes, et que ne voyant rien bouger, ni en Dauphiné, ni dans le Brouage, ni ici, seulement quelque peu en Bretagne, et encore... un vrai feu de paille, ces meynherrs vont sans doute se retirer;... l'équinoxe approche, et tout sera dit. D'un autre côté, comme rien ne succédait, Monterey a cessé d'envoyer de l'argent pour entretenir la santé du complot; aussi, mortdieu, est-il à cette heure maigre... maigre à faire pitié, — dit Latréaumont en jetant un triste regard sur son habit négligé. — Nous sommes à sec et à bout... et justement c'est à cette heure qu'il faudrait tenter un effort désespéré!!

— En vérité, vous êtes insensé si vous conservez la moindre espérance. Ah! je vous l'avais bien dit, il y a trois mois, que tout ceci n'était qu'une chimère... et, à cette heure, fasse le ciel que ce ne soit que cela!...

— Ah çà! mille démons! si tu vas te désespérer quand au contraire il faut redoubler d'énergie... ce n'est pas le moyen d'avancer nos affaires.

— Comment! redoubler d'énergie? — dit Des Préaux stupéfait; — et que comptez-vous donc faire?

— Une dernière tentative, risquer le tout pour le tout.

— Mais, encore une fois, sur quoi fondez-vous à cette heure la moindre espérance? Vous l'avez vu, nous avons parcouru la province; vous ne pouvez nier que l'influence de madame de Vilars n'y soit extrême; vous ne pouvez nier non plus que la malheureuse femme ait intrépidement tout bravé, tout tenté, surmontant la honte qu'elle avait de jouer un rôle aussi criminel... mais pensant, hélas! comme vous l'avez si cruellement prévu, qu'une fois entré dans une conspiration qui aboutit à l'échafaud si on est vaincu, il faut triompher si on veut sauver sa tête.

— C'est vrai! il m'est revenu que la marquise a loyalement tenu sa promesse... et que si elle n'a pas réussi, la vaillante créature, ça été absolument la faute de ces pots à cidre! qui m'en rendront bon compte, mille tonnerres! — s'écria le colonel en fermant les poings avec rage; — car si tout cela n'aboutit à rien, aussi vrai que je m'appelle Duhamel de Latréaumont, je prends ma grosse canne d'une côté, ma rapière de l'autre, et, pour leur apprendre à manquer à leur promesse, je fais une tournée dans toutes leurs gentilhommières, rossant d'importance ceux qui ne voudront pas se battre avec moi et balafrant au visage ceux qui accepteront mon cartel! Mais, heureusement pour la peau de bête dont sont enveloppés ces misérables, nous n'en sommes pas encore là.

— Mon oncle, croyez-moi, — dit gravement Des Préaux, — abandonnez ce projet insensé et remerciez la Providence de ce que jusqu'ici le complot n'a pas été découvert; car songez au sort qui vous attend si tout se révèle, songez donc à la haine que le roi a contre

M. de Rohan? à l'aversion qu'a pour vous M. de Louvois?... Enfin je sais que cela n'est rien à vos yeux; mais songez donc aussi à madame de Vilars! à moi! à nous enfin qui étions si heureux, et qui, grâce à vous, maintenant ne vivons que d'angoisses et de terreurs! conspirant sans but et sans motif... et seulement pour disputer notre tête au bourreau, dans une lutte qui nous est indifférente! Mon oncle, vous nous avez fait bien du mal; mais renoncez à une entreprise impossible, rompez toute correspondance avec l'étranger, et nous trouverons dans notre bonheur la force de vous bénir!

— Écoute, mon garçon, tout n'est pas encore désespéré... Voici mon plan; je sais un régiment de quatre cents Maistres à vendre; il y a là-dedans une centaine de vieux sacripans bronzés à tout, qui, dans la Fronde, ont servi dans la compagnie d'*Enfants-perdus* que j'avais levés sous Hocquincourt; c'est un bon noyau de démons incarnés qui pendraient un paysan quand ils n'en retireraient que ses dents pour les dentistes et ses cheveux pour les perruquiers; une fois découplés en plaine, tu verras ça se démener... Or, il faut deux cent mille livres pour payer ce régiment; comptant sur l'argent de Monterey, Rohan a demandé à son monarque la permission de l'acheter; bien entendu que Phœbus a refusé net; heureusement que nous avons Sourdeval. dont on ne se défie pas, qui sera le prête-nom et l'achètera pour lui; une fois ce régiment à nous, mes cent vieux bandits prennent le haut du pavé, se sentant appuyés par des chefs aussi sacripans qu'eux-mêmes; leur esprit se répand dans les rangs, et moitié crainte, séduction ou espoir de pillage, en un ou deux mois je réponds d'avoir en main cinq ou six cents gueux déterminés, prêts et bons à tout, qui se feraient hacher pour moi jusqu'au dernier... alors... mille tonnerres! je les amène en Normandie malgré Louvois... et du moins ces imbéciles et lâches hobereaux oseront peut-être se décider à marcher en rébellion ouverte, quand ils auront devant eux une pareille avant-garde qui leur fraierait le passage jusqu'en enfer!

— Mais ce projet est fou; en admettant même que vous puissiez acheter ce régiment, le façonner et en disposer à votre guise, ce qui n'est plus possible comme au temps de la Fronde, la terreur que de pareils scélérats inspirerait dans les campagnes suffirait pour tourner contre vous tous ceux qui auraient même eu la pensée de s'y joindre !

— Tu n'y entends rien, mon garçon ; le point d'honneur et la sensibilité du paysan sont dans ses reins, et pour les exciter et les piquer, rien ne vaut la hallebarde du partisan. Ah ! si tu avais vu dans la Fronde mes braves *Enfants-perdus* travailler sur le paysan ! tout ce qu'ils en savaient tirer ! tout ce qu'ils en savaient exprimer !!... de vrais pressoirs de fer, mon garçon, qui vous pressuraient un village jusqu'à la moelle ! mort-Dieu ! les sauterelles d'Égypte n'étaient rien, j'en suis sûr, auprès du *passage* de ces braves compagnons !

— Mais les temps ne sont plus les mêmes, on est las de guerres civiles, et on aime mieux tout supporter, tout sacrifier, que de compromettre l'espèce de calme morne, où on se repose au moins, après tant d'horribles secousses. Mon oncle, je vous en supplie, renoncez à tout.

— Ah çà, voyons, écoute-moi, Auguste ; je ne suis pas non plus un tigre ; aussi vrai que je n'ai rien de sacré dans le monde, je te promets qu'aussitôt Van-den-Enden revenu de son voyage...

— Comment ! il est encore reparti ? — demandale chevalier avec étonnement, en interrompant le colonel.

— Oui, il y a cinq jours, je l'ai redépêché à Monterey pour lui dire de ne pas s'impatienter; que rien n'était désespéré; de continuer à faire croiser la flotte hollandaise sur les côtes, et d'envoyer trois ou quatre cent mille francs pour acheter ce régiment et faire quelques avances (1).

— Mais M. de Rohan?

— Oh! lui! il est comme toujours, espoir et désespoir. haine et repentir, tristesse et joie... plus triste que gai cependant; car, selon mon avis, il a pris de l'encre dans ma bouteille pour écrire à cette Maurice dont il était affolé, afin de s'en dépêtrer tout-à-fait. Aussi, depuis ce poulet, la belle infante n'a plus voulu ou osé le revoir; il me presse, comme toi, d'en finir, et tu vas rire, mort-Dieu! dans le cas où Monterey refuse, tu ne sais pas?... il ne parle de rien moins que d'aller s'enfermer à la Trappe!!

— Et quand Van-den-Enden doit-il arriver de Bruxelles?

— Du 12 au 15 de ce mois... Et pour en

---

(1). Voir le procès.

revenir à ma promesse... vrai... si le père La Sagesse apporte un refus de Monterey ; si lui et le prince d'Orange retirent argent et vaisseaux, alors, comme il ne sera plus possible de faire autrement, nous renonçons à tout ; j'appelle un notaire pour dicter mon testament et te léguer tous mes biens,—dit le colonel en montrant les habits qu'il portait, et qui à cette heure composaient son seul avoir ; puis il ajouta d'un air bouffon, en glapissant comme un crieur juré : —Item, te léguer mon grand verre... item, ma rapière ; item, un vieux bahut, où sont toutes sortes de projets de révolte. — Puis, ajouta le partisan en reprenant son accent naturel, —puis au moyen d'une balle dans le crâne, je vais voir en enfer s'il n'y a pas moyen d'exciter quelque petite rébellion de damnés contre Belzébuth, sous prétexte que le soufre de leur fournaise est de mauvaise qualité.

Malgré tout le mal que lui avait fait Latréaumont, Auguste ne put s'empêcher d'être attristé, en entendant le colonel parler ainsi de sa fin, avec une résignation à la fois lugubre et grotesque ; aussi lui dit-il : — Mais, mon Dieu, qui vous force à agir ?... pourquoi n'abandonnez-vous pas vos projets à cette heure ?

qu'ils sont presque désespérés? et puis, ne savez-vous pas que, malgré les affreux chagrins que vous m'avez causés, je n'oublierai jamais que vous êtes le frère de ma mère, qui, malgré tout... vous a toujours aimé?

Le colonel fit un brusque mouvement et cacha sa tête dans ses larges mains.

Auguste s'aperçut de l'émotion de son oncle, sans pour cela concevoir la moindre espérance de le voir abandonner ses projets; car il savait alors, par expérience, que le partisan pouvait s'abandonner à ses souvenirs et en ressentir momentanément l'influence, mais qu'il n'en demeurait pas moins d'une invincible opiniâtreté dans ses damnables résolutions.

— Tiens, Auguste, — dit Latréaumont en relevant son visage assombri, — je ne sais... mais c'est un vilain jour qu'aujourd'hui! Ce matin par hasard je suis passé devant le cimetière Saint-André et j'ai revu le tombeau de ma mère... et puis, tu m'as appris la mort de cette Cauchois, ma vieille nourrice, et c'est stupide, si tu veux, mais ça m'a tout attristé, quoiqu'à cette heure, mille biberons de Lucifer! je fasse un drôle de nourrisson!! — ajouta le colonel, ne pouvant s'empêcher de gâter par une raillerie brutale, le peu de bonnes inspirations qui lui restaient.

— Et cette pauvre femme est morte en priant pour vous, tenant entre ses mains cette croix d'or dont vous lui aviez fait présent, — dit Auguste, — car jamais elle n'a voulu croire aux bruits fâcheux qui couraient sur votre compte... disant toujours que c'était mensonge et calomnies !

— Bonne vieille! quand j'étais enfant elle m'appelait *son dauphin*... Ah !.. ah!.. son dauphin!! Il faut avouer que le dauphin a furieusement tourné au loup et au sanglier!..... et on sonnera peut-être bientôt l'hallali du sanglier, — dit le colonel pensif, après un assez long silence, en fronçant ses sourcils; puis son caractère indomptable reprenant le dessus, il s'écria, honteux de ce mouvement de faiblesse: — Mais alors, mille triple-dieux! les abois seront sanglants! aussi vrai que je radotte à cette heure comme une caillette en me laissant aller à d'aussi sottes pensées!! Allons donc, mort-Dieu! — et le géant se dressa de toute sa hauteur, en se secouant dans son habit, ainsi que les bêtes fauves se secouent quelquefois brusquement dans leur poil rude et hérissé; puis il ajouta, en passant la main sur son large front, comme pour chasser d'aussi accablantes pensées : — Est-ce que Jules Duhamel de Latréaumont est encore au maillot pour songer à sa berceuse?... Hourra pour l'audace,... mépris pour la crainte!... Rien n'est désespéré. Adieu, mon garçon. Je me résume, et vite, car je soupe avec d'Hyberville chez une paire de vestales de la rue d'Isigny!... et la faim me tire par les pans de mon estomac! En un mot, dans dix jours nous nous reverrons ici; si Monterey dit oui... en avant le complot; s'il dit non... en avant l'once de plomb, tu es libre, et je te donne ma bénédiction!! ajouta le partisan d'un air bouffon.

Auguste connaissait trop bien l'entêtement invincible de son oncle pour songer une minute à combattre ses vues; aussi, mettant tout son espoir dans la détermination négative de M. de Monterey, quitta-t-il bientôt le colonel pour retourner à Eudreville où Louise l'attendait tristement.

Latréaumont, lui, pour s'étourdir sans doute, alla oublier, dans une orgie crapuleuse, les dernières pensées honorables qui lui devaient peut-être venir au cœur.

Ceci se passait le 3 septembre.

On va voir, dans le chapitre suivant, que

huit jours après vint la péripétie de ce drame étrange, de ce complot rêvé il y a cinq ans à Amsterdam, puis abandonné, puis repris, mais toujours indécis, flottant, sans possibilité, sans racine et sans clientelle; imagination insensée, où, depuis ceux qui promettaient l'insurrection jusqu'à ceux qui la favorisaient, où tous enfin, depuis le prince d'Orange et Monterey jusqu'à Latréaumont et Van-den-Enden, luttaient d'aveuglement et de folie; conspiration absurde, qu'on prendrait en mépris, si le sang le plus noble et le plus généreux n'avait pas arrosé l'échafaud, si la fatalité de cette formidable tragédie n'était pas un des faits les plus horribles et les moins connus du XVIIe siècle, de ce Grand siècle du Grand roi, comme on dit.

LATRÉAUMONT.

Sixième partie.

LA BASTILLE.

CHAPITRE VINGT-CINQUIÈME.

La Délation.

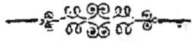

Le cabinet du roi, à Versailles, le mardi 11 septembre 1674, — il est onze heures du matin, — Louis XIV, vêtu de velours noir, avec de simples boutons d'orfévrerie, portant le cordon bleu sur sa veste de satin écarlate, richement brodée d'or, se promène avec agitation, et repousse brusquement les caresses habituelles de trois petites chiennes couchantes espagnoles, au pelage blanc et orangé.

— Le roi tient à la main une lettre ouverte; il la relit à plusieurs reprises, pâlit et rougit tour à tour, ses traits bouleversés annoncent la colère, la haine, la crainte, et çà et là, comme un éclair qui perce une sombre nuée d'orage, la rayonnante expression d'une vengeance satisfaite, se peint sur son visage courroucé.

La lettre que lit le roi est de M. de Nazelles; dans cette longue délation (1) ce dernier donne les détails les plus circonstanciés sur le complot, sa marche et ses adhérences depuis six mois; il signale M. le chevalier de Rohan comme chef de la conspiration, et Latréaumont, Van-den-Enden, Des Préaux, madame de Vilars et mademoiselle d'O*** comme ses complices. On dira plus tard quelle fut la raison qui porta Nazelles à cette délation.

Aussitôt après la réception de cette lettre, le roi avait envoyé un garde-du-corps chercher en grande hâte M. de Louvois à Chaville, où il se trouvait; ce ministre était aussitôt arrivé à Versailles, et venait de sortir du

---

(1) Voir le journal des procès.

cabinet du roi pour ordonner l'arrestation immédiate du chevalier; car ce dernier, depuis quelque temps, afin sans doute d'éloigner tout soupçon, venait souvent à la cour faire sa révérence au roi, qui lui tournait le dos comme d'habitude. Or, ce jour-là même, M. de Rohan s'était rendu à Versailles pour assister en bayeur à la réception du nouveau nonce du pape, et à l'audience de congé du prince Zaluski, envoyé extraordinaire de Pologne, ces cérémonies étant d'habitude assez fastueuses, et le chevalier attendait le roi dans la chapelle avec le gros des courtisans.

— Ah! M. de Rohan! M. de Rohan! — disait Louis XIV avec une joie colère et concentrée, — quand, il y a cinq ans, j'entendis ces impertinentes filles d'honneur raconter vos prouesses, et que le jour même vous me donnâtes lieu de vous chasser de mon service, je ne m'attendais certes pas à vous voir un jour tomber si bas;... enfin, cette fois, Dieu merci, son crime est assez avéré, j'espère!... et je n'en suis pas réduit à des conjectures!! Ah! madame de Montespan!! nous verrons votre contenance... en apprenant le sort de cet impertinent muguet!

A ce moment un homme magnifiquement

vêtu, gros et court, aux larges épaules, au teint apoplectique, portant une longue perruque noire qui ombrageait ses traits prononcés, durs et impérieux, entra dans le cabinet du roi.

— Eh bien, Louvois?

— Il est arrêté, sire.

— Qu'a-t-il dit?

— Rien, sire, qu'il ne savait pourquoi on l'arrêtait, mais qu'il se soumettait à la volonté de Votre Majesté.

— Rien de plus?

— Et aussi qu'il n'avait ni bu ni mangé, et qu'il mourait de faim (1); Brissac l'a conduit dans sa chambre, où il lui a fait servir à dîner; et ce pendant le lieutenant Lasserre le garde à vue jusqu'à ce qu'un carrosse de votre majesté soit arrivé, afin de le conduire à la Bastille.

— L'infâme hypocrite! — s'écria le roi avec indignation, — il pense à manger dans un pareil moment... au lieu de songer à son âme... quelle audacieuse assurance!... il demande pourquoi on l'arrête!... soulever la Normandie... marcher sur Versailles... m'enlever peut-

---

(1) Note de Clérambaut.

être!... crime de lèse-majesté!... Mais, Louvois, toutes les précautions sont-elles bien prises? n'y a-t-il rien à craindre?... qu'on fasse tenir ma maison militaire prête à monter à cheval... faites revenir des troupes des frontières... Le misérable... Ah! cette fois du moins son crime est bien et dûment avéré... et ce soulèvement! ce soulèvement!

— Une chimère, sire; heureusement une imagination de fou... et rien de plus. Je sors de chez M. Colbert, qui va se rendre auprès de Votre Majesté tout-à-l'heure; j'y ai rapidement parcouru les lettres de M. Pellot; elles sont d'hier, et annoncent que rien n'a bougé en Normandie, tout y est calme et tranquille. Ainsi que j'ai eu l'honneur de le dire à Votre Majesté, depuis l'avis reçu au mois d'avril, qu'on avait fait des propositions à Monterey, M. Colbert et moi, avions déjà donné nos ordres en conséquence pour la tranquillité de la province. Je viens aussi de parcourir la correspondance de M. de Saint-Aignan, de Roquelaure et de Beuvron, rien non plus n'a bougé à Dieppe ni au Havre; il y a seulement à Rouen quelques retards dans le paiement du *Tiers et Danger,* mais rien au monde de grave ni d'alarmant; vous pouvez m'en croire, sire, je vais d'ailleurs ordonner à Chamlay, si Votre Majesté le trouve bon, de se rendre en poste à Rouen; c'est un homme énergique, il prendra le commandement des troupes... et agira sévèrement s'il le faut; mais, encore une fois, ce complot est une visée stupide qui, heureusement, vous donne, sire, le moyen de faire un grand et terrible exemple.

— Mais je n'en reviens pas, — répéta le roi en lisant la lettre de Nazelles; — vit-on jamais pareille audace?... Et qui aurait cru cela de ce Rohan? Mais qu'est-ce que ces autres gens-là, — ajouta Louis XIV, en reprenant la lettre, — La... Latréaumont?

— Celui-là, sire, est un effronté partisan que je n'ai vu qu'une fois, lorsqu'il eut l'impudence d'oser venir me demander un régiment; sans la pressante intervention de M. de Brissac, je le faisais pourrir à la Bastille : ce Latréaumont est un géant matamore, résolu, opiniâtre, homme de sac et de corde. Joignez à cela, sire, un courage de lion, ayant tantôt frondé, tantôt servi M. le cardinal, homme bon et prêt à tout enfin, et des plus dangereux.

— Et comment Brissac s'était-il pu intéresser à un pareil misérable?

— Je crois, sire, qu'ils avaient autrefois fait la guerre des Pays-Bas.

— Mais il faut qu'on arrête cet homme-là à l'instant même... Dépêchez vite Brissac à Rouen, où il est à cette heure, dit la lettre, qu'il prenne avec lui quatre ou cinq de mes gardes, bien déterminés, et qu'on saisisse ce monstre-là mort ou vif... écrivez l'ordre, je le signerai, et que Brissac parte sur l'heure pour la Normandie à franc étrier.

Louvois écrivit l'ordre du roi à M. de Brissac, pendant que Louis XIV relisait encore la lettre de Nazelles.

— Qu'est-ce que c'est que ce nom sauvage, demanda le roi, Van-den-En...

— *Van-den-Enden*, sire; j'ai pris des informations, Louvigny l'a connu en Hollande; c'est un de ces dangereux rêveurs républicains, ennemis mortels de toute monarchie, chassé d'Amsterdam il y a deux ans pour ses opinions populacières, qui semblaient même exagérées dans ces quartiers-là, pourtant si démocratiques; il s'est réfugié ici, où il tenait une école de langues anciennes près Piquepuce; Votre Majesté ne lui permit, dans les temps, de s'établir en France que parce qu'il se disait proscrit par le prince d'Orange.

— L'infâme !... c'est ainsi qu'il abuse de l'hospitalité qu'il trouve dans mon royaume... et où est-il ?

— On l'attend d'un jour à l'autre de Bruxelles, où il s'est rendu pour conférer sans doute de nouveau avec M. de Monterey. Desgrez (1) a l'ordre de l'arrêter à son arrivée, et la femme de Desgrez est même aussi déguisée pour éviter tout soupçon et suivre ce docteur à sa descente du coche.

— Ces misérables Hollandais ne se contenteront donc pas d'être républicains dans leurs marécages ! sans venir encore infecter mes peuples de leurs détestables doctrines ! mais je veux qu'on me fasse prompte justice de celui-ci. Qu'on ne lui ménage ni les rigueurs du cachot ni de la torture... qu'on la lui donne vraiment *extraordinaire*, et puis après une bonne potence (2), car une pareille espèce ne doit pas même avoir la tête tranchée comme un gentilhomme.

— Je crois en effet, sire, que cette dernière distinction entre des coupables de haute qua-

---

(1) Exempt de police fort redouté dans ce temps-là.

(2) Voir plus bas les pièces, et la *part* directe que prit Louis XIV à toute cette affaire.

lité et cet obscur misérable docteur politique, sera d'un merveilleux effet.

— Et quels sont les autres? qu'est-ce que cette Vilars, que je vois sur la liste?... elle n'est de rien à *Orondate* (1), j'espère?

— Non, sire, le nom de cette femme s'écrit seulement par une *l*, elle est fille du fameux Claude de Sarrau, fort huguenot et fort parlementaire; car partout où se lève la révolte on est bien sûr de trouver un protestant...

— Vous avez raison, Louvois, il y a toujours dans ces réformés un vieux et aigre levain de rébellion. Ah! il faudra bien pourtant un jour ou l'autre en finir avec eux! Et comment cette Vilars s'est-elle fourrée là?

— Par amour, m'a dit ce Nazelles, que je viens d'interroger encore; elle devait épouser ce Des Préaux, autre conjuré, et elle a voulu en tout partager son sort.

— Et tout cela! pour gruger, comme ce drôle, quelques unes des pistoles de Monterey, ou plutôt de cet exécrable Guillaume d'Orange, qui est l'âme de tous les soulève-

(1) Surnom donné à M. le maréchal de Villars dans sa jeunesse.

ments, de toutes les résistances qu'on ose m'opposer !

— Sire, cette marquise de Vilars est fort riche; elle a, dit-on, près de quarante mille livres de rentes en terres.

— Mais alors, pourquoi s'est-elle entêtée de ce complot?

— Pour ne pas séparer son sort de celui qu'elle aimait, une pure Bergerade, comme le voit Votre Majesté.

— Une bergerade, peste! une bergerade!... Mais savez-vous qu'il faut bien aimer quelqu'un pour risquer ainsi sa vie ! — dit Louis XIV avec une sorte de jalousie involontaire, en comparant sans doute les amours intéressés qu'il inspirait, à une affection aussi sublime et aussi dévouée ; puis, il ajouta d'un ton presque irrité : — Et ce misérable Des Préaux a sans doute, plus que pas un, poussé à cette révolte?

— Oui, sire; mais le plus opiniâtre, le plus dangereux, le plus indomptable de tous, est ce Latréaumont, c'est véritablement l'homme d'action du complot, d'après ce que m'a dit Nazelles.

— Aussi faut-il, et sur l'heure, se saisir de

ce Latréaumont; un pareil criminel est une véritable calamité publique.

— Oui, sire; et M. de Brissac va partir aussitôt que vous lui aurez donné vos ordres.

— Quant à mademoiselle d'O***, — ajouta Louis XIV, — rien ne m'étonne de sa part, car on sait combien elle s'était publiquement, et sans vergogne ni retenue aucune, affolée de cet autre traître, que je tiens enfin à ma merci !

— Selon Nazelles, sire, mademoiselle d'O*** n'est seulement coupable que de n'avoir pas révélé le complot.

— Oh ! quant à elle, toute la cour de mon frère va me supplier de lui faire grâce; les siens sont des familiers de Monsieur.

— Votre Majesté n'aura pas que cette supplication à endurer à propos de ce procès-là, — dit Louvois.

— Que voulez-vous dire ?

— Sire, M. Colbert..,

— Eh bien ?

— M. Colbert, sire, comme allié de M. de Rohan, et s'appuyant sur l'autorité que lui donnent auprès de Votre Majesté ses longs et utiles services, M. Colbert pensera sans doute sûrement influencer Votre Majesté en faveur de ce grand criminel, — dit le ministre, dont la haine contre M. de Rohan datait de l'enfance, et qui le détestait encore davantage, comme parent de Colbert, car on sait la jalousie cruelle de Louvois contre ce dernier, qui mourut véritablement de chagrin de voir tous les efforts qu'il faisait, pour ranimer le crédit éteint et sortir la France de l'abîme, sans cesse rendus vains, par la fatale omnipotence du fils de Letellier.

Aussi, en prévenant Louis XIV que Colbert pensait à influencer sa royale volonté, M. de Louvois mettait habilement en jeu le plus grand faible de ce prince, qui crut toujours naïvement régner par soi-même, tandis qu'il ne fit jamais qu'obéir aveuglément aux vues ou aux caprices de ses ministres et de ses maîtresses. Lyonne, Colbert et Letellier pour les splendides commencements de son règne, Louvois pour les terribles désastres du milieu, et madame de Maintenon pour l'effroyable ruine de la fin (1).

Or donc, on le répète, en avertissant

(1) Bien que l'auteur de ce livre répugne à citer ses autres œuvres, il ne peut s'empêcher de donner ici le développement de cette pensée, plus largement creusée ailleurs (Histoire de la marine du siècle de Louis XIV), et qui, à son sens, donne

Louis XIV, qui, malgré ou à cause de sa faiblesse de caractère, prétendait à une volonté absolue, que Colbert se préparait à l'influencer, c'était complétement ruiner d'avance l'action de ce ministre, telle salutaire qu'elle dût être. Aussi, à la secrète et méprisante joie de Louvois, aux pro-

---

une physionomie particulière et peut-être neuve à la figure de Louis XIV.

« Il est bon, je crois, de faire remarquer que c'est de l'adjonction des fils de Colbert et de Letellier aux affaires publiques (Seignelay à la marine en 1669, et Louvois à la guerre en 1666), que c'est de cette adjonction que se peut dater la période guerrière du règne de Louis XIV, qui, commençant alors à poindre, fut si onéreuse et si fatale à la France lorsqu'elle atteignit son apogée.

» Cela devait être ainsi.

» A de vieux ministres sages, expérimentés, rompus aux affaires, revenus pour la France des illusions d'une gloire éphémère, et de la dangereuse vanité des conquêtes, préférant à ces folles visées les avantages positifs de la paix, de l'industrie et du commerce, disant sensément comme leur grand maître Mazarin : « *Qu'il est plus sûr et moins coûteux de dominer par l'or que par le fer, et que la corruption est plus puissante que l'épée;* » à ces vieux ministres succédèrent leurs fils, jeunes courtisans, vains, orgueilleux d'une fortune récente, ardents et pleins d'ambition. Ils servaient un roi d'un âge déjà mûr, mais toujours et encore amoureux de ce qui était pompeux et théâtral. Un carrousel, une réception d'ambassade ou le faste militaire d'une armée, peu lui importait pourvu qu'il eût occa-

jets duquel il obéissait absolument à cette heure, Louis XIV s'écria-t-il en se rengorgeant :

— Apprenez, monsieur Louvois, qu'on ne m'influence pas ! je règne et je règne seul... c'est pour cela que je n'ai pas voulu de premier ministre, je n'aime pas les brassières, monsieur Louvois, et j'entends qu'il n'y ait

sion de ceindre sa couronne, de se pavaner sous le manteau royal, et de marcher seul et sans égal à la tête de la cour la plus magnifique de l'Europe.

» On conçoit alors facilement que Louis XIV qui, à bien dire, subit toujours l'influence des idées de ses ministres, assez adroits seulement pour lui persuader qu'elles étaient les siennes propres, on conçoit, dis-je, que Louis XIV devait facilement se laisser aller aux inspirations de Louvois et de Seignelay, qui, ne rêvant que guerres et conquêtes afin de faire exceller, à l'envi l'un de l'autre, l'importance de leurs charges respectives, lui montraient pour résultats de ces envahissements, des rois vaincus, des gazetiers repentants, des ambassadeurs à genoux, et des entrées triomphales dignes d'un nouvel Alexandre.

» De là ces guerres épouvantables, uniquement soulevées par la jalouse rivalité de Louvois et de Seignelay, qui flétrirent le milieu du règne de Louis XIV ; de là aussi une bien étrange contradiction dans la conduite gouvernementale du grand roi, toujours dans cette hypothèse si universellement adoptée, et qu'il m'est impossible d'admettre en présence des faits :
« *Qu'après la mort de Mazarin, Louis XIV régna seul et par lui-même.* »

» Comment, la première période de ce règne, qui corres-

qu'une seule volonté dans mon royaume... la mienne !

— Eh !... je ne le sais que trop, sire, — répondit brusquement Louvois en risquant cette réponse avec une rare habileté.

— Que voulez-vous dire, monsieur? — reprit le roi, en fronçant le sourcil.

— Je veux dire, sire, que bien souvent,

pond à la première jeunesse de ce roi, serait remarquable surtout par une politique d'une sagesse et d'une habileté profonde, par un système de corruption odieux, si l'on veut, mais admirablement basé sur une rare connaissance, et une non moins rare et longue expérience des hommes et des choses, système qui, après tout, assurait une prépondérance irrécusable à la France sur presque toute l'Europe, moyennant des subsides que le pays payait facilement, grâce aux ressources de son industrie et de son commerce, alors en toute prospérité ! Comment, ce roi si susceptible, si bouillant, si emporté dans son âge mûr, qui, plus tard, se jeta dans les guerres les plus sanglantes pour les griefs les plus puérils, était le même roi qui, malgré le feu de la jeunesse, se montrait en 1666 si calme, si prudent ? qui se laissait durement reprocher son manque de parole, et sa peur de compromettre sa marine, et se targuait même de son parjure en se consolant par l'avantage matériel que lui rapportait son déni de secours et sa mauvaise foi, calculant en cela comme un homme qui regarde une injure mieux vengée par une amende que par du sang ?

» Comment, encore une fois, pendant la première période de son règne, partant de sa jeunesse de roi, de cet âge où les passions guerrières sont si vives et si effervescentes, Louis XIV aurait montré le sang-froid calculateur et l'inflexible logique

après avoir longuement mûri des projets que je crois utiles au service de Votre Majesté, je vous vois, sire, sans vous en remettre à la sûreté de mon dévouement et de mes connaissances en ces matières, puisque c'est vous-même, sire, qui m'avez enseigné ce que je sais; je vois, dis-je, Votre Majesté tout changer de fond en comble, tout refaire sur de nou-

d'un homme qui, pensant avant tout *au réel*, ne voit dans une guerre qu'une affaire, qu'une émission de fonds, qu'il faut rendre aussi productive que possible, lorsque plus tard, dans la seconde période de son règne, alors que les années et l'expérience sembleraient avoir dû mûrir sa raison, il agit au contraire avec toute la fougueuse étourderie, toute la folle ardeur d'un jeune téméraire, en se jetant, pour les motifs les moins fondés, dans les guerres les plus inutiles, les plus ruineuses, et qui causèrent plus tard tous ses désastres; lorsqu'on le voit enfin, par ses insolentes bravades et ses parjures réitérés, soulever l'Europe entière contre lui; l'Europe qu'il avait à ses gages, à ses ordres au commencement de son règne!

» Comment, en un mot, ce roi aurait à 20 ans pensé agir comme le plus expérimenté des hommes d'État, et à 40 ans comme le plus écervelé des ambitieux!

» Ce serait, en vérité, un mystère inexplicable, si les faits n'en donnaient la véritable solution, à savoir :

» Que ce furent de vieux ministres, créatures et disciples de Mazarin et de Richelieu qui gouvernèrent pendant les premiers temps du règne de Louis XIV, que leurs fils gouvernèrent vers le milieu, et qu'à la fin madame de Maintenon succéda aux uns et aux autres. »

(*Histoire de la marine*, t. 1, p. 274.)

velles bases, de sorte que ce n'est plus mon travail, mais bien absolument et entièrement le vôtre, sire; aussi, —ajouta Louvois d'un air grondeur et fâché, — je ne sais pas, en vérité, pourquoi Votre Majesté a des ministres !

Ce trait de savante flatterie frappa si juste l'aveugle superbe du monarque, que, sans pouvoir cacher son contentement, il dit d'un air à la fois suprêmement glorieux et pitoyable : — Ce pauvre Louvois... je conçois que c'est fâcheux pour vous... mais en me créant roi, Dieu m'a donné une volonté d'airain et une connaissance comme naturelle et approfondie de toutes choses (1); aussi je ne fais qu'agir selon ses vues !

A ce moment on vint annoncer au roi que M. de Brissac et M. Colbert attendaient ses ordres.

—Faites d'abord entrer Brissac, dit Louis XIV.

(1) OEuvres de Louis XIV, discours à monseigneur le duc de Bourgogne. — Il serait superflu d'entrer ici dans de longs détails au sujet de l'incroyable aveuglement de Louis XIV, qui était véritablement le jouet de ses ministres; il faut, pour en avoir une idée vraie, lire entre autres la correspondance diplomatique de Lyonne, et voir çà et là des traits d'une ironie mordante contre *l'incomparable maître*.

On sait aussi que Mansard faisait exprès bâtir des constructions qui manquaient de lignes et d'aplomb, afin que

M. de Brissac entra vêtu de l'uniforme des gardes-du-corps du roi, habit bleu galonné d'argent sur toutes les tailles, haut-de-chausses écarlates et bottes fortes. — M. de Brissac, âgé de cinquante-cinq ans, était encore vert et vigoureux.

— Brissac, vous allez partir sur l'heure avec quatre ou cinq de mes gardes, choisissez des hommes résolus et entreprenants... il s'agit de courir la poste jusqu'à Rouen, et là d'arrêter, mort ou vif, un certain Latréaumont... que vous connaissez, je crois...

— En effet, sire, dit Brissac en rougissant, — j'ai fait autrefois la guerre avec lui contre les Frondeurs, mais depuis dix-huit mois je ne l'ai pas vu...

— Par trop de bonté pour ce misérable vous avez empêché dans les temps Louvois de le faire jeter à la Bastille; il a failli arriver de grands malheurs, monsieur de Brissac... faites ou-

---

Louis XIV, qui se piquait d'avoir le coup d'œil fort juste, pût faire redresser l'erreur. Mansard soutenait la régularité des bâtiments; le roi soutenait le contraire; on prenait des juges, et le monarque sortait triomphant. Or, Louvois usait de moyens analogues, et insérait dans les projets de règlements de telles pauvretés, que le roi les relevait; Louvois les défendait; et ce qui était véritablement sérieux, passait sans conteste.

blier cela en vous assurant de cette importante capture.

— Sire, que Votre Majesté me permette de lui faire observer qu'il se pourrait bien que je ne lui ramenasse qu'un cadavre, car je connais le partisan... et pour le prendre vivant...

— Il le faut vivant... vous m'entendez, Brissac, il nous le faut vivant, — reprit le roi avec vivacité, — c'est surtout par lui qu'on peut avoir tous les fils de certain complot... où il a pris part... ainsi arrangez-vous pour cela; allez... et pas un mot de tout ça. Arrivé à Rouen vous descendrez de cheval chez M. Pellot, premier président du parlement de Normandie, qui vous accompagnera et vous aidera de ses lumières pour faire bien succéder cette capture; allez et revenez vite avec l'homme en question. Dites à Colbert d'entrer, vous le trouverez dans la galerie.

Une fois le major des gardes sorti, le roi dit à Louvois :

— Mais j'y pense, Louvois, avons-nous des preuves contre Rohan ?... jusqu'à présent il n'y a qu'une délation, des présomptions de mauvais desseins, m'avez-vous dit, mais il n'y a pas eu d'exécution... et il serait bien malheureux qu'il ne se trouvât rien de positif et de personnel à lui.

— Votre Majesté a raison; en effet, ce Nazelles m'a dit que M. de Rohan n'a jamais rien voulu écrire de sa main.

— Et s'il osait tout nier maintenant?... Il en est bien capable, l'infâme! — s'écria le roi avec une sorte de terreur.

— On pourrait, sire, aviser aux moyens de l'amener doucement à tout révéler.

— Lui promettre sa grâce?

— En lui disant que s'il avoue tout ce qu'il sait, Votre Majesté aura pitié de lui; ne voulant pas faire périr un homme de sa qualité...

— Oui... oui, car après tout : — promettre et tenir sont deux (1).

— Sans compter, sire, que Votre Majesté peut nommer des commissaires pour instruire le procès, et en réserver le *jugement définitif à sa personne* (2).

— C'est le parti le plus sûr... et le plus pru-

---

(1) Comme de fait, il n'y avait aucune preuve matérielle contre M. de Rohan. Cet infernal guet-apens fut tendu par M. de Louvois à M. de Rohan, d'après l'ordre du roi. On en verra la preuve évidente dans le procès.

(2) Voir plus bas aux pièces. Ceci arriva ainsi.

dent... vous avez raison, Louvois, j'y aviserai..

A ce moment, un huissier annonça Colbert.

Ce grand ministre avait alors plus de soixante ans; sa figure était pâle, rude, austère et glaciale; ses sourcils toujours froncés et menaçants lui donnaient un air dur, son costume était tout noir; car, par modestie, il avait conservé l'habitude de se vêtir avec la rigoureuse simplicité des premiers secrétaires-d'État, qui, au commencement du règne de Louis XIV, ne se permettaient pas de s'habiller comme les gens de qualité, et ne portaient ni écharpes, ni broderies, ni habits de couleurs; aussi le vêtement sévère du vieux ministre contrastait-il singulièrement avec le magnifique justaucorps écarlate à dentelles d'or et d'argent qu'étalait fièrement Louvois.

En voyant entrer Colbert, Louis XIV, prévenu par Louvois, se mit sournoisement en garde contre toute demande en faveur de M. de Rohan.

La scène était curieuse : Louis XIV, assis dans son fauteuil; Louvois, debout près de la fenêtre, regardant Colbert avec une haineuse jalousie, qu'il ne pouvait dissimuler, tandis que ce dernier, appuyé sur un des bronzes dorés qui formaient l'angle de la table du cabinet du roi, semblait fort préoccupé.

— Eh bien ! monsieur Colbert, — dit Louis XIV, voulant sans doute prouver au ministre qu'il ne serait pas sa dupe, — votre allié, M. de Rohan, en fait de belles !

— C'est avec bien du regret, sire, que j'ai appris l'arrestation de M. de Rohan, et mes regrets augmenteront encore s'il est aussi coupable qu'on le dit.

— S'il est coupable ! Il n'y a rien d'incertain là-dedans ! Il l'est bel et bien coupable, Dieu merci !

— Que Votre Majesté me permette encore d'espérer que non !

— Espérez ! espérez ! monsieur Colbert ; mais n'espérez rien autre chose ! Ma volonté doit emporter toutes les volontés ! ce n'est pas auprès de moi qu'on peut compter abuser des anciens services pour m'extorquer des déterminations contraires au bien de l'État, — dit le roi en attachant un regard significatif sur Colbert.

— Sire, je ne sais...

— Il suffit ! il suffit ! je m'entends !... M. de Rohan a commis un effroyable crime ; il faut un terrible exemple qui apprenne aux mécontents ce qu'est ma puissance ! N'est-ce pas là votre avis, monsieur Colbert?

— Sire...

— Parlez, parlez librement !

— Eh bien ! puisque Votre Majesté m'ordonne de parler librement, je lui dirai qu'en admettant même que M. de Rohan se soit laissé égarer par les folles et malheureuses visions dont on l'accuse, et qu'il en soit convaincu devant les juges que Votre Majesté lui donnera, comme il n'y a eu que dessein, et non pas commencement d'exécution, je pense qu'il serait de la plus grande gloire de Votre Majesté de faire grâce.

Nous y voilà, pensa le roi; et il ajouta d'un air indifférent : — Voyons, expliquez-vous ; quels sont vos motifs pour croire cela, monsieur Colbert ?

— Sire, j'ai relu toute la correspondance de Normandie pendant ces six derniers mois; la voici (et il montra au roi un volume in-folio, relié de vélin vert) : Si Votre Majesté daigne y jeter un coup d'œil, elle verra que rien ne bouge dans ces quartiers-là, à part une rumeur sourde causée par la collation de l'impôt du *Tiers et danger*, qui d'ailleurs se perçoit fidèlement. Or, sire, puisqu'il n'y a pas la moindre apparence d'émotion à cette heure, l'arrestation des chefs du complot, s'il y en a un, suffira pour paralyser toute entreprise. Je l'avoue, sire, j'ai dû aux bontés de Votre Majesté de voir mon obscure famille alliée à la maison de M. de Rohan par le mariage de ma fille avec M. le duc de Chevreuse, et je ne cache pas à Votre Majesté que si le bien de son service et celui de l'État pouvaient gagner à ce que Votre Majesté fît grâce à M. de Rohan, s'il est trouvé coupable, je serais le plus heureux des hommes... Veuillez remarquer, sire, que M. de Rohan n'a aucune clientelle, aucune racine; il est abandonné de tous; et s'il a véritablement conçu d'audacieuses et folles pensées, permettez-moi de vous le dire, sire, en le frappant on donnera peut-être à cette chimérique conspiration une importance qu'elle n'aurait pas si, affectant de regarder son chef comme un fou, vous témoigniez du mépris que vous avez pour lui, en le flétrissant d'un dédaigneux pardon.

— Et vous, Louvois, que pensez-vous?

— Je pense, sire, contrairement à M. Colbert, que, par cela même que M. de Rohan est sans consistance ni racine aucune, et malgré cela un seigneur de la plus grande qualité, il serait d'un bon effet, si M. de Rohan est trouvé coupable, de prouver au monde que, dans sa justice impartiale, Votre Majesté ne ménage pas plus les princes alliés de maisons souveraines que le dernier de ses sujets, lorsque les uns ou les autres ont pensé à troubler la tranquillité de l'État et le bonheur de ses peuples, en les infectant de pernicieuses maximes, en osant demander l'appui de l'étranger pour arriver à leurs fins exécrables. On ne peut dissimuler, sire, qu'un mécontentement sourd et général règne en France. Grâce aux insinuations étrangères sur plusieurs points du royaume, on a dû comprimer quelques tentatives de rébellion; une grande et terrible leçon est donc nécessaire. En un mot, sire, par ses débauches, ses impiétés, ses débordements, sa conduite autrefois offensante envers Votre Majesté, M. de Rohan ayant soulevé la cour et sa propre famille contre lui, me semble devoir mieux, et plus politiquement que pas un, devoir être sacrifié au salut de l'État; car que Votre Majesté me permette de lui faire observer que si elle hésitait par clémence, les malintentionnés, interprétant cette clémence avec perfidie, pourraient donner à penser que Votre

Majesté ne voulant pas exaspérer les mécontents...

— Qu'osez-vous dire là, monsieur Louvois?— s'écria le roi. — Eh! que me fait à moi le mécontentement et les mécontents! Ne suis-je pas roi chez moi? Et vous, monsieur Colbert, ne craignez-vous pas que je mécontente quelqu'un en sévissant contre ce grand criminel?... Les mécontents!... Vous allez voir comme je crains les mécontents... Asseyez-vous, et écrivez, monsieur Colbert...

Colbert, aussi surpris que Louvois de cette brusque sortie, s'assit, et Louis XIV continua :

—Ah! les mécontents!... Voici justement une parfaite occasion de leur montrer combien je les crains... Écrivez les noms que je vais vous dicter, et vous ferez expédier à ces *parleurs* une lettre de cachet et un de mes valets de pied pour les conduire au lieu que je désignerai pour leur exil (1). M. le comte d'Olonne, d'abord!... Il m'est revenu que M. de

---

(1) Le même soir, MM. d'Olonne, de Vassé, etc., reçurent chacun un valet de pied pour les conduire à leur exil jusqu'à nouvel ordre. Le premier est le plus à plaindre, parce qu'il est dans de grandes douleurs de la goutte. M. l'abbé d'Effiat est fort chagrin, disant qu'il est très fâcheux qu'à son âge on l'accuse de ne pas savoir assez bien vivre pour ne pas se faire

Rohan fréquentait sa maison... Il partira dans les 24 heures pour Issoudun...

— Sire, je ferai observer à Votre Majesté que M. d'Olonne est fort malade... Il n'a pas quitté le lit depuis deux mois.

— Il le quittera pourtant aujourd'hui, monsieur Colbert!... M. le marquis de Vassé est fort des amis de la famille d'O... Il s'en ira à sa maison de campagne, et son pylade, l'abbé de Bellebat, à son abbaye... Ah! les mécontents!... En vérité, ils m'effraient fort... Mais j'oubliais un des plus vieux et des plus dangereux, car celui-là doit chasser de race... L'abbé d'Effiat sortira aussi de Paris... Voilà, monsieur Colbert, comme je crains les mécontents! Vous ferez expédier ces lettres de cachet... Maintenant, dites-moi ce que vous avez à objecter aux raisons données par M. de Louvois!...

Colbert fut un moment interdit de cette détermination si subite, qui frappait des gens complétement étrangers au complot; mais il se remit et répondit avec mesure et fermeté :

exiler. Ils disent tous qu'ils sont innocents, et qu'ils ne savent ce que c'est. Tout le monde a été les voir. Ils partirent hier. (*Bibl. roy., manuscrit Clérembaut.*) De fait, aucun de ces noms ne figure au procès.

— Sire, les raisons que M. de Louvois vient de faire valoir contre M. de Rohan me sont, au contraire, des preuves à l'appui de ma façon de voir. C'est parce qu'il y a quelques germes d'irritation, qu'à mon sens il faut se donner garde de l'exaspérer. Une grande rigueur engendre quelquefois le fanatisme. Quant à M. de Rohan, c'est parce qu'il est sans racine, sans clientelle, que Votre Majesté lui peut faire grâce, et mépriser une imagination aussi insensée... Encore une fois, lui donner suite serait faire la joie des ennemis de Votre Majesté, qui penseraient que de grands troubles peuvent éclater en France, et cette croyance ferait peut-être naître, sire, aux étrangers des visées qu'ils n'ont pas... et puis il y a dans le complot deux femmes... Sire, que Votre Majesté y songe... deux femmes! et si un grand et terrible exemple paraissait indispensable à V. M., si M. de Rohan était accusé et convaincu du crime de lèze-majesté, veuillez réfléchir que ce crime est puni de mort, et, comme complices, ces deux malheureuses créatures devraient ainsi porter leur tête sur l'échafaud! Sire! deux femmes!

— Le crime n'a pas de sexe, monsieur, —

l'une d'elles, d'ailleurs, est fort huguenote et fille d'un homme très dangereux.

— Sire, permettez-moi d'assurer à Votre Majesté que M. de Sarrau, durant sa vie, était le modèle des gens de bien ; la reine de Suède correspondait fréquemment avec lui, le nom de M. de Sarrau est vénéré et considéré en Europe ; madame de Vilars, jusque là très vertueusement famée en Normandie, a cédé à un entraînement coupable sans doute, mais excusable peut-être par le motif qui l'a causé...

— M. de Rohan et cette huguenote ont en vous un habile défenseur, monsieur Colbert... mais ce n'est pas d'aujourd'hui que vous avez montré un furieux faible pour les gens de la religion prétendue réformée.

— C'est la gloire de Votre Majesté, c'est le bien de l'État, c'est la cause de l'humanité que je voudrais toujours voir triompher, sire.

— Brisons là, monsieur Colbert, le procès n'est pas d'ailleurs commencé ; vous aviserez à ce que M. de Rohan ait deux commissaires pour instruire son procès ; *je m'en réserverai le jugement souverain et définitif* (1).

— Ah ! sire... ils sont sauvés, — s'écria

(1) Voir le procès.

Colbert en tombant aux genoux du roi avec un mouvement de reconnaissance qui irrita profondément Louis XIV; — je suis maintenant rassuré sur le sort de M. de Rohan et de ses complices, puisque Votre Majesté se réserve leur jugement définitif... Ah! sire, il n'en pouvait être autrement... Votre Majesté est si grande et si généreuse !...

— Nous ne nous entendons pas, monsieur Colbert, relevez-vous, — dit le roi, en comprimant à peine sa colère... — puis il ajouta : — Vous ordonnerez à votre fils d'écrire au procureur-général qui sera choisi pour suivre cette affaire, que je veux être instruit jour par jour, et plutôt deux fois qu'une, de tout ce qui succédera dans ce procès, jusqu'aux moindres détails.

Puis prenant son chapeau, le roi ajouta, en se levant de son fauteuil : — Mais voici l'heure de la messe... après je recevrai le nonce de S. S., et M. l'envoyé extraordinaire de Pologne.

Et Louis XIV sortit de son cabinet.

CHAPITRE VINGT-SIXIÈME.

Ius hoc animis, morientis habebat!

Tant il exerçait d'empire sur son âme à l'heure même de la mort.

Lucain. viii, 636.

Les Uniques.

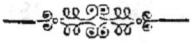

Le 12 septembre, lendemain de l'arrestation de M. de Rohan, les quatre gardes-du-corps du roi, chargés de s'emparer de la personne de Latréaumont, arrivèrent à Rouen à six heures du matin, sous le commandement de M. de Brissac, leur major, ayant couru la poste toute la nuit avec une extrême diligence; ils allèrent descendre de cheval chez M. Claude Pellot, premier président du parlement de Normandie, dont l'hôtel se trouvait proche la place du vieux palais.

Les cavaliers qui devaient aider M. de Brissac dans son importante et dangereuse mission, étaient MM. de La Rose, de l'Étang, de Bois-Brun et du Plessis, tous quatre hommes de résolution et d'intrépidité; et pourtant, chose assez singulière, l'un d'eux, M. de La Rose, était âgé de 74 ans.

Il avait plu toute la nuit, un épais et triste brouillard pesait encore sur les toits inclinés de cette ville noire et enfumée, aux rues étroites et surplombées de balcons de bois. Les rares bourgeois, par hasard dehors à une heure aussi matinale, avaient vu avec un étonnement mêlé d'effroi, passer ces cinq cavaliers, si méconnaissables, qu'on distinguait à peine, sous la boue qui les couvrait, le splendide uniforme de la maison du roi, et si hâtés d'arriver, que leurs chevaux fumants et blancs d'écume avaient les flancs tous saignants.

M. de Brissac frappa violemment à la porte du premier président pour éveiller ses gens endormis; et bientôt introduit près de ce magistrat, le major lui exhiba l'ordre du roi; M. Pellot s'habilla en toute hâte, et se disposa à conduire cet officier supérieur à la demeure de Latréaumont, alors logé à l'hôtellerie des Uniques, proche le baillage.

— Veuillez, monsieur, — lui dit M. de Brissac,—faire mander la garde civique pour maintenir le populaire, et l'empêcher d'envahir la maison, pendant que moi et mes gardes nous agirons.

— Je vais de plus, monsieur, si vous le trouvez bon, emmener mon suisse, un valet de chambre et un laquais, gens de confiance et décidés, qui nous seront utiles dans l'intérieur de la maison, car je prévois, monsieur le major, une vive résistance; je connais l'homme.

— Je le connais aussi, monsieur, — dit M. de Brissac. Puis se retournant vers ses compagnons de route, il ajouta : — Chargez vos mousquetons, messieurs.

Les quatre gardes-du-corps chargèrent leurs armes, pendant qu'un des gens de M. Pellot allait de la part de ce magistrat porter ses ordres aux capitaines des compagnies d'arquebusiers et d'archers qui composaient la milice nationale de Rouen, placée sous les ordres de l'autorité civile.

Les carabines chargées, M. de Brissac et M. Pellot se rendirent en toute hâte à l'auberge des *Uniques*, qui ne se trouvait pas fort éloignée de l'hôtel de la présidence.

Ils arrivèrent.

C'était une taverne d'assez médiocre apparence. M. Pellot heurta *au nom du roi*, et ces mots intimidèrent tellement l'hôte qui vint ouvrir, que lorsque M. de Brissac lui eut demandé où logeait un gentilhomme nommé Latréaumont, c'est à peine si le maître des *Uniques* put lui répondre : — Au n° 3 sur la cour, monseigneur.

Les gardes-du-corps armèrent leurs mousquetons, M. de Brissac s'assura que son épée pouvait librement sortir du fourreau, tandis que M. Pellot, songeant qu'il allait courir un péril assez peu séant pour sa robe, s'effaça et laissa passer M. de Brissac le premier; dans ce cas, — *la toge doit céder aux armes*, — pensait sans doute le magistrat, petit homme, vif, agile, pétulant; mais alors conservant toute la dignité voulue par la gravité de ses fonctions.

On arriva donc à un obscur et long corridor, sur lequel s'ouvraient plusieurs chambres ; la porte du n° 3 était la seconde en entrant, mais il n'y avait pas de clef à la serrure.

M. de Brissac fit signe à ses gens qui l'avaient suivi sur la pointe du pied, craignant que le bruit de leurs bottes fortes et éperonnées ne donnât l'éveil à Latréaumont, et le major frappa doucement à la porte.

Personne ne répondit.

Il frappa plus fort.

— Mort-Dieu ! qui est là ? quel est le bélitre qui vient m'éveiller sitôt ! — dit la grosse voix de Latréaumont... puis il ajouta de son accent railleur : — Je n'ouvre qu'à l'aurore en personne ! et si elle a la figure d'une jolie fille.

— Ami... ami, — dit M. Pellot en contrefaisant sa voix.

— Ami... je le crois pardieu bien... ami ! qui oserait donc venir crier *ennemi* à la porte de Duhamel de Latréaumont ! allons ! — dit la voix avec un long bâillement en s'adressant sans doute à un laquais couché dans une pièce voisine ; — allons, eh ! Lanfranc, Lanfranc ! marmotte du diable ! fais entrer cet ami que Morphée confonde.

Un instant après la porte s'ouvrit; alors, entrant seul, et marchant droit au lit de Latréaumont, encore couché, bâillant, soufflant et détirant ses membres énormes, M. de Brissac lui dit:

— Au nom du roi... je vous arrête.

— Tiens, triple-dieux! c'est Brissac! — s'écria le colonel, qui n'avait pas entendu le major, ou du moins le feignait.

— Au nom du roi, je vous arrête! — répéta Brissac d'une voix plus haute.

Latréaumont se mordit la lèvre inférieure si violemment, qu'elle saigna, plissa un instant ses noirs sourcils, et puis ce fut tout... jusqu'à la fin de cette scène tragique; son sang-froid habituel et son caractère indomptable et ironique ne se démentirent pas une minute.

— Comment, tu m'arrêtes, mon vieux camarade? ah çà, mille carabines, est-ce que je me sauve? Mais, entre nous, tu as là une vilaine mission! — et le colonel semblait chercher quelque chose des yeux.

— Que veux-tu, un soldat doit obéir, il faut que je t'emmène à Paris... voyons, ne fais pas le rodomont, j'ai la force en main... résigne-toi, et, cent diables! ce ne sera peut-être qu'une nuée d'orage.

— Comme tu dis, un ou deux éclairs, un ou deux coups de tonnerre... et puis tout sera dit : ah çà, et sérieusement tu m'arrêtes? c'est pour cela que tu es levé de si matin? — ajouta le colonel en continuant de jeter autour de lui un regard inquiet.

— Sérieusement... habille-toi, n'essaie pas de te sauver, l'hôte m'a dit qu'il n'y avait point d'issue, et mes gens sont là... dans le corridor.

— Ah ! tes gens sont là... dans le corridor? et le partisan jeta rapidement un coup d'œil oblique sur une portière en tapisserie, masquant une chambre voisine qui paraissait communiquer avec la sienne.

— Allons voyons, ça ne m'amuse pas plus que toi, dépêche-toi de t'habiller.

— Mille feuilles de vigne ! sois tranquille, j'ai de la pudeur, et je n'irai pas, mort-Dieux ! t'accompagner dans les rues de Rouen habillé en père Adam... allons donc, puisqu'il le faut!!
— Et le colonel fit un mouvement pour sortir de son lit.

A cet instant un assez bruyant tumulte s'éleva dans l'hôtellerie; M. de Brissac, craignant quelque invasion subite de la populace, alla vers la porte pour faire entrer ses gardes.

Profitant du moment, Latréaumont sauta de son lit, disparut derrière la tapisserie dont on a parlé, et on entendit aussitôt le craquement de la batterie de deux pistolets qu'il arma.

A ce bruit sec et net, si familier à l'oreille d'un soldat, M. de Brissac retourna vivement la tête, et stupéfait de ne plus voir Latréaumont couché, courut à la tapisserie comme le colonel s'écriait :—Me voici, monsieur de Brissac, mais, mort-Dieu, vous ne me tenez plus!

M. de Brissac mit l'épée à la main et leva bravement le rideau... Là il vit Latréaumont à moitié nu, et tenant un pistolet de chaque main ; ses traits pâles avaient toujours leur même expression d'audace et de raillerie... Un rayon de clarté tombant d'un jour de souffrance fort élevé, jetait de rares mais vives lumières, vigoureusement tranchées par de fortes et larges ombres sur cette gigantesque figure, qui, dans toute la hardiesse de sa pose intrépide, se détachait, ainsi puissamment colorée à la Rembrandt, sur le fond noir du cabinet.

M. de Brissac ne put résister à un mouvement de surprise, peut-être même d'effroi, à l'aspect de ce colosse qui se dressait là comme un fantôme, et dont les yeux gris et féroces semblaient luire dans l'obscurité.

— Vous êtes donc criminel! — s'écria M. de Brissac, — que vous osez vous rébeller contre un ordre de Sa Majesté?

— Oui, mort-Dieu, je l'ose... A toi, Brissac!...— et le colonel tira...

Mais M. de Brissac ayant prestement écarté le canon du pistolet avec son épée, la balle atteignit M. de La Rose, un des quatre gardes-du-corps...ce vieillard tomba sur le coup en criant: — Jésus! je suis mort!— et il mourut en effet.

Latréaumont tira son autre coup de pistolet, qui n'atteignit personne, puis voulant forcer le passage gardé par les cavaliers, il saisit une table pour s'en servir comme de bouclier; mais à ce moment M. de Brissac ayant crié : — Tirez... messieurs... tirez! M. de Boisbrun ajusta Latréaumont, et lui envoya une balle en pleine poitrine.

Le partisan porta vivement la main à son côté; puis, s'affaissant lourdement sur soi-même, il se renversa en arrière avec la table qu'il tenait, en s'écriant : — Merci, mon vieux Brissac, je meurs en soldat!

En voyant la chûte de Latréaumont, les gardes et les gens de M. Pellot se précipitèrent sur lui, et en moins d'une minute il fut garrotté et porté sur son lit. Il était évanoui;

le sang sortait à gros bouillons de la plaie, qui se trouvait près du cœur. . . . . . .

. . . .

Ce même jour, à onze heures et demie du soir, Latréaumont, qui vivait encore, avait été transporté au vieux palais dans une chambre de ce gothique édifice; chambre immense et sombre, dans laquelle on avait fait à la hâte quelques préparatifs... Le colonel était couché dans un de ces vastes et anciens lits à colonnes torses et à draperies rouges; une lampe de cuivre, posée sur une table, projetait de grandes ombres, et éclairait à peine les acteurs de la scène qu'on va lire.

Ces acteurs étaient M. de Brissac, M. Pellot, son greffier, et le R. P. Patrice, capucin, qui avait été chargé : d'abord de réconcilier Latréaumont avec le ciel; puis, au moyen de la confession, d'en obtenir tous les renseignements possibles sur la rébellion de Normandie, dans le cas où Latréaumont se fût confessé; c'était, il est vrai, abuser indignement d'un secret religieux et sacré; mais on verra plus tard, par une lettre de M. de La Reynie au P. Bourdaloue, que les gens du roi civils ou ecclésiastiques ne tenaient guère à ces misères. Quant au colonel, il trompa ces espérances en déclarant vite, pour se débarrasser des instances du P. Patrice, *qu'il avait commis tous les crimes qu'un homme pouvait commettre, et qu'on s'arrangeât là-dessus* (1).

Les traits de Latréaumont étaient décomposés par l'approche de la mort; sa figure était livide, son nez pâle et tiré, son large front inondé d'une sueur froide, tandis que ses yeux toujours hardis, et qui brillaient de l'ardent éclat de la fièvre, se renfonçaient déjà profondément dans le creux de leur vaste orbite. Enfin, sa voix sourde et creuse semblait presque étouffée; de temps à autre, une écume sanglante lui venait aux lèvres, et pourtant ce caractère indomptable avait jusque-là résisté aux douleurs physiques et aux terreurs d'une fin prochaine.

Profitant de plusieurs de ses évanouissements successifs, le P. Patrice avait donné au colonel les derniers sacrements, sans que ce dernier en eût la conscience. Mais depuis qu'il était revenu à lui, Latréaumont, avec une incroyable présence d'esprit, luttait d'opiniâtreté avec MM. de Brissac, Pellot et le P. Patrice, qui voulaient absolument le per-

---

(1) Note de Clérambaut. Mémoires de La Fare.

suader de nommer ses complices, ce à quoi cet enraciné criminel répondait, comme le dit M. Pellot dans sa lettre (1), par des discours *d'obstination, de fanfaronnerie et de vanité.*

M. de Brissac était à sa droite, le R. P. Patrice à sa gauche, M. Pellot au pied du lit, et son greffier assis et prêt à écrire les aveux de Latréaumont.

— Mais enfin, — disait M. de Brissac, — nomme tes complices, dis ce que tu sais... C'est pour le service du roi.

— Je ne veux pas rendre service à ce royal danseur de ballets, — répondit le colonel d'une voix faible et entrecoupée, tandis que ses lèvres bleues et déjà glacées tâchaient encore de grimacer un sourire ironique.

— Mais, mon frère, — disait le capucin, — notre sainte religion vous peut absoudre d'une vie aussi détestable que la vôtre, si elle vous voit touché d'un repentir sincère, et avouer du moins l'énormité de vos crimes.

— Mon frère capucin, je ne me repens que de n'avoir pas réussi, — disait le colonel en tâchant de nasiller plaisamment.

— Mais réussi à quoi? Donnez au moins des détails! — reprit M. Pellot.

(1) Voir le procès.

—A quoi? mon digne pourvoyeur d'échafaud?
— Oui! oui! à quoi n'avez-vous pas réussi? — reprit M. Pellot espérant que le colonel allait enfin avouer quelque chose.

— A caresser Margoton, mille-dieux! parce que j'étais trop timide... — Et le colonel essuya ses lèvres, qu'une nouvelle bouffée sanglante venait de rougir.

— Mais savez-vous, misérable! — reprit M. Pellot irrité, en voulant essayer d'obtenir par la terreur ce qu'il n'avait pu gagner par obsession; — savez-vous que si vous vous obstinez dans votre silence coupable, que si vous ne nommez pas vos complices, je vais vous faire appliquer à la question?

Cette menace sembla faire quelque impression sur Latréaumont, qui, retournant sur l'oreiller sa tête allourdie, répondit avec un air d'effroi : — La question à moi! si je ne nomme pas mes complices? la question? quand je suis à moitié mort, mon bon monsieur Pellot?

— Oui! oui! si vous ne confessez pas leurs noms on va vous y appliquer... Et les brodequins et les chevalets sont là, — dit M. Pellot enchanté de l'effet qu'il pensait produire sur le colonel.

— Avec des tenailles rougies au feu pour

vous morceler les chairs vives, et du plomb fondu pour vous couler dans les veines! — ajouta le greffier d'une voix aigre en se dressant au pied du lit, voulant sans doute rembrunir encore le tableau qui semblait faire réfléchir le colonel, au grand étonnement de M. de Brissac.

—Tous les tourments possibles, vous les subirez; car j'ai les ordres de vous appliquer à la question ordinaire et extraordinaire, — ajouta M. Pellot.

— Ah! mon Dieu! la question ordinaire et extraordinaire... à moi! dans l'état où je suis, mon bon monsieur Pellot?— dit le colonel en joignant les mains, à la stupéfaction croissante de Brissac, qui pensait que Latréaumont délirait.

— Oui! oui! toutes les rigueurs de la torture, si vous ne parlez pas! si vous ne nommez pas vos complices!

— Ah! mon Dieu, mon père! vous l'entendez, — dit le partisan en se retournant vers le capucin, — la question ordinaire et extraordinaire, si je ne nomme pas mes complices!...

— Mon fils, notre divin sauveur innocent, sur la croix, a souffert bien davantage pour le salut des hommes.

— La question ordinaire et extraordinaire, mon bon monsieur Pellot? — répétait le partisan d'une voix affaiblie, en se retournant cette fois vers le magistrat.

— Oui! si vous ne parlez pas.

— Eh bien! alors, — dit le colonel en semblant se recueillir... — Brissac, tiens, ce que tu m'as dit à propos du service du roi me touche...

Brissac fit un mouvement de surprise et de joie.

— Mon père, ce que vous m'avez dit du repentir de notre divin Seigneur sur la croix, etc., etc., etc... me touche.

Autre explosion de stupéfaction du capucin.

— Mon bon monsieur Pellot, vos machines de fer, et surtout le plomb fondu dont a parlé le petit compagnon qui est là accroupi, et dont je ne vois que la perruque, m'ont fait peur, et je vais parler; je dirai les noms de tous mes complices.

— Ah! enfin! — s'écrièrent d'une voix les quatre personnages, qui, se rapprochant, se pressèrent avidement autour de Latréaumont... — Mais, — ajouta ce dernier d'une voix de plus en plus affaiblie, — comme de parler me fatigue, donnez-moi du papier; je tâcherai d'écrire les noms moi-même, ce sera plus authentique.

On s'empressa d'apporter ce qu'il fallait pour cela, M. Pellot présenta le papier, M. de Brissac tint la plume, le greffier l'encrier et le P. Patrice approcha la lampe, qui jetait une teinte lugubre sur le groupe étrange qui entourait ce mourant, — un soldat, — un moine, — un juge.

Latréaumont prenant la plume de ses doigts roidis, s'apprêta d'écrire... — Mais, ajouta-t-il, — ce que je fais là est bien infâme!... nommer ainsi mes complices en France et à l'étranger!

— Le ciel!

— Le roi!

— La justice!— vous en font un devoir — lui fut-il dit par le moine, par le major et par le juge.

— Allons donc, et que mon infamie retombe sur vous!

Et Latréaumont écrivit péniblement trois lignes d'une écriture fort illisible par elle-même, mais rendue plus indéchiffrable encore par l'engourdissement mortel qui enchaînait déjà sa main.

Les assistants tâchaient de lire à mesure,

mais n'y pouvant parvenir ils se résignèrent et attendirent.

Enfin, au bout de deux minutes, Latréaumont, qui avait feint de relire son écrit, le donna à M. Brissac.

— Maintenant vous savez tout, le roi est sauvé et la France aussi !

Bien que fort étonné qu'il y eût tant de noms et de révélations en si peu de lignes, Brissac prit le papier, et les quatre assistants allèrent rapidement vers une table pour y reposer la lampe et lire...

M. Pellot, par sa longue habitude de déchiffrer les hiéroglyphes judiciaires, se chargea de ce soin, et lut ou plutôt épela difficilement ce qui suit, à la stupéfaction et à la fureur croissante de ses acolytes :

« *Je n'ai rien à vous dire, et ne vous ai point dit que je fusse criminel; mais la peur qui ne m'a jamais surpris, ni vos menaces, ne tireront rien* (1)... »

Et tous trois se regardèrent, atterrés de l'imperturbable audace de cet homme, qui, un pied dans la tombe, plaisantait encore.

En voyant de son lit leurs figures grotesquement surprises... Latréaumont poussa un éclat de rire sauvage et rauque.

(1) Voir les *fac-simile.*

Tous revinrent près de son lit.

— Misérable! dit M. Pellot.

— Attendez et écoutez, voici la fin!! — dit le colonel... dont les yeux brillèrent un instant d'un éclat surnaturel, et qui, d'un geste impératif et absolu, commanda le silence, qui devint profond.

Et sans qu'aucun des spectateurs de cette terrible scène osât l'interrompre, dressant une dernière fois son torse énorme, il chanta, d'une voix entrecoupée par les approches de la mort, ce couplet d'une vieille chanson de la Fronde, qu'on se souvient d'avoir déjà entendu à l'hôtel des Muses à Amsterdam :

>   Evitant... une mort infâme,
>   Il fourba même le bourreau...
>   Il fourba le diable... en ce point,
>   Qu'il... croyait emporter... son âme;
>   Mais... l'affronteur... n'en avait... point!

Puis il essaya un dernier éclat de rire... et épuisé, retomba pesamment sur son oreiller.

. . . .

Latréaumont était mort.

A ce moment... minuit sonna à l'horloge de la tour du vieux palais.

———

CHAPITRE VINGT-SEPTIÈME.

Laissez passer la justice du roy...

Le Procès.

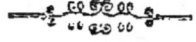

Les faits vont marcher à cette heure avec une terrible rapidité.

Le lendemain de la mort de Latréaumont, Van-den-Enden est arrêté au Bourget, le jour de son arrivée de Bruxelles, et conduit à la Bastille. Madame la marquise de Vilars est arrêtée à son château d'Eudreville, et conduite à la Bastille. Auguste Des Préaux est arrêté à Préaux, et conduit à la Bastille. Enfin, mademoiselle Renée-Maurice d'O*** est arrêtée à Paris, et conduite à la Bastille.

Qui avait amené ces arrestations? — Nazelles. — Pourquoi cette délation? — Parce qu'il avait voulu se venger des mépris écrasants de Clara-Maria!... Ici, le grotesque se mêle à l'horrible! Le pensionnaire de dame Catherine devient le bourreau de Van-den-Enden.

On trouva sur Van-den-Enden une note sans signature. C'était la réponse de Monterey (1) aux dernières propositions de Latréaumont.

D'après la teneur de cette note, les États de Hollande objectaient que Latréaumont demandait trop d'argent; mais on l'assurait que bientôt la flotte hollandaise reviendrait de la Méditerranée pour se joindre aux escadres de l'Océan, afin de tenter le débarquement à Quillebœuf ou ailleurs.

Lors de son arrestation, on découvrit à Préaux dans la chambre d'Auguste, au fond d'une cassette qui avait appartenu à sa mère,

(1) Voir les pièces.

huit lettres de Louise, trésor d'amour, si souvent baisé avec idolâtrie par le chevalier. Ces lettres, dont on ne donne que la substance dans les pièces originales du procès, paraissent très tristes, gravement affectueuses, et témoignent du désespoir de la marquise, qui, reconnaissant par la vanité de ses tentatives que cette révolte était impossible, pressentait tous les périls de l'inextricable position où elle était engagée, ainsi qu'Auguste. Des Préaux, si le complot était révélé.

Ces lettres de la marquise et la note prise sur Van-den-Enden composent seules les preuves matérielles réunies contre les accusés. Ce fut sur leurs aveux incomplets, arrachés par la terreur, par de fausses promesses, par l'abus du secret de la confession, et par une torture de cachot extra-judiciaire (1), que le jugement fut prononcé.

Voici donc les cinq accusés renfermés dans les sombres cachots de la terrible Bastille.

Maintenant, si l'on veut éprouver une violente émotion de contrastes, contrastes qui devaient si terriblement frapper les accusés eux-mêmes, qu'on se souvienne de la vie stu-

(1) Voir le journal des procès, par M. Berryer.

dieuse, calme et sereine que menait Van-den-Enden à Amsterdam en 1669, au commencement de cette histoire, citoyen d'une république, rêvant ses plus chères utopies, et confiant au vent de liberté, qui soufflait incessamment des Sept Provinces, ses principes d'indépendance, espérant, pour le bonheur des hommes, les voir germer un jour dans quelque État monarchique !

En 1674, cinq ans se sont passés ; la république, dont Van-den-Enden était citoyen, d'abord impitoyablement ravagée par Louis XIV, se courbe à cette heure sous la main rude et despotique de Guillaume d'Orange... A cette heure, Van-den-Enden seul, dans un cachot de la Bastille, songe plus à la ruine de ses projets favoris, qu'au terrible sort qui l'attend.

Qu'on se souvienne de ce beau jour en 1669 aussi, où M. de Rohan, alors dans tout l'éclat de la fortune, de la jeunesse et de la beauté, envié des hommes, adoré des femmes, se démettait si dédaigneusement d'une des grandes charges de la couronne de France, et annonçait fièrement à Louis XIV, comme autrefois le grand Rohan à Louis XIII, que la maison de Rohan rompait pour toujours avec la maison de Bourbon !

En 1674, cinq ans se sont passés, et M. de Rohan, ruiné, abandonné de tous, seul dans la prison, songe, avec un désespoir déchirant, que s'il avait écouté Maurice, au lieu de suivre les fatals conseils de Latréaumont, à cette heure il serait avec Maurice, libre, heureux et calme dans son manoir de Penhoët, tandis qu'il a tout à craindre de la haine implacable du roi et de son ministre.

Qu'on se souvienne de ce modeste et paisible fief Des Préaux, d'où Auguste et son père, en 1669 aussi, partaient si heureux chaque jour pour aller passer une longue et douce soirée au château d'Eudreville !

Qu'on se souvienne des hôtes de ce château ! de M. de Vilars, si grave, si noble et si bon ! de Louise, si belle, si souriante, si heureuse et si confiante dans sa vertu ! d'Auguste, si délicieusement tourmenté par l'amour qu'il lui fallait cacher ! puis, plus tard, qu'on se souvienne encore des ravissantes espérances d'Auguste et de Louise, de leurs plans de bonheur sans fin !

Et à cette heure, Louise, au fond d'une sombre prison, songe en frémissant au sort d'Auguste !

A cette heure, Auguste, au fond d'un sombre cachot, songe en frémissant au sort de Louise !

Venons maintenant à un rapide historique du procès.

Parmi les monstruosités homicides du *grand siècle*, il n'en est peut-être pas de plus effrayante que celle-ci, qui apparaît froide et nue, comme la hache du bourreau, sous la forme de l'article 8 du titre XIV de l'ordonnance de 1670 : « *Le secret de la procédure est et demeure maintenu. Les accusés, de quelque qualité qu'ils soient, seront tenus de répondre et de se défendre par leur bouche, sans ministère de conseils ni d'avocats, et on ne pourra même leur en donner après la confrontation.* »

Saint Louis avait rétabli le droit de défense; le *Roi-Chevalier*, François Ier, l'abolit, sur les conclusions du chancelier Poyet (1). Il fit

(1) *Quelle dureté plus inique,* disait Dumoulin en parlant de cette ordonnance, *que celle d'enlever même la défense à un accusé?* Ce qu'il y a de singulier, c'est que le chancelier Poyet, auteur de cette horrible loi, fut plus tard traduit devant un tribunal, composé de commissaires du roi, comme concussionnaire et malversateur, et il demanda en vain l'assistance d'un avocat, qui lui fut interdite en vertu de l'ordonnance que lui-même avait rendue. Ce fut à cette occasion que le juge instructeur dit à Poyet : « *Patere legem quam ipse tuleris.* » Subis la loi que toi-même as faite.

plus, il établit les procédures secrètes, jusqu'alors inconnues en France, et apporta des entraves inouïes à la défense. Le *Grand-Roi* continua l'œuvre d'iniquité du *Roi-Chevalier*, et l'ordonnance de 1670 vint confirmer l'édit de 1539.

Ainsi, les accusés, mis au plus rigoureux secret, privés des conseils d'un avocat, vont être obligés de se défendre eux-mêmes ; ainsi parmi eux voilà deux jeunes femmes, Louise et Maurice, si naturellement ignorantes de toutes les formes inextricables de la procédure, impitoyablement livrées sans secours, à toutes les subtilités, à toutes les questions insidieuses, à toutes les sanglantes embûches, à toutes les ruses infernales des gens du roi.

Sans nul doute, dans les circonstances difficiles où se trouvait la France, M. de Rohan et ses complices volontaires ou involontaires devaient sembler de grands coupables au regard impartial et sévère de la justice ; sans nul doute, bien qu'il n'y ait eu que préméditation, le dessein d'appeler les armes étrangères au sein de la patrie, était un vœu sacrilége ; mais telle est l'odieuse iniquité de presque tous les actes de cette procédure, qui frappe aveuglément sur tous, malgré les degrés si énormément différents de culpabilité de chacun, et des circonstances si véritablement atténuantes pour tous, puisque les pièces du procès reconnaîtront même *que Latréaumont avait* SEUL *tramé la conspiration;* telle est l'odieuse iniquité de cette procédure, qu'on oublie presque ce qu'il y avait de vraiment criminel dans les vaines espérances des accusés, pour ne songer qu'au sentiment de vengeance implacable qui aveugla si terriblement Louis XIV, dans cette occurrence.

Enfin, le 24 septembre, MM. Bazin de Bezons et M. de Pommereu, conseillers d'État, furent nommés commissaires pour instruire et faire le procès aux accusés, et M. de La Reynie fut choisi pour être procureur-général.

Van-den-Enden fut interrogé le premier. Il avoua tout sans restriction, avec une sorte de fierté, ses trois voyages en Hollande, les anciens projets formés en 1669 avec Latréaumont, au sujet d'une libre république, et renoués en 1672 lors de l'invasion... Il n'éluda aucune question, expliqua le sens de la Gazette de Hollande, et dit enfin qu'à son dernier voyage, dont il arrivait lorsqu'on l'arrêta,

M. de Monterey lui avait promis de nouveau l'appui de la Hollande et de l'Espagne.

M. de Rohan fut interrogé ensuite ; il nia tout, et demanda qu'on produisît les preuves qu'il y avait contre lui. Ses réponses étaient sèches, laconiques, hautaines ; il traita Vanden-Enden d'imposteur, et refusa de parapher ni signer aucun interrogatoire.

On l'interrogea une seconde fois, lui cachant, comme aux autres accusés, la mort de Latréaumont, et à tout ce qu'on lui dit du traité fait avec M. de Monterey en son nom à lui Louis de Rohan, il répondit qu'il ne pouvait empêcher qu'on n'eût abusé de son nom, qu'il n'était pas responsable des folles visées de M. de Latréaumont, et qu'encore une fois on lui produisît les preuves qu'il y avait contre lui.

Si M. de Rohan eût persisté dans cette ligne de défense, il était peut-être sauvé, car il n'y avait véritablement aucune preuve positive contre lui, son nom n'étant pas écrit une seule fois, soit dans les lettres de la marquise de Vilars à Auguste Des Préaux, soit dans la Gazette, soit dans la note de M. de Monterey, seules pièces de conviction de ce procès.

Mais faible comme il l'était, le malheureux

M. de Rohan ne put échapper aux insinuations de M. de Louvois, qui vint de la *part du Roi...* honte éternelle au Grand Roi! l'assurer de sa grâce s'il voulait dire ce qu'il savait du complot, *S. M. ne voulant pas faire périr un homme comme lui qui pouvait le servir.*

Tel incroyable que cela paraisse, tel horrible que semble ce sanglant et infâme guet-apens, cette ruse atroce de bourreau, cela est pourtant ainsi.

A son troisième interrogatoire, M. de Rohan commença par exposer (on copie textuellement les pièces du procès) : « qu'après ses premiers
» interrogatoires, M. de Louvois lui dit dans la
» Bastille qu'il devait donner connaissance au
» roi de ce qui avait été tramé en Normandie, et
» qu'il lui donnait trois jours pour y songer,
» *devant tout espérer du roi, qui sans nul doute*
» *ne voudrait pas faire périr un homme comme*
» *lui qui pouvait le servir;* que depuis il n'avait
» pas vu M. de Louvois, et qu'ayant fait de-
» mander M. Colbert pour s'ouvrir à lui, S. M.
» lui avait fait dire qu'il avait nommé des
» commissaires, et que c'était à eux qu'il lui
» fallait dire judiciairement ce qu'il aurait pu
» dire à M. Colbert. »

Alors, M. de Rohan avoua tout, disant pour

se disculper, ce qui était d'une fatale vérité, qu'il avait été entraîné, compromis presque malgré lui par Latréaumont; « mais qu'on de-
» vait distinguer le péché véniel du péché com-
» mis, et que les intentions ne devaient pas
» être punies à l'égal des faits. »

La marquise de Vilars, interrogée, avoua tout, reconnut ses lettres, ne chercha pas à nier; seulement, quand on lui demanda son motif à elle, riche et considérée, pour tâcher à soulever la Normandie contre le roi, elle garda le silence.

Mademoiselle Maurice d'O*** dit ce qui était vrai, que depuis cinq mois elle n'avait pas vu M. de Rohan.

Auguste Des Préaux avoua aussi tout, avec une naïveté extrême, son voyage en Hollande, sa participation au complot, sa conviction que la réussite était impossible, l'obsession de son oncle, et enfin ses instances auprès de madame de Vilars pour qu'elle y prît part.

En vain on demanda à Auguste et à la marquise quels étaient les gentilshommes auxquels ils s'étaient adressés pour les exciter à la révolte; Auguste et Louise gardèrent le silence le plus opiniâtre, et n'avouèrent que le nom d'un seul, le sieur d'Aigremont, parce que des témoins l'avaient d'ailleurs dénoncé.

On a omis de dire que tous les accusés, abandonnés à eux-mêmes sans conseils et sans défense, cherchèrent, avant leur premier interrogatoire, à se disculper par un moyen pareil, en disant *qu'ils avaient l'intention de prévenir le roi des desseins de l'étranger, et qu'ils n'avaient paru y donner suite que pour les faire plus facilement avorter.*

Sans doute, ce moyen de défense était puéril et absurde, aussi aucun des accusés n'y persista-t-il; mais se voyant face à face avec l'échafaud, ça avait été sans doute le premier mouvement de terreur, l'instinct de conservation qui les avait fait recourir à cet inadmissible prétexte.

Ces opérations préliminaires finies, le roi, par lettres patentes du 30 octobre, nomma M. le chancelier d'Aligre, M. Poncet, Boucherat, Laîné de la Marguerie, Bazin de Bezons, Pussort, Voisin, Hotman, Bernard de Rezé, de Fieubet, de Caumartin, de Pommereux, de Fortia, Courtin, Gorgon de Thussy, et Quentin de Richebourg pour s'assembler à l'arsenal, dans l'appartement où se tenait la Chambre-Royale, et, sur le rapport de MM. de Pommereu et de Bezons, procéder, au nombre de dix pour le moins, à l'instruction définitive du procès fait à M. de Rohan et à ses complices.

M. de La Reynie, par ses conclusions, requit pardevant ce tribunal « que M. de Rohan, » Latréaumont, le chevalier Des Préaux et » la marquise de Vilars fussent déclarés et con-» vaincus coupables du crime de lèse-majesté, » savoir : M. de Rohan pour les conspirations, » proditions et *desseins* de révolte où il est » entré, pour la correspondance qu'il a eue et » recherchée avec les étrangers, et pour les » propositions, offres et sollicitations qu'il » leur a faites contre le roi et son État.

» Latréaumont (1), pour avoir *tramé ladite* » *conspiration et desseins* de révolte, pour l'in-» telligence qu'il a aussi recherchée et entre-» tenue avec les mêmes étrangers ennemis, et » pour sa rébellion à force ouverte à l'exécu-» tion des ordres du roi.

» Le chevalier Des Préaux, pour avoir eu » connaissance de ces conspirations, et pour » s'être employé à *l'exécution des desseins* de » révolte.

(1) C'est à la *mémoire* de Latréaumont que fut fait le procès, dans la personne de son curateur, Jean de La Bruyère, nommé par le tribunal.

» La marquise de Vilars, pour en avoir
» aussi eu connaissance, et recherché plu-
» sieurs personnes pour les y engager.

» Et pour réparation de ces crimes, re-
» quiert *le procureur-général que* M. DE ROHAN,
» LE CHEVALIER DES PRÉAUX *et la* MARQUISE DE
» VILARS EUSSENT LA TÊTE TRANCHÉE EN PLACE DE
» GRÈVE, *et que la mémoire de* LATRÉAUMONT
» *fût à perpétuité condamnée.*

» VAN-DEN-ENDEN être convaincu d'avoir
» participé aux projets de conspiration de
» M. de Rohan et Latréaumont, et à diverses
» pratiques, négociations et intelligences con-
» tre le roi et l'État, et pour réparation con-
» damné à être PENDU ET ÉTRANGLÉ.

» Tous les biens de M. de Rohan, cheva-
» lier des Préaux, la marquise de Vilars, tenus
» en fief du roi, déclarés remis et retournés
» au domaine de la couronne, et tous les
» autres biens, de quelque nature qu'ils
» puissent être, et ceux de Van-den-Enden
» confisqués au roi, à la réserve de vingt mille
» livres employées en œuvres pieuses.

» M. de Rohan, chevalier des Préaux et
» Van-den-Enden préalablement *appliqués à*
» *la question Ordinaire et Extraordinaire* pour
» avoir plus ample révélation de leurs com-

» plices, quant à mademoiselle d'O*** de Villers
» pour être plus amplement informé (1).

Telles furent les réquisitions portées devant le tribunal par M. de La Reynie le 30 octobre 1674.

On voit dans ces conclusions, d'ailleurs absolument adoptées par les juges qui prononcèrent les sentences, que les accusés ne sont convaincus *que de desseins de révolte*, et qu'il est reconnu que Latréaumont *a seul tramé la conspiration*.

Malgré son droit de grâce, Louis XIV se résolut donc à faire tomber ces quatre têtes sur l'échafaud. M. de Rohan, Auguste Des Préaux, madame de Vilars, furent condamnés à être *décapités*, Van-den-Enden à être *pendu*, *et les biens de tous les accusés confisqués et acquis au roi*.

D'après un grand nombre de lettres de M. de Seignelay à M. de La Reynie, il est évident que Louis XIV avait une telle impatience de voir le procès jugé, c'est-à-dire M. de Rohan exécuté, que deux courriers, chargés de lettres de M. de La Reynie, partaient chaque jour de Paris, pour donner au roi les plus

---

(1) Procès de Rohan. Bibliothèque Royale, manuscrit.

petits détails sur la marche du jugement.

Enfin, ce qui semble une preuve aussi terrible que significative, de l'acharnement de Louis XIV contre ces malheureux, c'est cette lettre de M. de Seignelay, écrite quatorze jours avant *le jugement du procès, et qui, préjugeant la condamnation des accusés, s'occupe déjà des ordres à donner* POUR ASSURER LEUR SUPPLICE :

« Monsieur,

» Je vous envoie cet homme exprès pour savoir ce qui se sera passé aujourd'hui dans l'affaire de M. de Rohan. Le roi m'ordonne de vous dire en même temps que comme il y *aura quelques ordres à donner pour* L'EXECUTION DU JUGEMENT *qui aura été rendu*, vous preniez la peine de m'avertir un jour ou deux devant, lorsque vous verrez le procès en état d'être jugé.

» Je suis, monsieur, votre très humble et très affectionné serviteur.

» Seignelay. »

A monsieur de La Reynie, ce 12 novembre 1674.

(*Corresp. de Colbert*, 1674, *juillet, décembre. Man. Bib. roy.*)

CHAPITRE VINGT-HUITIÈME.

Laissez passer la justice du roy...

Le 27 novembre 1674.

La formidable Bastille s'élevait, ainsi qu'on sait, à l'extrémité de la rue Saint-Antoine, entre cette porte de Paris et le petit Arsenal. La place qui se trouvait devant le château était bornée, à droite, par l'hôtel du Maine, et à gauche par d'autres belles maisons du quartier de la place Royale, alors fort à la mode.

Pendant la nuit du lundi au mardi, 27 novembre, il avait plu à torrents, et c'est à peine si en se levant un pâle soleil d'hiver éclaira un moment de ses rayons rougeâtres, l'horizon gris et brumeux, à travers lequel se dressaient les sombres tours de la Bastille.

Il était six heures du matin ; la triste lumière des réverbères, récente innovation due à Colbert, luttait avec les premières lueurs de ce jour bas et couvert. La ville était encore silencieuse et déserte, et pourtant, abrités depuis une heure sous le vaste portail de l'hôtel du Maine, une femme, un vieillard, un prêtre et un enfant échangeaient de rares paroles, et tenaient avidement leurs yeux attachés sur les murailles de la redoutable prison.

La femme, c'était Clara-Maria, fille de Vanden-Enden.

Le vieillard, c'était M. de Saint-Marc, père d'Auguste Des Préaux.

Le prêtre, c'était M. Isaac de Sarrau, ministre protestant, oncle de madame de Vilars... L'enfant, âgé de dix ans, c'était Gabriel, fils de Louise.

Depuis deux mois que les accusés étaient prisonniers, leurs infortunés parents, réunis par une terrible communion de douleurs, se rassemblaient ainsi chaque matin... Comme ils ne pouvaient ni écrire à ceux qui leur étaient si chers, ni passer la porte redoutée de la Bastille, toute espèce de communication avec les accusés étant rigoureusement interdite, ils venaient là sur cette place, espérant un jour ou l'autre les voir sortir, les voir enfin des premiers, soit qu'ils partissent pour l'exil, soit peut-être qu'ils allassent à l'échafaud...

Et depuis deux mois, chaque soir ils avaient regagné tristement leur logis, sans avoir pu rien apprendre de la marche ni de l'issue du procès, bien qu'ils se fussent parfois hasardés à interroger les personnes qu'ils voyaient sortir de la prison ; mais les renseignements surpris de la sorte étaient généralement plus faits pour les accabler encore que pour les rassurer, car rien ne transpirait au dehors de ces murs glacés, et la Bastille était aussi muette qu'elle était sourde au cri de ses patients.

Clara-Maria, au lieu d'être pâle comme d'habitude, avait les pommettes d'un rouge vif... Son regard, ordinairement terne et glacé, brillait de l'ardeur d'une fièvre dévorante ; à moitié cachée dans ses coiffes noires, elle était assise sur un banc de pierre, et tenait sur ses genoux un panier de provisions et quelques vêtements qu'elle espérait toujours et vainement faire parvenir à son père.

M. de Saint-Marc, enveloppé d'un long manteau, s'appuyait droit et immobile sur le fût d'une des colonnes de pierre du somptueux portail de l'hôtel du Maine. La barbe blanche du vieillard était longue, ses cheveux tombaient en désordre, ses yeux étaient caves, profondément renfoncés dans leur orbite, et la maigreur osseuse de son visage, effrayante.

M. de Sarrau le ministre était un homme de cinquante ans, à l'air sérieux et ferme, entièrement vêtu de noir... Il abritait dans les plis de son manteau Gabriel, fils de madame de Vilars, enfant d'une figure charmante, ressemblant extrêmement à sa mère, et annonçant déjà une si rare opiniâtreté de volonté, que par ses larmes et ses prières il avait pour ainsi dire forcé son oncle à le laisser l'accompagner presque chaque matin.

Peu à peu le jour se leva, toujours terne et froid. Paris, pour ainsi dire, commença de s'éveiller. On entendit battre la diane dans les murs de la Bastille, et les sentinelles relevèrent les postes de la nuit.

Alors, Clara-Maria, M. de Saint-Marc et M. de Sarrau se préparèrent, comme d'habitude, à aller aux informations, à épier chaque personne qui sortait du château, et à risquer une question presque toujours inutile.

— Sera-t-il donc de la vanité de ce jour comme des autres jours? — dit M. de Sarrau.

— Mon père! mon père! — dit sourdement Clara-Maria.

— Mon fils! mon fils! — répéta M. de Saint-Marc, comme un écho déchirant.

— Et ne pouvoir pas savoir, — dit M. de Sarrau, — quels sont les juges (1), quel est le tribunal, quel est l'arrêt, et s'il a été prononcé ou non!

— Ils l'ont peut-être déjà tué par la torture! — dit Clara-Maria d'une voix brève. — Étranger, Hollandais, républicain, qu'est-ce qu'ils ne lui auront pas fait souffrir!

— A qui ça, à mon fils? — dit vivement

(1) Louis XIV tenait tellement à ce que la procédure fût secrète, que le réquisitoire, les procès-verbaux d'interrogatoire, les conclusions, toutes les pièces du procès, enfin, sont écrites de la main de M. de La Reynie, procureur-général.

M. de Saint-Marc, qui, dans son effroyable préoccupation, ne pensait qu'à Auguste.

— Non ! non ! à mon père !! — reprit la jeune femme avec une angoisse impatiente. Puis elle ajouta, se parlant à elle-même : — Pauvre père ! si âgé, si souffrant ! il a peut-être bien froid et bien faim à cette heure !

— Mais mon fils ! à mon fils ! ils ne lui feront pas de mal, n'est-ce pas ? — dit le malheureux M. de Saint-Marc. — Ce pauvre enfant est si bon, si noble ; ils ne voudront pas lui faire de mal, n'est-ce pas ?

— S'ils torturent et s'ils tuent mon père, pourquoi voulez-vous donc qu'ils ne fassent pas de mal à votre fils ? — dit Clara-Maria avec un accent presque féroce.

— Et ma mère, à moi, — dit l'enfant, — pourquoi la garde-t-on dans cette prison ? Quand verrai-je ma mère ?

— Dieu est juste et grand, mon enfant, — reprit M. de Sarrau, — il sauvera l'innocence !

— Dieu ! — s'écria M. de Saint-Marc avec une si terrible expression, que ce seul mot était un blasphème.

— Les nuits sont si froides !... Au moins dans notre maison j'avais tant de soin de lui !

— continua Clara-Maria. — Puis, faisant un brusque mouvement, elle ajouta : — Mais aussi maintenant il n'a peut-être plus froid ni plus faim ! Et c'est moi qui ai causé sa mort... Oh ! ce Nazelles ! ce Nazelles ! — dit-elle de cette même voix sourde et saccadée dont elle avait appelé son père.

En entendant le nom de Nazelles, M. de Saint-Marc fit un bond de fureur, et s'écria : — Oui ! oui ! Nazelles, nous le tuerons après, à nous deux, si mon fils est condamné... Vous en avez ma parole !

Depuis qu'elle avait prononcé le nom de Nazelles, Clara-Maria semblait de plus en plus agitée ; ses yeux brillaient plus ardents ; enfin, comme saisie de délire, elle prit brusquement le bras de M. de Sarrau, et lui dit à voix basse : — Les vues du Seigneur sont impénétrables, n'est-ce pas ? Vous êtes son ministre, expliquez-les-moi donc... Ce Nazelles, qui a tout révélé, je savais sa trahison... Il m'avait dit : Soyez à moi, ou je fais tuer votre père en dénonçant un complot où il a pris part... J'ai refusé d'être à lui, et tout de suite il a révélé le complot... J'aurai peut-être causé la mort de mon père !... Que fallait-il choisir ? *Parricide* ou *adultère ?*... N'est-ce pas que les vues du Seigneur sont impénétrables ? — ajouta la malheureuse femme avec une effrayante expression d'ironie.

— Calmez-vous, pauvre infortunée, — dit M. de Sarrau épouvanté des regards de Clara-Maria.

— Verrai-je aujourd'hui ma mère ? — dit l'enfant.

— Peut-être, mon Gabriel, — répondit tristement le ministre.

Tout-à-coup un bruit lointain de tambours fit tressaillir ces trois personnes.

Deux compagnies des Gardes-Françaises et une compagnie de mousquetaires noirs parurent sur la place, et se dirigèrent vers la porte de la Bastille. Le pont-levis de la forteresse s'abaissa ; les tambours résonnèrent sous les voûtes sonores ; les troupes entrèrent, puis le pont se releva... Le bruit diminua, et cessa tout-à-fait.

— Pourquoi donc ce renfort de troupes ? se demandèrent presque instantanément les trois personnages, pâlissant avec un inexprimable sentiment d'effroi.

— Allons ! allons ! il le faut savoir et interroger, — dit M. de Saint-Marc avec résolution, — et rendons-nous compte les uns aux autres de nos démarches comme d'habitude.

A peine ces mots étaient-ils prononcés, que sept heures sonnèrent à l'horloge de la prison.

Un nouveau bruit de tambours se fit entendre du côté de la rue Saint-Antoine, et bientôt le régiment entier des Gardes-Françaises déboucha dans la place, ayant en tête son colonel, M. le duc de La Feuillade.

— Le régiment des Gardes-Françaises! — dit M. de Saint-Marc en frissonnant; — quel appareil!...

— Où va-t-il donc? — demanda Clara-Maria à M. de Sarrau.

Puis après on entendit le lointain piétinement des chevaux sur le pavé, le bruit retentissant des cuirasses, et on vit paraître une compagnie de mousquetaires noirs... A sa tête était M. de Forbin.

— Encore des mousquetaires! — dit M. de Saint-Marc.

Ces cavaliers passés et rangés en bataille, vint une autre compagnie de mousquetaires blancs, commandée par M. de Joncelles, qui se forma en brigades pour soutenir par un cordon de cavaliers la ligne que présentait le régiment des gardes, qui se saisissant de toutes les avenues de la place de la Bastille, plaça des postes à l'entrée de la rue des Tournelles, à la porte Saint-Antoine, et vis-à-vis l'hôtel du Maine, où étaient encore M. de Saint-Marc, Clara-Maria et M. de Sarrau.

— Voilà qu'on tend les chaînes de toutes les rues, — dit à son tour Clara-Maria.

— Oh! c'est une revue! dit M. de Saint-Marc avec un effroyable sourire de fausse confiance; mais en essuyant les gouttes de sueur froide qui lui tombaient du front.

— Oui! oui! ça ne peut être que cela... Vous devez bien le savoir, mon bon monsieur qui avez été capitaine, — dit Clara-Maria.

— Oui! oui! voilà les Gardes-Françaises qui se forment sur deux rangs, le long des maisons... Les mousquetaires les appuient... Cela s'appelle... cela s'appelle former le carré...—Et le malheureux père respirait à peine.

— Mais qu'est-ce que cela? — dit l'enfant, — voilà une voiture qui arrive au milieu de la place!

— Elle est pleine de charpentes! — dit M. de Saint-Marc en se signant.

— Un gibet! — s'écria la malheureuse fille de Van-den-Enden. Et elle tomba évanouie

. . . .

M. de Saint-Marc ne voyait plus, n'entendait

plus... M. de Sarrau secourait la fille de Van-den-Enden.

A ce moment, le cordon de troupes qui s'avançait, en refoulant devant lui les rares spectateurs de ces lugubres préparatifs, s'approcha de la porte de l'hôtel du Maine... Un petit homme, à larges épaules, à l'œil vif et fin, accompagné de trois ou quatre hommes vêtus de bleu, examinait depuis quelque temps cette scène; il s'approcha, toujours accompagné de ses acolytes.

M. de Sarrau, qui avait seul conservé son sang-froid, dit en tremblant à cet homme :
— Pourriez-vous m'apprendre, monsieur, ce que signifie cet appareil ?

— Cet appareil, monsieur? C'est celui du supplice de M. de Rohan et de ses complices, — dit l'homme. — Puis, profitant de la stupéfaction de M. de Sarrau, il ajouta : — Au nom du roi, monsieur de Sarrau, monsieur de Saint-Marc, et vous, madame, je vous arrête !

— Grand Dieu ! — dirent les trois personnages.

— Rassurez-vous: *demain* vous serez libres, — dit l'exempt Desgrez; — mais *aujourd'hui* il faut me suivre.

Toute résistance étant vaine, les exempts

portèrent Clara-Maria dans un carrosse, et y firent monter M. de Sarrau, M. de Saint-Marc et l'enfant; puis le carrosse disparut, et les préparatifs du supplice continuèrent.

Le 27 novembre 1674.

MAITRE AFFINIUS VAN-DEN-ENDEN.

Un cachot sombre et humide. — Le jour n'y pénètre que par un soupirail. — Van-den-Enden, couvert de haillons, est couché sur un grabat. — Sa barbe est longue, ses traits livides; ses jambes sont enveloppées de bandages. — Il vient de subir la question ordinaire et extraordinaire, et attend l'heure de son exécution. — A ses côtés un père Piquepuce.

LE PÈRE. Hélas! à cette heure suprême vous persistez dans votre endurcissement!

VAN-DEN-ENDEN, *d'une voix calme, bien qu'affaiblie et entrecoupée de soupirs causés par les horribles douleurs que lui causent les fractures de ses rotules, broyées par la torture.*

Je ne suis pas endurci, monsieur... Je ne sais où je vais, je ne sais si j'ai ce que les hommes appellent une âme... j'ai voulu le bien de l'humanité... je n'ai devant ma conscience aucun reproche à me faire... je meurs paisible.

LE PÈRE. Mais votre crime... mais le terrible tribunal d'un Dieu vengeur?

Van-den-Enden. A mes yeux... aux yeux des sages... mon but était juste et grand... s'il ne paraît pas tel à celui que vous appelez votre Dieu vengeur, je ne puis croire que l'auteur inconnu de tant de magnificences surhumaines... soit mû par une passion aussi humaine que la vengeance.

Le père, *avec une pieuse angoisse.* Ainsi, malheureux vieillard, à ce moment solennel vous niez l'existence de Dieu!! Au nom du divin Sauveur, ne blasphémez pas ainsi!

Van-den-Enden. Il n'y a que les fous qui soient athées, monsieur; je ne nie rien, mais, hélas! ma pénétration s'humilie et demeure aveuglée devant d'aussi éblouissants mystères! je pense, je vois, j'existe, mais cette organisation est pour moi une œuvre aussi merveilleuse qu'inexplicable! Quel est son auteur? Aucune intelligence humaine ne le saura jamais; mais, quel qu'il soit, je meurs sans crainte, car je l'ai toujours glorifié dans toutes les splendeurs morales et physiques qu'il a étalées à ma vue et à mon esprit, et j'ai toujours témoigné de ma profonde reconnaissance envers lui, en admirant profondément ce qui était pur, généreux et beau!

Le père. Ainsi les remords...

Van-den-Enden. Je n'ai point de remords ; j'ai accompli ma tâche, j'ai, de toute la puissance de ma conviction et de mon dévouement, voulu concourir au bonheur des hommes ! J'avais rêvé une noble et grande régénération sociale... mais les temps ne sont pas encore venus... mon seul vœu est que du moins ma mort ne soit pas vaine, et que mon sang, comme le tien, féconde pour l'avenir notre cause sainte... oh noble martyr !... oh mon ami ! oh grand de Witt !

Le père. Et vous n'avez aucun désir, aucun dernier devoir à remplir ?... Hélas ! puisque je ne puis vous faire partager les espérances d'en-haut, que je puisse au moins vous offrir les consolations d'ici-bas.

Van-den-Enden, *les yeux humides et serrant la main du prêtre avec reconnaissance.*

Voilà la première parole de bonté que j'ai entendue depuis deux mois... Ah ! comme ils m'ont fait souffrir, monsieur !... Un vieillard de 74 ans, malade et infirme, lui refuser un peu de pain... une couverture pour se couvrir par ces nuits d'hiver... dans ce cachot j'ai eu bien froid et bien faim... mais ceci va finir. Enfin, puisque vous m'offrez vos services, monsieur, voyez, je vous en prie, ma femme... mes pauvres enfants, ma fille Clara-Maria, surtout; ne leur dites pas tout ce que j'ai souffert, mais que je suis mort en les bénissant... Les malheureuses créatures... que vont-elles devenir ici, isolées... repoussées de tous ?

A ce moment entre un exempt accompagné d'un greffier.

L'EXEMPT, *durement* (1) : C'est le procès-verbal de tes déclarations pendant qu'on te prenait mesure d'une paire de brodequins, qu'il

---

(1) Van-den-Enden fut traité avec une rigueur extraordinaire. On lit dans un manuscrit de la Bibliothèque Royale intitulé : *Extrait du procès fait à M. de Rohan, par M. de Chavannes, en 1755, lors procureur-général des requêtes de l'hôtel, et depuis conseiller au parlement; et par M. Berryer, aujourd'hui ministre de la marine, et alors conseiller au parlement.*

« Sur les dix heures du matin, les commissaires étant arri-
» vés, ils commencèrent par faire donner la question à Van-
» den-Enden. Il paraît qu'on était si furieusement prévenu
» contre ce docteur politique, que, malgré la sincérité qui rè-
« gne dans ses interrogatoires, on lui fit donner une question
» beaucoup plus violente que l'ordinaire et extraordinaire
» habituelles. *On y ajouta deux coins, qui sont*, dit le procès-
» verbal (A) : *l'un, l'enfoncement d'un des gros coins; l'autre,
» un autre enfoncement de plusieurs coins.* » Tous ces tourments affreux, qui durèrent long-temps et furent mêlés de plusieurs interrogatoires, n'apportèrent pas de nouveaux éclaircissements.

(A) Voir plus bas ce procès-verbal lu par le greffier. La torture des brodequins consistait à enfermer et serrer les deux jambes du patient entre deux planches de chêne cerclées de fer; puis on introduisait entre les deux genoux de la victime des coins de bois ou de fer à coups de maillet, ce qui brisait les rotules. Or, au dixième coin, Van den-Enden avait eu les os des genoux absolument broyés.

te faut signer... et parapher cela de ta main.

Van-den-Enden, *avec exaltation*, je signerai, je signerai !... et fasse qu'un jour ces pages déposent contre mes bourreaux devant le tribunal de l'histoire !

L'exempt. Oui, oui, compte là-dessus, vieux misérable.

Le greffier lisant d'une voix haute :

Procès-verbal de l'interrogatoire de Van-den-Enden, appliqué à la question ordinaire et extraordinaire.

« L'an mil six cent soixante-quatorze, le mardi vingt-septième jour de novembre, sur les neuf heures du matin, nous Claude Bazin, chevalier de Bezons, et Auguste-Robert de Pomereu, etc., etc., nous sommes transportés au château de la Bastille, assistés de M. Louis le Mazier, conseiller et secrétaire du roi, greffier en chef des requêtes de son hôtel, et greffier commis par lesdites lettres, lettres-patentes, et étant au dit château dans une chambre étant dans une des tours d'icelui, avons mandé et fait venir François Affinius Van-den-Enden, condamné à mort par ledit arrêt et à être appliqué à la question ordinaire et extraordinaire, auquel avons fait prononcer ledit arrêt; et après serment par lui fait, de dire vérité, lui avons remontré qu'il n'avait pas dit tout ce qu'il savait des conspirations et desseins de révolte du sieur de Rohan et Latréaumont.

» Interrogé ce qu'il a fait de la note qu'il a reconnue dans son procès lui avoir été donnée par le sieur Dimotez de la part de M. le comte de Monterey.

» A dit qu'il n'avait rien à ajouter à ce qu'il a dit par ses interrogatoires sur ce sujet-là.

» Interrogé si son dessein n'a pas été, quand il est venu en

France, d'y faire une république de concert avec Latréaumont?

» A dit que oui.

» Interrogé s'il ne s'est pas entretenu avec ledit Latréaumont des moyens de porter la guerre et faire le soulèvement en Normandie, devant que la lettre du 6 avril ait été envoyée en Flandre, et que Monterey n'y ait répondu par la *Gazette de Hollande* du 25 dudit mois.

» A dit que oui, qu'il s'en est entretenu avec ledit Latréaumont, d'abord en 1669, puis au camp de Vorden, dix-huit mois auparavant ladite lettre du 6 avril, ledit Latréaumont disant souvent que le faible de la France était du côté de Quillebœuf, et qu'on pourrait aisément s'en saisir s'il y avait quelque flotte qui parût sur les côtes.

» Interrogé quels sont les complices des conspirations et de sa négociation en Flandre.

» A dit qu'il n'a rien à ajouter à ce qu'il a dit par ses interrogatoires prêtés pardevant nous.

» Ce fait, avons fait mettre les brodequins audit Van-den-Enden étant assis et lié.

» A dit que quand on le ferait mourir il n'en dirait rien davantage, que jamais personne autre que lui, Latréaumont et M. de Rohan, n'a eu connaissance du chiffre ni des lettres de Monterey.

» Interrogé s'il a su de Monterey qu'il devait y avoir une révolte vers les côtes de la mer Méditerranée.

» A dit qu'il n'en sait rien, et que ledit sieur de Monterey ne lui a rien expliqué. »

» AU PREMIER COIN.

» A dit qu'il a dit la vérité, qu'il n'avait rien à dire davantage, et qu'il endure innocemment ; qu'il a dit la vérité... Ay ! mon Dieu !

» AU DEUXIÈME COIN.

» A dit qu'il a dit ce qu'il a su.

Au troisième coin.

» A crié : Ah ! mon Dieu ! j'ai dit ce que j'ai su.

» Interrogé ce qu'il sait du projet de Quillebœuf avant le 6 avril.

» A dit qu'il l'a dit, et que Latréaumont ne lui a jamais nommé personne que le chevalier Des Préaux, qu'il a vu au camp.

» Au quatrième coin.

» A dit que Latréaumont lui a dit que le chevalier Des Préaux serait considérable dans la conspiration, à cause d'une marquise qu'il devait épouser, et qui avait de grands biens en Normandie ; mais qu'il ne lui a jamais nommé personne de la ville de Rouen.

» Au cinquième coin.

» A dit ay ! ay ! ah ! mon Dieu !

» Interrogé s'il a ouï nommer le sieur d'Hyberville.

» A dit qu'il ne le connaît point.

» Au sixième coin.

» A crié : Ay ! mon Dieu !

» Au septième coin.

» A crié : Ah ! je suis mort !

» Au huitième coin.

» A crié : Ah ! mon Dieu ! je ne puis parler, et a dit qu'en Guyenne les gentilshommes devaient monter à cheval, et étaient fort mécontents.

» Interrogé s'il n'a parlé à personne quand il est allé en Flandre au sujet de son voyage.

» A dit que non.

» Au neuvième coin, qui est l'enfoncement d'un gros coin.

» A dit que Latréaumont lui a dit que le roi avait fait ce qu'il voulait faire, et qu'il avait mis la noblesse en armes, et avait mis pour chefs ceux de sa bande, sans nommer personne.

» AU DIXIÈME ET DERNIER COIN, qui est un autre enfoncement de plusieurs coins.

» A dit : Ah! messieurs, que voulez-vous que je dise... Ah! mon Dieu! mon Dieu! je me meurs.

» Interrogé s'il n'a point été dans les ordres sacrés.

» A dit que non.

» *Ce fait* avons fait délier ledit Van-den-Enden, et ôter ses brodequins.

» Et la lecture faite du présent interrogatoire et réponses audit Van-den-Enden, étant reporté dans son cachot, a dit que ses réponses contiennent vérité, et a signé à chaque page François Affinius Van-den-Enden.

Le greffier, *s'adresant au docteur* : Voulez-vous signer?

Van-den-Enden, *se soulevant avec peine pour parapher chaque page* : Jean de Witt ne put en faire autant (1)!

L'exempt, *avec dureté* : Allons, allons, signe sans raisonner.

Van-den-Enden. Ainsi je fais, monsieur.

Le greffier *écrit à son tour au bas du procès-verbal et lit à mesure* : — *Et ce fait, avons laissé ledit Van-den-Enden entre les mains de*

(1) On sait que le Grand Pensionnaire, mis à la torture avant que d'être assassiné avec son frère, eut les mains écrasées entre deux ais, et brûlées toutes vives avec des mèches de soufre. Le greffier vint, par une atroce inconséquence, lui apporter ensuite le procès-verbal à signer. Jean de Witt, sans répondre, lui montra ses mains affreusement mutilées.

son confesseur. (Il signe) LEMAZIER (1), — *puis sort avec l'exempt.*

LE PÈRE. Hélas ! que ne dit-il vrai pour le salut de votre âme !

VAN-DEN-ENDEN. Monsieur, je souffre beaucoup,... à quelle heure cela sera-t-il ?

LE PÈRE. Je ne sais, peut-être demain.

VAN-DEN-ENDEN. Que n'est-ce à l'instant !... *Il reste profondément absorbé, et dit après un long silence :* Et pour terme de tant de nobles desseins ! de sublimes aspirations ! une mort ignominieuse... Pendu !... tandis que mes complices seront décapités... Toute ma vie j'ai rêvé l'égalité de tous, et je n'ai pas même l'égalité du supplice... Bizarre destinée !! *Il demeure encore long-temps pensif.* Et vous êtes sûr que cela n'est que demain ?

LE PRÊTRE. Je l'espère... Peut-être...

VAN-DEN-ENDEN. Ne croyez pas ma demande dictée par la crainte, monsieur, à cette heure je souffre tant, que je désire avant tout le repos, le calme du néant.

LE PÈRE. Le repos !... le néant !...

VAN-DEN-ENDEN. Oui.

---

(1) Pièce originale du procès criminel de M. de Rohan. (Manuscrit, Bibliothèque Royale.)

Le père. Comment, infortuné! à vos yeux, la mort...?

Van-den-Enden, *secouant tristement la tête*: Est un sommeil sans songe et sans réveil!...

Le prêtre s'agenouille, et prie avec ferveur pour Van-den-Enden.

Le 27 novembre 1674.

LE CHEVALIER AUGUSTE DES PRÉAUX.

Une chambre dans une des tours de la Bastille. — Une seule fenêtre haute et grillée de doubles barreaux. — Auguste Des Préaux est couché sur son lit. — Ainsi que Van-den-Enden, il a été appliqué à la question. — Ses jambes sont enveloppées de bandages. — Il est très pâle, et de temps à autre un cri de douleur, arraché par la suite de la torture qu'il a subie. — A côté du lit d'Auguste, un père jésuite.

AUGUSTE DES PRÉAUX, *au jésuite* : Vous me le promettez ? Vous verrez mon pauvre père,... vous lui direz tout...

LE JÉSUITE. Oui, mon enfant.

Auguste. Vous lui remettrez cette lettre?

Le jésuite. Oui, mon enfant.

Auguste. Et vous demanderez que mon corps soit enterré dans la même tombe que celle de madame la marquise de Vilars? de Louise!... de Louise que je devais épouser,... (*avec un accent déchirant*) et que j'ai conduite à l'échafaud!!... Ah! mon père, quelle horrible pensée.

Le jésuite. Mon enfant, à cette heure, songez au salut de votre âme.

Auguste. Oh! j'y songe, mon père!... toute mon espérance est dans la miséricorde de Dieu,... dans un monde meilleur, dans un monde enfin où je la reverrai, elle et ma mère.

Le jésuite. Mon enfant, c'est à la seule présence de Dieu qu'il faut penser.

Auguste. Qu'il me pardonne, mon père! mais, à cette heure suprême, ce qui me rend l'échafaud moins affreux, c'est l'espoir que je reverrai Louise là-haut!... C'est l'espoir que Dieu aura pitié de nous deux... Il a lu dans nos cœurs, et il a dû voir combien notre crime est excusable, et sans doute une vie aussi pure, aussi irréprochable que celle de Louise, absoudra devant le tribunal de Dieu celle que des bourreaux ont osé condamner.

Le jésuite. Mon fils, Jésus-Christ a pardonné sur la croix!... et il était innocent.

Auguste. Oh! mon père, je leur pardonne tout le mal qu'on m'a fait à moi! les tortures qu'ils viennent de me faire subir; mais pardonner à ses bourreaux!... aux bourreaux de Louise, mon père! Songez-y donc! une pauvre jeune femme, abandonnée à la merci de ses juges, sans appui, sans conseils, sans défense, et dont le crime a été d'entrer, par le plus sublime dévouement, dans le dessein d'une conspiration impossible!

Le jésuite. Mon fils, le moment suprême approche,... il approche, songez à votre âme.

Auguste. Hélas! mon père, c'est aussi son dernier moment à *elle!* qui approche, et c'est moi,... c'est moi qui l'ai perdue!... Ah! voilà mon véritable supplice!... voilà ma véritable torture. (*Il cache sa tête dans ses mains.*)

<small>Entrent le greffier et l'exempt qui sortent du cachot de Van-den-Enden; ils viennent remplir la même formalité au sujet du procès-verbal de la question donnée au chevalier.</small>

Le greffier. Voulez-vous, monsieur, écouter la lecture du procès-verbal de la question, et le signer et parapher, comme conforme à la vérité?

AUGUSTE. J'écoute, monsieur (*avec un douloureux sourire*), le plus fort est fait.

LE GREFFIER, *lisant* : Nous, etc.

» Avons mandé et fait venir Guillaume Duchesne de Saint-Marc, chevalier Des Préaux, condamné à mort par ledit arrêt, et à être appliqué à la question ordinaire et extraordinaire, auquel nous avons prononcé ledit arrêt et après serment par lui fait de dire la vérité.

» Interrogé à qui il a parlé de la révolte de Normandie,

» A dit qu'il n'en a parlé qu'à la dame de Vilars; et que s'il savait autre chose que ce qu'il a dit, allant dans une autre vie, il dirait la vérité.

» Remontré que la dame de Vilars lui avait mandé qu'elle avait ménagé plusieurs personnes, et s'il l'a vue depuis cette lettre à Evreux ou au pays de Caux.

» A dit qu'il l'a vue, et que ladite dame de Vilars ne lui a pas nommé d'autres personnes que le sieur d'Aigremont.

» Interrogé quelle connaissance il a de l'intelligence avec les étrangers.

» A dit qu'il a su par son oncle que Van-den-Enden était allé plusieurs fois en Flandre, mais n'a point su le détail de sa dernière négociation.

» Ce fait, avons fait mettre les brodequins audit Duchesne chevalier Des Préaux, assis dans une chaise et exhorté de dire la vérité. »

» AU PREMIER COIN.

» A dit qu'il a dit la vérité, et ne sait rien autre chose.

» AU DEUXIÈME COIN.

» A dit que s'il savait davantage, il ne souffrirait pas tant, et que la dame de Vilars ne lui a nommé autre personne, à qui elle eût parlé, que le sieur d'Aigremont, et que c'est lui seul qui est cause que ladite dame soit entrée dans ces desseins.

» Interrogé ce qu'il a su de la conjuration avec les Hollandais

» A dit qu'il est vrai qu'il a dit à la dame de Vilars que les Hollandais appuieraient la conspiration ; mais qu'il n'en savait rien que parce qu'il en avait ouï dire au sieur Latréaumont.

» AU TROISIÈME COIN.

» A dit : Ay! mon Dieu! Seigneur Dieu! Si je savais quelque chose, je ne souffrirais pas.

» AU QUATRIÈME COIN.

» A dit : Oh! mon Dieu!

» AU CINQUIÈME COIN.

» A dit : Mon Dieu! mon Dieu! je n'ai rien à dire davantage.

» AU SIXIÈME COIN.

» Que jamais il n'a ouï parler qu'on dût enlever la personne du roi.

» AU SEPTIÈME COIN.

» A dit : Mon Dieu! ayez pitié de moi!

» AU HUITIÈME COIN.

» A dit : Si je savais quelque chose davantage je le dirais. Voulez-vous donc que je me damne? Mon Dieu! si je savais je le dirais!

» Exhorté derechef de dire la vérité,

» A dit qu'il a tout dit ce qu'il sait.

» Ce fait, avons fait relâcher ledit Des Préaux des tourments, et après avoir été délié et reconduit dans sa prison, lecture lui a été faite de son interrogatoire et réponses, a dit que ses réponses contiennent vérité, y a persisté, et a signé ainsi.

Signé Du Chesne, Bazin et de Pommereu (1).

(1) Procès de Rohan, Bibliothèque Royale, manuscrit.

L'exempt. Voulez-vous signer?

Auguste. Oui, monsieur (il signe); *s'adressant à l'exempt.* — Monsieur, je vous en supplie, dites-moi dans quel état se trouve madame la marquise de Vilars.

L'exempt. Cette dame est calme et résignée, monsieur.

Auguste. Merci, monsieur, merci.

Sortent l'exempt et le greffier.

Auguste. Elle est calme et résignée, mon père...

Le jésuite. Mon fils, votre âme! songez à votre âme!

Auguste. Mais, mon père, c'est elle qui est mon âme... c'est elle qui est ma vie... Avec elle j'ai commencé à exister.. avec elle je mourrai... Dieu soit béni! Dans une aussi terrible infortune nous ne serons pas du moins séparés! et puis... vous me le promettez, n'est-ce pas, mon père?... la même tombe.

Un mouvement que fait Auguste, en tendant ses mains vers le prêtre, lui arrache un cri de douleur.

Le jésuite *se penchant vers lui.* Vous souffrez encore, pauvre malheureux enfant?

Auguste. Oui... les blessures de mes jambes, engourdies tout à l'heure, se sont un moment ravivées... et j'ai bien souffert ; mais dites-moi, mon père, vous me promettez la même tombe qu'à *Elle*, n'est-ce pas ?

Le jésuite. Hélas ! je ne puis vous promettre cela, mon fils, ces tristes soins dépendent de la prévôté ; mais, encore une fois, pensez à votre salut, oubliez les liens terrestres ; priez, priez, mon fils !

Auguste. Oh ! j'ai prié avec ferveur toute la nuit, et j'espère en la clémence de Dieu, qui est souverainement juste et bon. Et puis, quel mal ai-je fait ? il le sait, lui qui lit dans les âmes ; et d'ailleurs, quel mal pouvais-je faire ? n'étais-je pas toujours guidé par *elle?* Aussi Dieu nous recevra dans son saint paradis. Oh, alors une éternité de bonheur !... n'est-ce pas, mon père ?... Alors pour l'éternité nos deux âmes seront unies... à jamais unies, comme elles l'étaient sur la terre ; heureuses ensemble, sous les yeux du divin Créateur, partageant ensemble les ravissements, les extases du paradis !

Le jésuite. Oui, mon fils, si par votre fin religieuse et exemplaire, si par votre repentir profond, vous paraissez au Seigneur dignes de pardon... Mais hélas, nous sommes tous de grands pécheurs, et votre crime est grand, mon enfant!

Auguste. Oh! oui, mon crime est grand et terrible, mon père; oh! c'est un épouvantable crime que celui-là, qui l'a perdue *elle!* vous avez raison, mon crime est grand! Jamais, jamais mon repentir ne pourra l'expier, et Dieu ne pourra peut-être me pardonner d'avoir perdu Louise! Hélas, hélas! être séparé d'elle pour l'éternité... (*Avec terreur.*) Mais non, non! n'est-ce pas, mon père?... Oh! par pitié, dites que Dieu me pardonnera?

Le jésuite. Mon enfant! mon enfant! ce souvenir d'une affection terrestre revient sans cesse; il est au fond de toutes vos pensées, il est le but de toutes vos espérances, il est la cause de toutes vos terreurs. Si vous espérez les saintes joies du paradis, c'est moins pour jouir comme les élus de la contemplation du Seigneur, que pour partager cette félicité divine avec une autre âme... Si vous craignez que Dieu vous soit impitoyable, vous tremblez encore moins de la crainte d'être à jamais privé de cette suprême récompense, que de la crainte d'être séparé d'une autre âme!

AUGUSTE. Oh, oui, mon père! cela est vrai... mais, hélas! est-ce donc un mal?

LE JÉSUITE. Oui, mon fils, l'espoir d'être appelé à jouir, pour l'éternité, de la vue du Seigneur, ou la crainte d'en être à jamais privé, doivent éveiller en nous de si hautes et de si terribles préoccupations, que toute autre pensée doit s'y absorber

AUGUSTE. Hélas! mon père, que le Dieu tout-puissant ait donc pitié d'une pauvre et faible créature... mais je ne puis détacher ma pensée de celle de Louise; malgré moi, elle se lie à toutes mes idées, à toutes mes espérances; mais Dieu est bon... il est grand... il voit bien, lui, que si mon cœur est ainsi remplie *d'elle*... à ce moment terrible... il s'élève vers lui avec une foi, une espérance plus religieuse, plus profonde encore! lui de qui tout vient, et à qui tout retourne, lui le créateur et le maître de tous les mondes, il aura pitié de moi, n'est-ce pas, mon père, si, à ce moment fatal, je ne puis, hélas! m'empêcher de songer encore à Louise... si tout mon espoir est de m'agenouiller au pied du redoutable et divin tribunal et de dire : Seigneur, pardon pour elle, car c'est moi qui l'ai rendue coupable!

Entrent un exempt et un homme vêtu de rouge.

Auguste les voyant frissonne, cache sa tête dans ses mains, et dit avec horreur :

— Ah! déjà, mon père ?

Le jésuite. Non, mon enfant, mais...

L'exempt. Mais... vos cheveux sont trop longs, monsieur le chevalier...

Le 27 novembre 1674.

LE CHEVALIER LOUIS DE ROHAN.

Une chambre de la Bastille, grande et convenablement meublée. — Une porte communique dans un appartement situé à côté. — Le Père Talon et le Père Bourdaloue.

LE PÈRE TALON, *entrant.* J'arrive des Jésuites, où j'ai dit ma messe, c'est à peine si j'ai pris le temps de déjeuner... Quel sombre et épais brouillard il fait ! et pourtant malgré le froid il y a déjà tout un monde de curieux sur la place, les fenêtres de l'hôtel du Maine sont envahies par les gens du bel air, toute la place Royale semble s'être donné rendez-vous là; croiriez-vous qu'en passant près la rue des Tournelles, j'ai vu à une croisée mesdames de Lyonne et de Rambure... en grand habit et fort parées.

Le père Bourdaloue. Si ce qu'on a dit dans les temps est vrai (1), la présence de madame de Lyonne à un pareil spectacle est une énormité.

Le père Talon. C'est horrible, sans doute, mais la curiosité est si grande! et puis (*d'un air mystérieux*) on sait que c'est faire sa cour au roi que d'assister à cette terrible punition, infligée à un prince qu'il déteste... A propos, savez-vous ce qu'a dit hier Sa Majesté à M. le duc de La Feuillade, que je viens d'ailleurs de voir en bas, sur la place, tout triste et enveloppé de son manteau?

Le père Bourdaloue. Non.

Le père Talon. Lorsque le roi eut donné l'ordre à ce seigneur de commander son régiment des gardes afin d'assurer aujourd'hui

---

(1) M. de Rohan avait été l'amant de madame de Lyonne.

l'exécution de M. de Rohan, M. de La Feuillade, qui a été dans les temps fort des amis du malheureux chevalier, eut le noble courage de supplier le roi de l'exempter de cette pénible mission, et de permettre que le major commandât le régiment à sa place; mais Sa Majesté lui répondit d'un air si terrible : — *Vous êtes bien tendre, La Feuillade* (1), que le duc n'osa pas insister et obéit. Mais comment se trouve M. de Rohan?

LE PÈRE BOURDALOUE, *montrant la porte de la chambre*. Accablé par ces trois nuits sans sommeil, il repose heureusement depuis un quart d'heure.

LE PÈRE TALON. Et comment est-il maintenant?... Je vous l'ai laissé encore si irrité, dans des sentiments si peu chrétiens !

LE PÈRE BOURDALOUE. Il se calme peu à peu, mais, hélas! qu'il m'a donc effrayé par ses emportements de la nuit dernière!... J'ai craint un instant que sa tête ne se perdît; il m'a surtout fait frémir par l'exaspération avec laquelle il parlait de madame sa mère et de madame sa tante !

---

(1) Notes manuscrites de Clérambaut. — Mélanges manuscrits de Philibert de Lamarre. (Bibl. roy., manus.)

LE PÈRE TALON. Entre nous, ni madame la princesse de Guémenée, ni madame la princesse de Soubise (1), n'ont fait ce qu'elles auraient dû ; on les approuve tout haut pour plaire à Sa Majesté, mais on blâme tout bas l'incroyable sécheresse de cœur de madame de Guémenée, et son inexorable sévérité pour son fils... à qui elle n'a pas donné une marque de tendresse depuis son emprisonnement. Quant à madame de Soubise... on dirait que M. de Rohan ne lui appartient en rien, et elle déclarait avant-hier hautement dans la galerie de Saint-Germain qu'elle ne reconnaissait plus comme prince de sa maison un sujet traître et rebelle à son roi. D'un autre côté, madame de Montespan, qui a, dit-on, jadis beaucoup aimé M. de Rohan, tâche à paraître la plus indifférente du monde à l'effroyable sort de ce malheureux seigneur, pour ne pas réveiller la colère du roi, qui n'a cherché, dit-on, dans cette condamnation qu'à satisfaire une jalouse vengeance.

LE PÈRE BOURDALOUE. Oh la cour !... la cour !!

LE PÈRE TALON. C'est triste... hélas ! mais que faire à cette heure ! On adore à genoux l'idole qui prend pour emblème un symbole

(1) Alors maîtresse de Louis XIV. (Voir Saint-Simon.)

païen, Rome est à ses pieds; il faut donc attendre le moment des remords et des terreurs... alors...

Une pause... Le Père Bourdaloue et le ère Talon échangent un coup d'œil significatif, puis le Père Talon reprend :

— Et ce malheureux chevalier est mieux disposé, dites-vous ?

Le père Bourdaloue. Oui, sans doute, bien que çà et là il ne puisse surmonter ses mouvements de colère et de haine contre Sa Majesté et M. de Louvois; mais M. de Rohan est un homme si versatile, d'un caractère si étrange en contrastes, qu'on ne peut être sûr de la disposition de son esprit une heure de suite.

On entend quelque bruit dans la pièce voisine.

Le père Talon. Il s'éveille, je crois. (*Il écoute, on n'entend plus rien*).

Le père Bourdaloue. Non. Hélas! que ne dort-il jusqu'au dernier moment!

Le père Talon. Et pour quelle heure?

Le père Bourdaloue. Deux heures et demie.

Le père Talon. J'oubliais de vous dire que je viens de voir dans sa prison mademoiselle Maurice d'O.

Le père Bourdaloue. N'est-elle donc pas encore mise en liberté, puisqu'on n'a trouvé aucune preuve contre elle?

Le père Talon. Non, on attend que l'exécution soit consommée pour la laisser sortir de la Bastille ; elle m'avait supplié de demander au roi, pour elle, la permission de voir M. de Rohan, Sa Majesté a refusé, alors elle a demandé l'autorisation d'écrire au chevalier ; le roi a fait répondre à cela qu'il y consentait, pourvu que la lettre ne contînt que l'expression de sentiments religieux et conformes à la circonstance, aussi m'a-t-il donné ordre de lire d'abord ce billet et de lui en envoyer copie. Mademoiselle d'O*** m'avait donné une première lettre que je trouvai trop remplie de sentiments tendres et terrestres ; je l'engageai à en écrire une plus grave, plus solennelle. Elle a beaucoup pleuré, et m'a remis celle-ci... qui est moins intime, beaucoup moins touchante, mais plus en rapport avec la terrible situation de M. de Rohan, et, selon moi, plus propre à lui faire oublier des liens condamnables et réprouvés ; mais avant que de remettre cette lettre à M. de Rohan, voulez-vous en entendre la lecture ?

Le père Bourdaloue. Volontiers... J'écoute.

Le père Talon, *lisant* (1) : « Si je vous con-
» naissais moins de force d'âme, ou plus de

---

(1) Cette lettre est extraite des pièces du procès, et intitulée ainsi : « Copie de la lettre de mademoiselle Maurice d'O,

» frayeur de la mort, je prendrais de grands
» soins de vous y préparer, et de vous appren-
» dre le peu d'espoir que vous devez avoir en
» la vie; mais comme vous n'avez jamais rien
» craint, je ne pense pas que vous ayez peur
» de renoncer à une existence que vous avez
» tant de fois méprisée, et dont vous devez
» regarder la perte plutôt comme un bien que
» comme un mal, puisqu'elle vous délivre de
» fortes misères et qu'elle vous ouvre une voie
» de faire votre salut, en offrant votre mort
» en sacrifice à Dieu, pour l'expiation de vos
» fautes... Espérez, espérez en sa clémence,
» car vous êtes une malheureuse victime que
» M. de Latréaumont a immolée à son ambition
» et à sa cupidité, un ami trop confiant, du nom
» et de la bonté duquel il a cruellement abusé ;
» commencez donc à recourir à Dieu, em-
» ployez tous les moments qui vous restent à
» travailler à votre salut. Courage,... courage,
» que votre fin soit calme, ferme, religieuse,
» et digne de votre nom! Quant à moi, je ne
» souhaite, hélas! vous inspirer en cela que les
» sentiments dont moi-même j'ai l'âme rem-

prisonnière à la Bastille, écrite à M. de Rohan le jour de l'exécution de son jugement. (Bibl. roy. manuscrit. Procès criminel de Rohan.)

» plie à cette heure ; car, malgré la faiblesse de
» mon sexe, j'aurais voulu de tout mon cœur
» paraître criminelle à vos juges, afin de me voir
» aussi délivrée d'une affreuse vie qui ne m'est
» plus maintenant qu'odieuse et funeste. Oh!
» je vous le jure! je n'en demanderai pas la
» prolongation à Dieu ni au roi! mais si je suis
» assez malheureuse pour être réduite à traîner
» ainsi misérablement mes chagrins, quelque
» chose m'empêchera de murmurer contre mon
» horrible sort ; c'est que pendant le restant de
» mes tristes jours, je pourrai prier Dieu pour
» vous, du plus profond de mon âme, jusqu'au
» moment où je vous rejoindrai....

» Pour la suprême et dernière fois, adieu,
» espoir et courage, noble et malheureux
» prince!!! Oh! adieu... et pour la dernière
» fois, adieu... Renée Maurice d'O***. »

Le père Talon, *après avoir lu* : Ne vous semble-t-il pas qu'on reconnaît la contrainte dans chaque mot? et qu'on sent l'affection la plus tendre et la plus dévouée, qui veut à tout moment percer la froide enveloppe qu'on lui impose, et qui pèse si douloureusement aux aspirations de cette malheureuse âme?

Le père Bourdaloue. Cela est vrai, et affecte, hélas! péniblement.

LE PÈRE TALON. Que pouvais-je faire ? le roi a ordonné qu'une copie de la lettre lui fût envoyée, et la première l'aurait irritée, non seulement contre M. de Rohan, mais contre mademoiselle d'O***, tandis que celle-ci...

A ce moment un nouveau bruit se fait entendre, et M. de Rohan, pâle, égaré, entre précipitamment dans cette chambre.

M. DE ROHAN. Quel rêve affreux ! le rêve de Maurice... un échafaud ! ah ! c'est horrible!

Il tombe accablé sur un fauteuil.

LE PÈRE BOURDALOUE, *s'approchant* Mon fils!!

M. DE ROHAN, *sortant de sa stupeur, le regarde avec effroi.* Qu'est-ce? comment? que voulez-vous? Où suis-je? où suis-je?

LE PÈRE TALON. Prince, rappelez vos esprits.

M. de Rohan le regarde d'abord fixement; puis, jetant les yeux autour de lui, peu à peu il se souvient de tout.

Mais ce n'est pas un rêve que ce rêve d'échafaud!... c'est une réalité! oui... ces prêtres.. cette salle... ah ! mon Dieu, oui... c'est l'échafaud... je suis condamné. (*Avec rage*)... Ah!! malédiction! malédiction sur moi, je suis condamné!

LE PÈRE TALON. Prince... espérez en Dieu ! il vous pardonnera peut-être... Un sincère repentir...

M. DE ROHAN, *furieux*. Eh! que me fait ce pardon! c'est celui du roi... que je veux, et je l'aurai... je l'aurai, il me l'a promis! un roi ne ment pas ainsi lâchement!! Pourquoi m'aurait-il envoyé Louvois? pourquoi Louvois m'a-t-il donné, au nom du roi, sa parole de gentilhomme que j'aurais ma grâce si je disais ce que je savais sur cette révolte; on ne fait pas, on ne peut pas faire périr ainsi un homme de ma qualité! un prince de la maison de Rohan... Louvois l'a bien dit! ma mère, ma tante, M. Colbert, tous intercéderont pour moi, ils ont intercédé... j'en suis sûr... Le roi veut m'effrayer d'abord et me faire grâce à la fin... n'est-ce pas? oui, vous avez ma grâce, mes pères! c'est une terrible leçon qu'il veut me donner!... Eh bien, oui... je me repens... je me repens d'avoir songé à cette révolte... s'il avait voulu je l'aurais toujours servi si fidèlement! je l'aimais tant!... je lui aurais été si dévoué! N'ai-je pas oublié tous ses dédains pour le suivre encore à Maëstricht? n'y ai-je pas été blessé pour son service? et puis d'ailleurs il sait bien que c'est cet infâme Latréaumont qui a tout fait, qui a abusé de mon nom! oui, oui, le roi a voulu m'éprouver... n'est-ce pas, mes Pères?... Vous avez ma grâce... oh! donnez-lamoi, vous voyez que j'ai assez souffert.

Le père Bourdaloue. Hélas! ces chimères vous font perdre un temps précieux pour votre salut... Prince, nous n'avons pas votre grâce; vous n'avez plus à espérer qu'en Dieu.

M. de Rohan. Vous n'avez pas ma grâce? Il me la faut... il me la faut!... ou sinon je tuerai le roi... je tuerai cet infâme Louvois!

Le père Bourdaloue. Prince! prince! rappelez vos esprits! songez où vous êtes... Hélas! nous vous avions tantôt laissé si bien disposé pour votre salut!

Rohan. Il n'y a de salut que dans ma grâce! Je ne suis accusé que sur ma propre déposition, et je ne l'ai faite que sur la promesse d'avoir ma grâce!!! Mais, mon Dieu, mon Dieu! il n'y a aucune preuve contre moi!.... On ne condamne pas un homme sans d'autres preuves que celles qu'il donne contre lui-même..... Sans cela, c'est un meurtre! un meurtre affreux!

Le père Bourdaloue. Calmez-vous, mon fils; peut-être vos juges ont-ils été trompés, peut-être les apparences seulement sont-elles contre vous! mais Dieu, qui est souverainement juste, reconnaîtra votre innocence! Courage! courage, prince! oubliez une vie malheureuse, pour songer à la félicité éternelle qu'un profond repentir peut vous assurer à jamais !

Rohan. Mais c'est la vie que je veux, la vie ! dussé-je la passer en prison dans un horrible cachot... Mais la vie, mon Dieu ! la vie !... Qu'on me laisse me jeter aux pieds du roi ! je suis sûr de l'attendrir... de le persuader de me faire grâce... car, enfin, quand un homme est là à vos genoux, fût-il votre ennemi, quand il vous demande la vie... quand, d'un seul mot, vous pouvez lui donner la vie, qui aurait l'horrible courage de ne pas prononcer ce mot... N'est-ce pas, mes pères ?

Le père Talon. Prince, S. M. a refusé de vous voir... le moment approche... Encore une fois, il ne vous reste plus d'espoir qu'en la miséricorde de Dieu.

M. de Rohan *accablé, après un long silence.* ... Plus d'espoir !!!... Ah ! vous avez raison, plus d'espoir... plus d'espoir... le roi est implacable... Oh ! qu'il doit être heureux à cette heure !... voilà sa haine enfin satisfaite... Et ma mère, ma mère ! la voilà aussi vengée, elle !... le fils qu'elle déteste va périr... Et ma tante, et mes anciens amis !... personne n'a intercédé pour moi, personne, mon Dieu...

personne! Abandonné de tous! pas un souvenir!... Mourir ainsi indifférent et odieux à tous! mourir sans inspirer un regret! mourir sans une voix amie qui me dise seulement courage!

Le chevalier retombe affaissé sur un fauteuil, et cache sa tête dans ses mains. Nouveau silence.

LE PÈRE TALON. Si, prince, une voix amie vous dira courage! une voix amie se joindra à la nôtre; cette voix est celle de mademoiselle d'O*** enfin... Le roi a permis qu'elle vous écrivît... et sa lettre... la voici.

Le chevalier de Rohan relève la tête, et prend vivement la lettre de Maurice.

A mesure qu'il lit, l'agitation furieuse de M. de Rohan se calme peu à peu, non que l'expression de la lettre de Maurice opère absolument ce changement, mais le chevalier semble pénétrer le sens caché de chaque mot; puis surtout cette lettre éveille en lui mille souvenirs consolants. La bienfaisante influence de cette jeune femme, si noble et si dévouée, se fait de nouveau sentir à cet esprit, aussi versatile que soudainement impressionnable... Les instincts religieux qu'il a toujours eus en lui se réveillent, semblent grandir tout-à-coup dans ce moment terrible; et, selon la nature de ce caractère personnel et craintif, se concentrent en une sorte de croyance, peut-être plus égoïste que chrétienne, qui lui fait vaguement espérer qu'en mourant avec repentir, résignation et humilité, il se sauvera peut-être des châtiments éternels. Puis aussi, comme cela se voit chez toutes les organisations faibles, irritables, éminemment fébriles et nerveuses, toutes les parties de courage, de superbe et d'orgueil de race et de nom, qui sont en M. de Rohan, surexcitées par son effroyable position, s'exaltent tout-à-coup en une fiévreuse résolution, aussi énergique qu'éphémère, mais qui doit le soutenir jusqu'au moment suprême, car l'heure fatale approche... Ses yeux brillent, ses joues se colorent, ses beaux traits révèlent une détermination calme et forte ; jamais il n'a paru plus beau (1). Il se lève, baise pieusement la lettre de Maurice... Le père Bourdaloue et le père Talon, qui l'ont attentivement examiné, ne peuvent cacher leur surprise de ce changement soudain.

M. DE ROHAN. Ah! Maurice! Maurice! tu disais vrai ! Si j'avais suivi tes conseils, tes nobles inspirations, je serais maintenant heureux et calme dans le manoir de Penhoet! Maintenant... je serais entouré de tes soins, de ta tendresse.... Oh! toi, l'amie la plus dévouée! la plus tendre et la plus méconnue! Mais rassure-toi. Va! au moins ma fin sera digne de toi et de moi! (*Avec exaltation.*)... Je ne sais pourquoi, à cette heure dernière, il me semble que je pénètre tout ce qu'une infernale obsession m'avait caché jusqu'ici! Oui.. oui, sois heureuse, Maurice... A ce moment suprême, du moins! je crois en toi comme en Dieu... A ce moment suprême, ton sublime dévouement m'apparaît dans toute sa véritable splendeur... Je ne sais si l'approche de la mort nous donne de nouvelles facultés! mais j'embrasse, comme d'un seul regard de ma pensée, depuis les

(1) Voir le procès.

moindres jusqu'aux plus immenses preuves de ton affection sans bornes!

<small>Il tombe à genoux, et croise les mains.</small>

Mon Dieu! mon Dieu! je te bénis de m'avoir envoyé cette suprême et dernière consolation! Pardonne-moi, mon Dieu! si des pensées terrestres m'ont détourné un instant de ta contemplation. Maintenant je reviens à toi; j'implore ta pitié pour ma vie détestable, et je subirai avec reconnaissance et humilité tout ce que ta volonté m'envoie.

<small>Les pères Bourdaloue et Talon attendris s'approchent du prince, et le serrent dans leurs bras.</small>

LE PÈRE BOURDALOUE. Courage, courage, noble prince, Dieu vous entend!

LE PÈRE TALON. Il vous exaucera!

ROHAN. Mon père, vous direz au roi que je meurs son sujet fidèle et repentant; heureux que mon crime n'ait été commis que dans ma pensée! heureux! oh! bien heureux surtout, de n'avoir pas excité la guerre civile dans mon pays! de n'avoir pas livré la France à l'Étranger!...

LE PÈRE BOURDALOUE. Oui, mon fils, oui, prince, le roi saura tout!

M. DE ROHAN *au père Talon*. Et vous, oh! dites à ma mère que depuis deux mois que je suis en prison,... que dans ce moment terrible j'aurais été touché... hélas! bien profondément touché d'une seule marque de tendresse ou de pardon de sa part! mais que je meurs sans murmures et sans me plaindre, reconnaissant que mes torts et mes fautes envers elle ont été plus extrêmes encore que le châtiment qu'elle m'impose! Vous lui direz que je la supplie enfin d'écouter ma seule et dernière demande: c'est que mon nom se trouve chaque jour dans ses prières... Car Dieu exaucera peut-être les vœux d'une mère priant pour son fils!

LE PÈRE TALON, *très ému.* Prince, je verrai votre mère... elle saura tout... n'en doutez pas... elle priera pour son fils!

M. DE ROHAN, *attendri.* Enfin, mon père, vous direz à mademoiselle d'O*** que j'ai suivi ses nobles conseils; que, grâces à vous, mes pères, je suis revenu de mes emportements... que je me suis confié en la miséricorde infinie de Dieu... et puis, quand vous m'aurez vu mourir comme je mourrai (*avec fierté*), vous assurerez mademoiselle d'O*** que je suis du moins mort EN ROHAN... Mais pardon, pardon, mon père, de cette orgueilleuse pensée... Une dernière prière... Je désire que cette lettre de mademoiselle d'O*** ne me quitte pas... qu'on la laisse là... sur mon cœur... me le promettez-vous?

Le père Talon, *essuyant ses larmes.* Oui... oui... prince, on y pourvoira.

M. de Rohan. Et puis enfin qu'une boucle de mes cheveux soit remise à ma mère... si elle daigne les vouloir... et une autre à mademoiselle d'O***... vous me promettez encore cela, mon père ?

Le père Talon. Oui, mon fils.

M. de Rohan, *avec fermeté.* Maintenant que j'ai fini avec la vie, je suis à toi, mon Dieu !. Mon père, écoutez ma dernière confession.

Il s'agenouille aux pieds du père Bourdaloue. Le père Talon passe dans l'autre chambre.

Deux heures sonnent, entrent M. de Besemaux, des exempts et un homme vêtu de rouge, portant un paquet de cordes.

M. de Rohan pâlit et frissonne un moment, mais bientôt reprend courage.

M. de Rohan. Qu'est-ce que cet homme ?

M. de Besemaux, *hésitant.* Prince !...

M. de Rohan *à l'homme vêtu de rouge.* C'est toi qui... (*Il fait un geste de la main.*)

L'homme rouge. Oui, monseigneur.

M. de Rohan. Pourras-tu bien m'abattre la tête d'un seul coup.... et sans m'ôter mon justaucorps ?

L'homme rouge. J'y tâcherai, monseigneur.

M. de Rohan. Mais ne dois-je pas être lié ?..

ne viens-tu pas ici pour cela.... avec ces cordes ?

L'homme rouge. Oui, monseigneur ;... mais je puis lier monseigneur avec un des rubans de sa cravate.

M. de Rohan. Non.... mon ami, notre Seigneur Jésus-Christ a été lié avec des cordes.. moi, misérable pécheur.... je veux être lié comme lui avec des cordes... Allons, lie-moi (*il tend les mains*); seulement, que je puisse tenir un crucifix.

L'homme rouge lie M. de Rohan avec une corde, et le père Bourdaloue lui donne un crucifix, que le chevalier prend entre ses mains.

M. de Rohan (*à l'homme rouge*). Mon ami, personne ne doit savoir mieux que toi... à quelle heure cela est ; combien me reste-t-il encore à vivre?

L'homme rouge. Une demi-heure, monseigneur.

M. de Rohan. Bon.. Mon père, j'ai encore du temps pour me réconcilier avec Dieu et m'entretenir avec vous.

L'homme rouge, M. de Besemaux et l'exempt sortent; M. de Rohan s'agenouille de nouveau aux pieds du père Bourdaloue.

Le 27 novembre 1674.

MADAME LA MARQUISE DE VILARS.

Une chambre de la Bastille. — Louise, vêtue de noir, est d'une blancheur pâle et mate. — Ses beaux cheveux blonds ont été coupés par l'homme vêtu de rouge, qui est venu lui lier aussi de cordes les mains comme à M. de Rohan. — Louise est assise les mains sur ses genoux. — Près d'elle, M. de Sarrau, son oncle le ministre, qui, par la protection de M. de Ruvigny, a obtenu depuis son arrestation la permission de la voir une heure avant sa mort. La physionomie de madame de Vilars est calme et résolue ; mais à ce moment empreinte d'une profonde tristesse, car elle est sous l'empire d'un remords déchirant.

Louise, *avec angoisse.* C'est affreux !!!! Sans cette horrible pensée.... je mourrais heureuse... puisque je mourrais avec Auguste.

M. de Sarrau. Mais vos enfants n'ont-ils pas en moi un appui certain?

Louise. Oui.... mais je les ai déshérités! mais tout entière à mon amour pour Auguste... je n'avais pas songé à cette odieuse confiscation qui enrichit le roi des dépouilles de ceux que sa justice a condamnés, et qui laisse mes malheureux enfants sans pain et sans asile....

M. de Sarrau. Mais encore une fois, Louise, ne suis-je pas là? Ne vous désespérez pas ainsi. M. de Ruvigny est de mes amis... peut-être, par son entremise, pourrait-on espérer que la totalité de vos biens ne fût pas réunie au domaine du roi.

Louise, *avec une expression déchirante.* Mais je ne le saurai pas, moi! et je meurs cruellement incertaine sur le sort de mes enfants! Qu'ils vous perdent! qu'ils perdent ma tante!.. votre modeste aisance devient l'héritage de votre fils!.. et ma pauvre petite fille!... mon Gabriel!... ah! les laisser ainsi sans biens, quelle pensée!.. mon Dieu!.. quelle affreuse pensée!! Oh! oui, voilà mon véritable crime...! à mon amour tout personnel pour Auguste, je n'aurais pas dû sacrifier jusqu'à cela.. c'est horrible, et il est trop tard... trop tard. (*Avec un regret poignant.*) Mais si j'avais su, mon Dieu, au lieu d'avouer tout... j'aurais tout nié! employé tous les moyens possibles pour me faire absoudre, au lieu de vouloir mourir avec Auguste... j'aurais imploré la pitié de mes juges!... je serais descendue jusqu'à la bassesse! jusqu'à toute l'infamie du mensonge, pour sauver la fortune de mes enfants. Mais hélas! sans avocat, sans conseil, livrée à moi-même, que savais-je des confiscations, moi?... je n'ai appris cet horrible droit de la loi qu'après ma sentence.... mais cela ne m'excuse point. Dieu est juste, et il me punira dans l'éternité.

M. DE SARRAU. Mais, Louise, Dieu ne vous tiendra-t-il pas compte de l'admirable pureté de votre vie? Chassez une aussi affreuse pensée!

LOUISE, *se parlant à elle-même, les yeux fixes.* Cette pensée est d'autant plus affreuse, que ma mort me semble honteusement égoïste! J'ai l'air de m'y réfugier après avoir fait le mal... sentant que je ne puis pas le réparer! Ah! sans cela, sans ce remords terrible, que craindrais-je?... Mon sort invariablement fixé, je l'aurais subi avec fermeté; car mourir avec *lui*, n'était-ce donc rien que cela? (*Une pause.*

Elle reprend d'un air sombre, se parlant à soi-même :) Que cela est étrange ! nous voici au vingt-sixième jour du mois de novembre, c'est à peu près l'époque à laquelle M. de Vilars m'avait priée de remettre mon union avec Auguste... mon union !!! Cela aussi va être une union !!! Inconcevable destinée !... terribles fiançailles !... Depuis deux mois, je n'ai pas vu Auguste ; je vais le revoir pour la première fois au pied de l'échafaud... Quelle fin... pour tant de rêves! pour tant d'espérances de bonheur !... Fatalité ! fatalité ! (*Elle reste un moment absorbée, et répand des larmes silencieuses ; puis, tout-à-coup, elle s'écrie avec un accent déchirant* :) Mais est-ce qu'il m'est permis de penser à mes misères, à moi ?... Et mes enfants ! mes enfants ! Que vais-je répondre à Dieu quand il va me demander : Femme, qu'as-tu fait de leur avenir ? (*Elle cache sa tête dans ses mains liées de cordes.*) Ah ! les laisser ainsi !!!

M. DE SARRAU. Et l'espoir de les revoir un jour, Louise, ne le comptez-vous pas ? Qu'est-ce que ce passage si rapide de la vie pour arriver à l'éternité ?... Une seconde, comparée à la durée des siècles... Eh bien ! oui, je le veux, ils seront privés des biens de la terre ! mais le ciel les attend... Oui, Louise... car, hélas! si, étant pauvre moi-même, je ne puis leur donner la fortune qu'on leur ravit, croyez-moi, croyez-en leur bon et noble naturel, je leur donnerai les trésors de l'âme... grâces auxquels un jour ils retrouveront leur mère au milieu des élus.

Louise, *secouant tristement la tête.* Hélas! à cette heure terrible, je vois ce que j'aurais dû faire : j'aurais dû vous substituer mes biens, et alors, n'engager ainsi que ma tête dans ce complot... mais il est trop tard... Encore une fois, Dieu me pardonnera-t-il jamais?

M. de Sarrau. S'il vous pardonnera, noble créature? Est-ce que toute votre vie n'a pas été sainte, et grande et vertueuse? Est-ce que tout ne compte pas devant sa divine impartialité? Est-ce qu'enfin, vous voyant comme il vous voit à cette heure fatale, calme, résignée, au lieu d'être abattue par les terreurs d'une mort qui approche de minute en minute, lorsqu'il vous voit enfin n'avoir qu'une seule et unique pensée, pensée fixe et dévorante qui absorbe toutes les autres : *Le sort de vos enfants!* oh! n'est-ce pas là un noble repentir qui vous sera compté!... Allez, allez, courageuse femme, espérez en votre vie jusqu'alors si magnifiquement exemplaire, pour faire excuser une seule faute ; espérez enfin en l'éternité, où nous serons tous réunis !!!

Louise. Je n'ai que ce refuge. Je me confierai dans la toute-puissante miséricorde de Dieu... Car... si le repentir le plus profond, le plus amer, le plus douloureux, est quelque chose à ses yeux... oh! je me repens, hélas! ainsi! et bien affreusement ! (*Long silence.*) *Louise essuie de nouveau ses larmes, et, prenant dans ses mains liées de cordes la main de M. de Sarrau, elle ajoute avec un accent de tendresse déchirante :* Enfin... mon ami... je vous confie ces pauvres enfants ; aimez-les comme vous m'avez aimée !... dites-leur tout... dites-leur toute la vie de leur mère : ils y puiseront quelques bons renseignements et une terrible leçon ! parlez-leur aussi d'Auguste... oui... dites-leur combien il était noble, vertueux et bon ! dites-leur bien cela... afin qu'ils puissent comprendre qu'en l'aimant, j'ai pu les oublier un instant... dites-leur les affreux remords de leur pauvre mère..... mais surtout !... oh ! surtout, qu'ils ne maudissent pas Auguste... car ce n'est pas sa faute à lui !... Le malheureux a été entraîné... forcé par d'épouvantables circonstances... il voulait s'isoler... me fuir... au lieu de me lier à la fatalité de son sort... et c'est moi... c'est ma seule volonté qui m'a fait me jeter dans ce complot... Oh! dites-leur bien cela, n'est-ce pas?... oh! priez-les, au nom de leur mère, de ne pas maudire Auguste... rappelez-leur combien il les aimait!... assurez-les bien qu'il aurait été pour eux le plus tendre des pères... le plus dévoué des amis... dites-leur enfin qu'ils me pardonnent, à moi, qui ai causé tout leur malheur... dites-leur que cette horrible pensée a rendu les derniers moments de leur mère épouvantables! oh! bien épouvantables! et que, sans cela, elle serait allée vers Dieu avec confiance et sérénité.

M. DE SARRAU. Oh! croyez-moi, je leur dirai tout, et ils vous béniront! et ils ne maudiront pas Auguste. Si leur haine doit tomber sur quelqu'un, qu'elle tombe donc sur les véritables auteurs de tous ces maux affreux! qu'elle tombe sur vos bourreaux! Est-ce que vous êtes coupable, malheureuse femme? est-ce qu'Auguste est coupable? est-ce que le motif qui vous a fait prendre part à ce complot imaginaire ne vous a pas fait absoudre ailleurs que devant ce tribunal de tigres? Les malheureux! condamner impitoyablement, sans permettre aux accusés de se défendre!

Honte! honte éternelle aux juges! honte éternelle au prince qui, n'usant pas du plus beau droit de sa couronne, laisse ainsi consommer le plus affreux sacrifice! laisse tomber la tête d'une femme sur l'échafaud, parce que, par le plus saint dévouement, elle a pris part aux vains desseins d'une révolte impossible!!!

A ce moment deux heures et demie sonnent ; c'est l'heure du supplice. La porte s'ouvre ; paraît le greffier et des exempts.

Le Greffier *très ému.* Madame la marquise, il est temps...

Louise, *se jetant dans les bras de M. de Sarrau, à voix basse.* Que mes enfants me pardonnent et ne maudissent pas Auguste. — *Se retournant vers le greffier.* Je vous suis, monsieur.

CHAPITRE VINGT-NEUVIÈME.

Laissez passer la justice du Roy...

L'exécution.

Un témoin oculaire de cette scène sanglante en donne, dans une lettre écrite d'une des fenêtres de la place de la Bastille, la relation suivante (1).

On n'a rien voulu y changer, parce qu'elle est d'une extrême naïveté, et que pour les faits généraux elle est absolument conforme

(1) Note de Clérambaut. Manuscrit. Bibl. roy.

à la dépêche de M. de La Reynie, que l'on cite plus bas, sauf quelques détails, confirmés d'ailleurs, mais omis dans le rapport du procureur-général.

« Les gardes françaises s'étaient saisis, dès sept heures du matin, de toutes les avenues où les chaînes furent tendues; les mousquetaires blancs et noirs les soutenaient par brigades, savoir: à la porte Saint-Antoine, à l'entrée de la rue des Tournelles, vis-à-vis de l'hôtel du Maine, et vers la rue qui va à la place Royale. La place qui est devant la porte de la Bastille était entourée de deux rangs de gardes françaises, et, derrière, un rang de mousquetaires, M. le duc de La Feuillade et le chevalier de Forbin leur donnant les ordres. Dans le milieu de cette place, où il n'y avait personne, le peuple étant serré contre les murailles, il y avait une potence et trois échafauds; celui qui était le plus près des Saints-Martyrs pour *M. de Rohan*, un vis-à-vis la porte de la Bastille pour *Des Préaux*, et l'autre vis-à-vis le premier pour *la dame de Vilars*, faisant tous trois un triangle, et presqu'au milieu, la potence pour *le maître d'école Van-den-Enden*.

» A deux heures et demie, M. de Rohan sortit de la Bastille à pied, ayant demandé, et Des Préaux aussi, de n'être pas dans la charrette qui les suivait, avec les deux autres, la femme et le maître d'école. M. de Rohan parut sans chapeau, les mains liées, tenant un crucifix, le P. Talon à sa droite, le P. Bourdaloue à sa gauche. Il n'eut jamais si bonne mine, quoique l'air un peu abattu. Il se tourna, et jetant par deux fois les yeux de tous côtés, il aperçut près de lui le sieur de Saindoux et quelques autres officiers qu'il salua, puis avança, et s'arrêta pendant que la charrette approcha et qu'elle s'arrêta entre lui et Des Préaux. Le bourreau monta dessus pour entendre la sentence que le greffier lui lut. Pendant ce temps-là les PP. jésuites embrassant tour à tour M. de Rohan, l'exhortaient de leur mieux ; la sentence lue, ils revinrent auprès de son échafaud. Les valets du bourreau lui voulurent aider à monter, mais il se tourna et leur dit: *Laissez-moi, je monterai bien.* En effet, malgré ses mains liées, il ne laissa pas de s'en aider, et monta sur son échafaud, où il se mit à genoux, les pères à côté de lui, qui lui parlaient toujours ; ensuite il baisa le crucifix. Le bourreau s'approcha et lui baissa son collet. A cette action il parut un peu étonné, car il avait fait revue de tout ce terrible appareil; cependant il soutint tout avec fermeté et résignation, et l'on peut dire qu'il est mort sans faiblesse, sans ostentation, et en vrai chrétien. On lui coupa les cheveux, et on lui découvrit un peu les épaules, on lui banda les yeux et on chanta le salut. Pendant tout cela, le P. Talon le cacha de son manteau, autant pour lui épargner de la confusion que du froid. Ses yeux bandés, il se recommanda à Dieu; le P. Bourdaloue descendit, le P. Talon s'écarta un peu, et l'exécuteur s'approchant de lui, lui coupa la tête tout d'un coup; elle roula jusqu'au bord de l'échafaud, et le père Talon, jetant son manteau sur le corps, descendit; peu après on lui rendit son manteau.

» Ensuite on exécuta le chevalier Des Préaux, qui ne fit pas plus de façon; mourut très fermement en regardant la dame de Vilars, n'ayant pas voulu avoir les yeux bandés; sa tête roula à terre, et on la rejeta.

» Après, la marquise, qui fut exécutée l'avant-dernière, monta fort hardiment sur son échafaud, se mit à genoux en chantant le *Salve regina*, baisa par trois fois le billot, et, sans souffrir que le bourreau la touchât, elle aida elle-même à se défaire de sa coiffe pour découvrir ses épaules, et après, souffrit fort constamment et fort noblement une pareille destinée, et sa tête roula à terre.

» Ensuite on monta le maître d'école à la potence, la question lui ayant ôté l'usage des jambes; il fut aussitôt pendu par les valets du bourreau, qui leur dit : Vous autres, pendez-moi ça.

» J'oubliais de vous dire que pendant que l'on exécutait Des Préaux, six soldats de la Bastille vinrent enlever le corps et la tête de M. de Rohan, et les portèrent à la Bastille; le corps de la dame de Vilars fut mis dans un drap et enlevé par le côté de la rue des Tournelles, où on le mit dans un carrosse.

» Pour le chevalier Des Préaux, on le jeta dans la charrette après l'avoir déshabillé publiquement, puis on jeta sur lui tous les ais des échafauds, et après, le corps de Vanden-Enden, et par-dessus tout, la potence. Et c'est par où finit ce triste spectacle, à trois heures et demie. »

Néron vous écoutait, madame !...

RACINE. — *Britannicus*.

Conclusion.

Moins d'une heure après l'exécution de M. de Rohan et de ses complices, un courrier arrivant à toute bride dans la cour du château de Saint-Germain, remit un paquet pour le roi.

Louis XIV, qui s'était souvent et impatiemment informé de ce courrier, reçut ces dépêches avec les marques de la satisfaction la plus vive, lut attentivement une longue lettre de M. de La Reynie, et se rendit aussitôt chez madame de Montespan, qu'il trouva triste et rêveuse.

— Madame, lisez ceci, — lui dit le roi; puis il ajouta avec une expression de haine, de joie et de cruelle ironie : — *Qu'aujourd'hui ne soit pas non plus pour moi seul un jour de bonheur...*

Madame de Montespan jeta les yeux sur la lettre...

C'était une dépêche de M. de La Reynie, qui annonçait au roi la mort de M. de Rohan...

. . . .

Il est inutile de dire que le roi faisait ainsi une sanglante allusion aux mêmes paroles, autrefois amoureusement dites à madame de Montespan par M. de Rohan, et si imprudemment rappelées il y avait alors cinq ans, dans la conversation des filles d'honneur de la reine, conversation qui exaspéra si furieusement Louis XIV contre le Grand-Veneur de France.

. . . .

On ne sait rien du sort de M. de Saint-Marc.

Clara-Maria devint (ainsi qu'on le verra dans un autre ouvrage) une des plus influentes prophétesses des Cévennes.

Gabriel d'Eudreville, fils de madame de Vilars, prit aussi part à cette insurrection des montagnards protestants. . . . .

. . . .

Après tant d'horreurs, en comparant ces temps-là à ceux où nous vivons, une pensée douce et consolante vient à l'esprit, c'est que les hommes et les choses ont assez progressivement marché, pour que désormais un tel GRAND ROI et un tel GRAND SIÈCLE soient absolument impossibles.

PIÈCES JUSTIFICATIVES.

Il est inutile de faire remarquer ici que tous les historiens sans exception aucune, qui ont parlé de cette conspiration, sans doute faute de connaître les documents originaux, ont commis de nombreuses et étranges erreurs, soit dans la narration des faits généraux, soit dans l'orthographe des noms propres, soit enfin dans l'exposition des détails.

Les seules lettres de Pélisson, de Bayle, ainsi que les mélanges de Philibert de Lorme, contiennent quelques faits vrais, mais beaucoup de notions fausses et complétement controuvées, si on les compare à l'irrécusable authenticité des pièces originales du procès, qui peuvent servir pour ainsi dire de *pierre de touche* à toute assertion.

M. Pellot, à Rouen, ce 15 septembre 1674.

Cette lettre de M. Pellot donne des détails sur l'arrestation et la mort de Latréaumont.

MONSIEUR,

J'eus l'honneur de vous mander hier par deux courriers, que nous dépêchâmes, M. de Brissac et moi, le méchant état où était le sieur de Latréaumont à cause de sa blessure ; il est mort cette nuit à minuit, quoique les chirurgiens eussent assuré qu'il pouvait vivre dix ou douze jours. Je ne l'ai quasi point quitté depuis qu'il a été blessé, et nous avons fait tout ce que nous avons pu, M. de Brissac et moi, pour tirer la vérité de lui à diverses reprises, touchant son méchant dessein, mais inutilement. Nous avons même employé le père Patrice, augustin déchaussé, bien intentionné et qui est connu, pour le consoler, et voir si par le remords de conscience il ne voudrait rien déclarer ; mais cela a été sans effet, et il a persisté dans son obstination, en tenant des discours de fanfaronnerie et de vanité ; sur quoi, monsieur, il est bon que je vous remarque quelques circonstances. Comme il fut arrêté par M. de Brissac avec quelques uns de mes gens, pour ne perdre de temps, ainsi que je vous l'ai mandé, il était dans le lit, et M. de Brissac et lui s'entretenaient fort honnêtement, lui ayant fait connaître qu'il avait ordre de l'arrêter ; l'on fit incontinent venir les gardes qui étaient dans une hôtellerie qui était éloignée ; comme il vit que lesdits gardes entraient dans sa chambre, étant sur son lit demi-habillé, il alla en un endroit où étaient ses deux pistolets qui étaient cachés et que l'on n'avait pu remarquer, s'en saisit, et dit à M. de Brissac en lui présentant le pistolet bandé : — Me voici, mais vous ne me tenez pas ; — sur quoi M. de Brissac lui dit : — Vous êtes donc coupable, que vous osez vous rébeller ? A quoi ce colosse répondit : — *Oui, mort-Dieu, je l'ose.* M. de Brissac sur cela mit la main à l'épée et se mit en garde, et esquiva ainsi le coup qui donna sur un garde qui était derrière lui, et lui perça le corps ; il tira dans ce temps-là un autre coup de pistolet qui ne blessa personne ; sur cela un garde tira sur lui un coup de carabine, lequel perça ledit de Latréaumont qui dit : — Je suis mort en soldat ! Ensuite l'on s'en saisit, et on le mit sur le lit, et alors M. de Brissac et moi lui dîmes : — Vous nous avez dit que vous étiez coupable, dites-nous de quoi vous l'êtes, autrement, après ce que vous avez fait, il n'y a rien que l'on ne fasse pour vous y obliger. Ledit de Latréaumont se défendait de rien dire, M. de Brissac l'en pressa ; ce que voyant, Latréaumont lui dit : — Donnez-moi du papier, et j'écrirai ce que j'ai à dire ; et il écrivit le billet qu'il avait à écrire, que j'ai mis parmi ces papiers, et qui ne disait autre chose, si ce n'est : « *Je ne vous ai point dit que j'étais coupable ; » mais la peur ne m'a jamais surpris, et vos menaces ne » tireront rien* (1). » Puis il mourut sans témoigner de la dévotion, quoiqu'il eût le sens bon jusqu'à la mort. Aussi un homme qui avait entrepris non seulement contre l'État, mais encore contre la religion, comme

(1) Voir les fac-simile.

vous verrez, monsieur, par son projet, devait être bien endurci.

Je suis avec respect,

    Monsieur,

        Votre très humble et obéissant serviteur,

                Pellot.

Tout s'est passé, monsieur, fort doucement en cette ville, quoique ledit Latréaumont y eût des parents et des amis, et chacun a cru qu'il était bien coupable, puisqu'il s'était porté ainsi à une action de désespoir. Vous nous ferez savoir, s'il vous plaît, si S. M. veut que l'on fasse le procès au cadavre; si cela est, il faut donner un commissaire à M. de Creil, intendant, pour le juger auxdits bailliages de Rouen; cependant je le ferai embaumer, et je prierai M. de Brissac de demeurer ici avec ses gardes qui seront nécessaires si l'on faisait ledit procès. Ils ne demeureront pas long-temps; car, après demain, je peux avoir vos ordres, et interroger aussi son valet que j'ai fait arrêter, et nous verrons si nous découvrirons ceux avec qui il pouvait avoir commerce.

<small>Ces extraits des interrogatoires des différents accusés sont relatifs aux rapports de M. de Rohan et de Latréaumont.</small>

Expose Françoise Vanguette que : maître François, cocher, se plaignait à la déposante de ce que le lendemain au soir ledit sieur Latréaumont s'était servi tout ce jour-là et le précédent et la nuit du précédent, du carrosse de mondit sieur de Rohan; ajoute que la blanchisseuse, dont elle ne se souvient pas du nom, blanchissait tout le linge dudit sieur de Rohan, que celui de Latréaumont, étant assuré, que M. de Rohan payait tout ce qui regardait Latréaumont.

. . . .

« Jean de la Garde, ajoute, avoir ouï dire en ce même temps-là que le cocher de M. de Rohan, maître François, se plaignait de ce que ledit sieur de Rohan lui avait commandé de ne pas fatiguer les chevaux que M. de Sourdeval lui avait prêtés, et que ledit sieur de Latréaumont les faisait au contraire trotter du matin jusqu'au soir, et plus n'a dit savoir, mais ce que dessus contenir vérité.

. . . .

» Pierre Bourguignet dépose qu'environ le même temps ayant accompagné Latréaumont chez un marchand du palais, à l'enseigne *de la Princesse*, pour se faire accommoder une garniture de rubans verts pour un habit écarlate. Latréaumont dit au marchand : — Je vous paierai en beaux louis d'or; sur quoi lui répondant, ayant demandé audit Latréaumont, — Vous avez donc fait montre? — il répondit que oui, que M. de Rohan avait reçu quelque chose, mais que cela ne durerait guère ; croit lui répondant que c'était de l'argent du sieur Berryer, parce qu'il avait souvent entendu dire à M. de Rohan qu'il en attendait dudit sieur Berryer.

» Enquis s'il n'a pas eu connaissance plus particulière des intelligences de Latréaumont et de M. de Rohan, a dit que non ; mais sait bien que Latréaumont était toujours le maître chez M. de Rohan, et craignait que quelqu'un n'approchât de M. de Rohan, et qu'un autre que lui s'emparât de son esprit, regardant de mauvais œil ceux qui étaient trop familiers.

. . . .

» Dubosc de Sourdeval expose que Latréaumont usait de ce qui était à M. de Rohan comme de chose à lui appartenant ; dépose en outre que Latréaumont s'était beaucoup refroidi contre lui répondant, parce qu'il avait dit que M. de Rohan avait beaucoup de trous à la tête, et que c'était lui, Latréaumont, qui en était le foret.

» Nicolas Calemon dépose que Latréaumont faisait toutes les affaires de M. de Rohan, etc. »

Procès criminel de Rohan (Bibliothèque Royale, manus.).

M. Pellot, à Rouen, ce 2 octobre 1674.

Cette lettre annonce l'arrestation de madame de Vilars.

MONSIEUR,

M. de Beuvron a fait arrêter la dame marquise de Vilars dont je vous parlais hier : elle est dans le vieux palais de cette ville, et sera bien et sûrement gardée jusqu'à nouvel ordre. M. de Beuvron vous envoie un extrait de deux lettres qu'elle a écrites, qui font soupçonner qu'elle savait quelque chose de la conspiration ; elles sont écrites au chevalier Des Préaux qu'elle devait épouser; l'une est du temps que le roi était au siége de Besançon au printemps dernier, et l'autre est devant les fêtes de la Pentecôte; car elle fait mention de moi et d'un voyage que je fis alors à l'abbaye de la Croix, qui est à trois ou quatre lieues de Vernon, et près d'une maison où elle demeure ordinairement. Alors nous avions été avertis par S. M. qu'il se tramait quelque chose en Normandie contre son service; j'étais sur les avis de tous côtés, et durant ce voyage que je fis à ladite abbaye de la Croix, je m'informai par des gens que je crus affidés, mais je ne pus rien découvrir; je ne doute point que ladite dame ne parle, et déjà elle paraît en quelques dispositions pour cela pour peu que l'on la presse. Elle ne sait point, monsieur, que l'on a découvert quelque chose par ses lettres, et l'on empêchera qu'elle n'ait communication avec qui que ce soit jusqu'à ce que l'on ait reçu les ordres de S. M.; elle est fort riche, fort belle, et fille de feu M. Sarrau, conseiller au Parlement de Paris de la R. P. R.; elle a un frère qui s'appelle Brie, qui a long-temps servi et a été gouverneur du Cirque; nous n'avons rien trouvé parmi ses papiers.

J'ai vu et examiné avec M. de Beuvron tous les papiers qui étaient à Préaux, mais nous n'avons rien trouvé que les lettres de ladite dame.

Je suis avec respect,

Monsieur,

Votre très humble et très obéissant serviteur,

Pellot.

Procès de Rohan (Bibliothèque Royale, manus.).

Cette note est un plan de gouvernement trouvé dans les papiers de Van-den-Enden.

Finis est in Hollandiâ erigere statum quemdam populi, armis insuperabilem, semper florentem, semper crescentem per unionem et conspirationem in unum commune bonum et æqualem communemque omnium libertatem.

Primo die convocentur cives inermes in

Le but est de fonder en Hollande un état populaire, invincible, toujours florissant, toujours progressant par l'union et les efforts de tous, à la prospérité et à la liberté générales.

Au premier jour les citoyens seront

parochias, et ibi proponatur libertas et subsignatio ejus; scilicet quod non alium noscant superiorem nisi nobilitatem et populum liberum : suspendantur omnia officia, jurisdictiones, judicia, etc... Donec populus cum nobilitate ipse sibi rectores eligerit qui secundùm leges à se constituendas, et quando libuerit, innovandas eos regat.

Quam ad rem cum opus sit sanctorum armorum præsidio, in singulis parochiis compareant duodecim nobiles qui præsint singulis cohortibus provisionaliter ad comparendas post meridiem in armis ut jam sibi serio eligant ducem, legatum et vexilliferum, occultis suffragiis, et qui plurima habebit cohortis suæ suffragia, erit dux; qui plura post illum, legatus; et tertius vexillifer : et hi duces et legati numero sex centorum constituunt consilium militare qui die præfixo congregati eligent ex singulis parochiis duodecim ex ditioribus et prudentioribus qui trecenti electi constituunt consilium civile.

Quod concilium aget secundùm instructionem à communitate dandam de opibus censu annuo civitatis, de provisione, de ornamentis de fortificationibus urbis et conservatione eorum;

De viduis, orphanis pauperibus sine contemptu prospiciendis;

De familiis declinantibus ad pauper-

convoqués sans armes dans leurs paroisses, pour qu'il y soit discuté sur leur liberté et leur soumission; c'est-à-dire, pour qu'ils ne reconnaissent d'autres maîtres que les nobles et le peuple libre: tous les emplois, les juridictions, les jugements sont suspendus jusqu'à ce que le peuple se soit donné des maîtres qui le gouverneront d'après des lois fondées par le peuple et modifiables à son gré.

Comme en cette circonstance il est besoin du secours des saintes armes, dans chaque paroisse devront se rendre douze nobles, provisoirement à la tête de chaque cohorte convoquée en armes après midi pour se choisir un chef, un lieutenant et un porte-enseigne; les suffrages seront secrets; celui qui en réunira le plus sera chef, le second sera lieutenant et le troisième porte-enseigne. Ces chefs et lieutenants, au nombre de six cents, composent le conseil militaire qui, à un jour fixé, doit élire dans chaque paroisse douze des citoyens les plus riches et les plus recommandables, pour former une assemblée civile, composée de trois cents membres.

Cette assemblée s'occupera, d'après les instructions données par la communauté: des finances, du recensement annuel de la ville, de l'approvisionnement, des embellissements, des fortifications des villes et de la conservation de tous;

Des veuves et des orphelins pauvres qu'il faut regarder sans mépris;

Des familles peu fortunées, des pré-

tatem, de conservatione sanitatis peste et morbis contagiosis preveniendis;

De officinis, artibus mechanicis, mercaturâ;

De officiis servilibus et utilibus in commodum reipublicæ;

De litibus et jure civium inter se;

De criminalibus in furto, homicidio et super omnia de peccantibus contra libertatem communem;

De matrimoniis et multiplicatione prolis;

Contrà lenones adulteros, et lædentes castimoniam civium;

De instructione puerorum in artibus liberalibus et maximè in cognitione libertatis communis;

De fœderibus et contractibus cum aliis civitatibus, populis et nationibus;

Et de omnibus quæ spectant regimen civitatis; imò de ipso tempore quando arma sint exercenda : sed exercitium armorum totum spectat ad consilium militare.

Consilium hoc militare debet magnam habere communicationem cum civile, ut contrà, itá ut semper quatuor ad minimùm commissarii ex altero in altero et nihil proponatur populo nisi ex consensu utriusque consilii. Hi consiliarii singulis annis renovabuntur non eligendi iterùm, nisi post vacationem biennii, in numero civium nemo admittitur nisi sit viginti unius anni natus, et qui non serviverit in militiâ tribus annis, quod signis ætatem viginti

cautions à prendre contre la peste et les maladies contagieuses;

Des ateliers, des arts mécaniques et du commerce;

Des emplois utiles à la république;

Des procès et du droit des citoyens;

Des gens coupables de vol, d'homicide et surtout d'attentat contre la liberté;

Des mariages et de l'augmentation des races;

Des adultères qui font commerce de femmes, et enfin de ceux qui blessent la morale publique;

De l'instruction des enfants dans les beaux-arts et surtout dans la connaissance de la liberté;

Des alliances et des traités avec les autres cités, les peuples et les nations.

En un mot, de tout ce qui importe au gouvernement, et même du temps durant lequel on doit s'exercer au métier des armes; mais l'exercice est du ressort du conseil militaire.

Le conseil militaire doit être en communication avec l'assemblée civile; comme on l'a dit, quatre commissaires d'un conseil doivent toujours se trouver dans l'autre, et rien ne peut être proposé au peuple sans le consentement des deux assemblées. Ces commissaires seront renouvelés chaque année, et ne seront pas réélus à moins d'une vacation de deux ans. Personne n'est admis au nombre des citoyens avant l'âge de 21

et unius anni attigerit, et non serviverit cogetur annos servitii implere antequam admittatur.

Omnes nobiles, ecclesiastici et incolæ erunt cives istius civitatis cui pagi annexi sunt.

Nota non ullam facere distinctionem inter catholicos et reformatos modo se præstent bonos cives et libertatis communis propugnatores et non misceant rem religionis cum republicâ.

ans, s'il n'a été soldat 3 ans. Celui qui, âgé de 21 ans, n'aura pas servi 3 ans, devra satisfaire à cette dernière condition avant d'être admis.

Nobles, ecclésiastiques, habitants des bourgs, seront citoyens de la ville de laquelle leur bourg dépend.

Il n'y a aucune différence entre les catholiques et les réformés, pourvu qu'ils se montrent bons citoyens et défenseurs de la liberté, et qu'ils ne mêlent pas les affaires du culte à celles de l'État.

Cette autre pièce est un manifeste trouvé dans les papiers de Latréaumont : il s'agit du soulèvement de la Normandie.

« La noblesse et le peuple de Normandie, assemblés pour le bien de l'État et le service du roi, voyant la misère publique et le pitoyable état où la cruauté et l'avarice des partisans ont réduit le royaume au-dedans, et le grand nombre d'ennemis que la témérité et l'insuffisance des mauvais conseillers nous ont attirés au-dehors, se sont promis réciproquement, et ont juré solennellement par ce qu'il y a de plus saint et de plus inviolable, de ne le séparer jamais de leurs intérêts, et de sacrifier leurs biens et leur vie pour le bien commun et général, et pour obtenir une assemblée libre des états-généraux du royaume, dans laquelle on puisse avec sûreté délibérer et résoudre la réforme du gouvernement présent, et établir, dans ladite assemblée et par ladite assemblée, des lois justes qu'on ne puisse changer à l'avenir, et par le moyen desquelles les peuples vivent exempts de tyrannie et de vexation ; et comme la demande qui a été faite par plusieurs et diverses fois de ladite assemblée des états généraux à être promise en 1651, et cette promesse quoique signée des quatre secrétaires d'État, non seulement éludée par ceux qui gouvernent, mais aussi traitée de criminelle dans le conseil du roi, qui pour cet effet n'a cessé de maltraiter cette province, à cause de l'intérêt qu'ils ont que tout demeure dans une confusion qui empêche qu'on ne remarque leur mauvaise volonté et conduite, et dont ils ont lieu d'appréhender le châtiment ; ladite noblesse et ledit peuple assemblés se sont encore promis et juré solennellement les uns aux autres de ne point mettre les armes bas qu'ils n'aient obtenu l'effet de leur demande, et ont déclaré et déclarent traîtres à la patrie tous ceux qui, étant nés ou tous ceux qui possédant du bien dans cette province de quelque qualité ou condition qu'ils soient et quelques emplois qu'ils aient, ne se rendront pas incessamment dans ladite province pour approuver et signer tout ce que dessus, et que ceux qui y manqueront, seront poursuivis et punis comme perturbateurs du repos public, et leurs biens confisqués et acquis à la province pour le revenu d'iceux qui sera ménagé par des personnes à ce commises, être employé au bien commun et général, et pour établir un ordre dans lequel on puisse à l'avenir vivre et agir en sûreté ; ils ont déclaré et déclarent que tous les habitants de ladite province (pour ce qui regarde la police) seront réunis en deux corps à savoir : le noblesse et le peuple, ordonnant à tous les ecclésiastiques qui ne sont point astreints par vœu et gens de judicature de se réduire dans l'un de ces deux corps ou autrement, et à faute de ce faire qu'ils seront déclarés atteints et convaincus du crime de trahison, et punis comme traîtres ; ont encore déclaré et déclarent qu'ils ont choisi et nommé, desdits deux corps de la noblesse et du peuple, certain nombre de personnes à la pluralité des voix, lesquels, selon l'emploi où ils seront destinés, auront plein pouvoir de faire observer tout ce qui aura été résolu et décrété dans les assemblées générales de ladite noblesse et dudit peuple de Normandie, auxquelles dites assemblées générales lesdites personnes qui auront été ainsi nommées, et qui seront changées de temps en temps, seront tenues de venir rendre compte de leur administration quand ils en seront requis, et quand leur fonction finira, ainsi qu'il se verra plus amplement par la déclaration qui sera faite sur ce sujet, et comme la défense de la liberté de la vie et des biens est de droit divin et humain, après avoir établi certain nombre de gens, ainsi qu'il sera trouvé à propos, pour opposer à ceux qui auront dessein de nous attaquer en cette dite province; il sera aussi nommé un général avec des officiers subalternes, qui seront tenus et obligés de venir rendre compte de leurs actions quand ils en seront requis; ont aussi déclaré et déclarent que ledit général présidera dans les assemblées générales et particulières, excepté toutes fois lorsqu'il s'agira des intérêts dudit général; et quoique par le terme *des habitants* de cette province on entende parler de tous sans exception, si est-ce que pour ne laisser aucun doute ont déclaré que tous ceux de la religion prétendue réformée y sont compris sans aucune distinction, avec la liberté et le pouvoir d'entrer dans les assemblées générales et particulières pour y donner leurs voix, avoir les emplois et même présider lorsqu'ils sont nommés pour cela.

» Et pour donner un commencement heureux à des justes desseins, après avoir rendu grâces à Dieu de les avoir inspirés; ladite noblesse et ledit peuple assemblés ont ordonné et ordonnent qu'il ne se lèvera à l'avenir aucuns deniers des impositions établies, déclarant tous les habitants, soit des villes ou de la campagne, exempts de tailles, de sel, des entrées, et généralement de tous autres subsides dont le nombre est infini, sous quelques prétextes et noms qu'ils aient été inventés, et leur ont ordonné et ordonnent que tous ceux qui ont servi à la levée desdites impositions seront pris et constitués prisonniers dans les plus prochaines prisons, pour, après avoir rendu compte de leur fait, être punis comme perturbateurs du repos public, et en cas que lesdits exacteurs, partisans, monopoleurs, sous quelques noms et titres qu'ils aient exercé leur tyrannie, voulussent faire résistance, ladite noblesse et ledit peuple assemblés ont trouvé à propos qu'on fasse main basse sur eux, et qu'on les extermine comme peste publique.

» Ont aussi déclaré et déclarent que tous les deniers levés sous le nom du roi, dont on les trouvera saisis; comme aussi tous les biens immeubles à eux appartenant sont confisqués et acquis à la province, et à l'égard de leurs meubles qu'ils sont exposés à la prise de ceux qui se saisiront des personnes desdits partisans; et comme le bien commun, en général, est le seul motif de la noblesse et du peuple de Normandie, renonçant pour cet effet à toute ambition et intérêt particulier, ladite noblesse et ledit peuple assemblés convient et exhortent toutes les provinces de ce royaume, villes, corps et communautés d'icelui, de concourir à leur bon dessein par la demande unanime des états généraux, et par l'obtention d'iceux offrant pour cet effet aux provinces, villes, corps et communautés qui se joindront avec eux tous les secours d'hommes, d'argent, d'armes et de conseil, qu'ils seront capables de leur donner, et aux particuliers qui se retireront vers eux un asile assuré, et de quoi les entretenir selon leur qualité et leur emploi,

M. de Seignelay à M. de La Reynie. — Saint-Germain, 26 novembre.

Cette lettre de Seignelay montre avec quelle impatience le Roi attendait l'exécution de la sentence.

Monsieur,

J'ai lu au roi la lettre que vous m'avez écrite, et S. M. m'a ordonné d'expédier la lettre de cachet à M. de Besmau, que vous trouverez ci-jointe ; et en cas que vous ayez besoin de quelque autre ordre, en me le faisant savoir, je ne manquerai pas de l'envoyer. S. M. veut que vous fassiez avertir promptement M. de Fourbin de l'heure de l'exécution, afin qu'il fasse ce que S. M. lui a ordonné à l'égard de ses compagnies de mousquetaires.

Comme S. M. veut être informée de tout ce qui se passera, et qu'elle a même trouvé un peu à redire que vous m'ayez envoyé si tard l'avis de l'arrêt rendu, dont le porteur n'est arrivé ici qu'à sept heures du soir, et tout le monde était informé de cet arrêt dès quatre heures, le porteur de ce billet demeurera auprès de vous, ou au lieu que vous lui ordonnerez, pour m'apporter promptement vos lettres ; et, pour cela, il est nécessaire que vous me fassiez savoir demain ce qui se sera passé le matin dans la lecture de l'arrêt et la question. J'en enverrai demain un autre qui demeurera de même, au lieu que vous lui ordonnerez jusqu'à ce que l'exécution soit entièrement achevée pour m'en apporter l'avis, et surtout en tous ces deux temps, donnez-moi avis bien particulièrement de tout ce que vous apprendrez de nouveau qui puisse être important au bien du service du roi.

Je suis,

Monsieur,

Votre très humble et très affectionné serviteur,
Seignelay.

A Saint-Germain-en-Laye.

Monsieur,

Les parents de M. de Rohan ayant demandé au roi que son corps leur fût remis entre les mains après l'exécution, S. M. m'ordonne de vous dire que vous le fassiez sans difficulté.

Je suis,

Monsieur,

Votre très humble et affectionné serviteur,
Seignelay.

A Saint-Germain, le 26 novembre 1674.

M. de La Reynie, ce 21 novembre 1674.

Ces deux lettres de M. de La Reynie à Seignelay ont rapport à une déclaration de Van-den-Enden et de Des Préaux, au sujet de M. le duc de Bourbon et de madame l'Électrice de Bavière; le premier désigné, selon Van-den-Enden, comme un grand mécontent; la seconde, selon Des Préaux, ayant été maîtresse de M. de Rohan.

Aujourd'hui, dès cinq heures du matin, M. de Joncel, après avoir visité l'Arsenal, a mis des mousquetaires du roi dans tous les lieux qu'il a jugé nécessaire de garder. M. de Besmaux s'étant trouvé assez mal cette nuit pour être hors d'état d'agir, M. de Joncel a été obligé d'exécuter seul ce qui avait été arrêté entre lui et M. de Besmaux, touchant les précautions qui étaient à prendre en conduisant M. de Rohan.

En attendant la venue de M. de Rohan, la chambre a jugé, sur la déclaration de M. Besnard, qu'il ne pouvait être récusé et qu'il n'y avait point d'alliance entre lui et la demoiselle d'O de Vilers; le curateur, à la mémoire de Latréaumont, a été ensuite ouï derrière le barreau, et, à neuf heures, M. de Rohan est arrivé dans la chambre, où étant, et sur la sellette, il a été interrogé pendant plus d'une heure par M. le chancelier, après quoi M. de Rohan a été ramené à la Bastille; Van-den-Enden a été conduit à l'Arsenal, et dans la chambre où il a été ouï aussi sur la sellette depuis dix heures et demie jusqu'à midi.

M. de Rohan n'a rien dit, monsieur, dont le roi ne doive être informé, ni même rien de nouveau; il s'en est rapporté en général à la déclaration qu'il a faite devant MM. les commissaires-rapporteurs; mais, comme il a essayé de prendre un ton au-dessus de celui de M. le chancelier, qu'il n'a pas eu à cause de cela toute l'attention qui aurait été nécessaire pour entendre tout ce qui lui a été demandé, et qu'enfin il ne s'est pas assez expliqué, les juges ont désiré de le faire revenir encore une fois à l'Arsenal.

Van-den-Enden, étant sur la sellette, a ajouté, à ce qu'il a ci-devant déclaré, que Latréaumont lui avait dit que M. le duc était le plus grand mécontent qu'il y eût en France, et si, à cette déclaration, j'eusse été appelé, j'aurais crû me devoir opposer à ce qu'elle fût écrite dans les réponses de Van-den-Enden, et j'aurais demandé qu'il en fût fait seulement un mémoire pour être envoyé au roi, parce qu'il n'y a point de juges dans le royaume ni aucun tribunal qui puisse ou qui doive recevoir aucun fait contre un prince du sang, ni le comprendre dans quelque acte que ce soit d'une procédure criminelle, sans l'ordre exprès et sans la permission du roi. Cependant, comme j'ai trouvé la chose faite, je n'ai pas cru qu'il fût à propos de m'en expliquer en quoi que ce soit, et d'autant plus que j'ai considéré que, le roi pouvant avoir sur cela plusieurs égards, il pouvait être important et de son service qu'il eût même fait ce qu'il lui plaira faire, non seulement avant que personne en eût dû parler, mais avant même qu'on s'en fût aperçu. M. de Joncel doit reprendre ses postes demain matin, pour conduire de nouveau sur la sellette le chevalier des Préaux et madame De Vilars.

Je suis, etc.

A M. de Colbert, mercredi 21 *novembre* 1674.

Procès de Rohan (Bibliothèque Royale, manus.).

Ce 23 novembre 1674.

MONSIEUR,

Je viens de recevoir la lettre de ce jour 23, que vous m'avez fait l'honneur de m'écrire; et puisque le roi me commande, suivant l'ordre que vous m'en donnez, d'expliquer mon sentiment sur la déclaration faite à l'Arsenal par Van-den-Enden à l'égard de M. le duc, j'estime, monsieur, que pour mettre toutes choses dans quelque convenance raisonnable, je pourrais demain à l'entrée demander qu'avant de lever la séance, et après néanmoins que tout ce qu'il y aurait à faire touchant le procès criminel serait achevé, j'aurais à informer la Chambre de quelques ordres du roi que j'aurais aussi reçus, et lorsque je serai après cela mandé, je pourrais dire que S. M. ayant su ce qui s'était passé les 21 et 22 de ce mois, et que Van-den-Enden et le chevalier Des Préaux, sur des faits qui sont inutiles à la justification de tous les accusés et qui ne font aucune charge contre eux, avaient fait mention dans leurs réponses sur leurs sellettes de quelques récits fabuleux touchant M. le duc et madame de Bavière; S. M. avait été satisfaite de ce que la Chambre avait fait sur les réponses du chevalier Des Préaux, et qu'elle était aussi bien persuadée que la Chambre aurait usé de la même circonspection à l'égard de ce que Van-den-Enden avait dit s'il n'y avait eu quelque raison qui l'en eût empêché; mais que l'intention du roi était, et que S. M. m'avait commandé de la faire savoir à la Chambre, qu'aussitôt que le procès criminel serait jugé, l'interrogatoire de Van-den-Enden sur la sellette fût transcrit, que le nom de M. le duc et ce qui a été dit de lui en fût ôté et la première minute supprimée, sans que néanmoins il fût fait aucun registre de l'ordre du roi, ni aucune mention de la remontrance.

C'est, monsieur, suivant le peu d'étendue de mon esprit, tout ce que je suis capable de voir présentement et de penser sur ce sujet. Les raisons que j'aurais pour cela sont, premièrement, qu'il est important, ce semble, que le roi ordonne dès à présent ce que je propose, encore que naturellement cela puisse être fait dans la suite, sans être ordonné.

En second lieu, et à l'égard du temps, il paraîtrait, en prenant celui que je marque, que l'ordre aurait été donné plus tôt; mais que S. M., ne voulant pas interrompre celui de la justice dans une affaire criminelle et de la qualité de celle-ci, aurait ordonné d'attendre d'en parler.

Il semble aussi nécessaire, qu'il paraisse que S. M., après ce qui a été fait à madame de Bavière, et de passer le reste doucement sans l'approuver plus qu'il ne faut sans blesser aussi les juges ; il est même bien que la chose n'étant pas faite, qu'il paraisse qu'elle ne le pût être avant le jugement du procès, et rien ne convient davantage à la justice, ce semble, que d'avoir différé à l'ordonner jusqu'à ce moment.

Il serait inutile, monsieur, d'exprimer ma pensée à l'égard du registre, parce qu'il est aisé de voir que, s'il en était fait un, il serait pire que la chose même qui est à supprimer.

Je croirais aussi, monsieur, qu'il serait nécessaire que je susse demain de bonne heure ce qu'il plaira d'ordonner sur ce sujet, afin d'en informer M. le chancelier avant qu'il entre à la chambre.

J'ai appris plusieurs choses touchant quelques écrits qu'on prépare encore ; mais j'estime, monsieur, qu'il est important que je me donne l'honneur de vous en rendre compte avant de rien engager. Vous verrez, par une très petite préface de celui-ci, qu'on est près de voir recommencer la guerre, et, par la dernière page, vous verrez aussi que ce qu'on y a mis n'est peut-être pas sans dessein dans la conjoncture présente.

Je suis, avec tout le respect que je vous dois,

Monsieur

Votre très humble et très obéissant serviteur,

DE LA REYNIE.

FIN DU DEUXIÈME VOLUME.

Fac-simile.

A. — Lettre autographe du chevalier Louis de Rohan. (*Procès criminel, Bibl. Roy., manus.*).

Je reseu vostre lestre et ie touiours zatandeu a vous faisre responce que mon nafaisre aie este acheté et sela est faist, c'est pour quoues je vous pri si vos zafaisre ne vous retiene pouint ou vous zeste de venir isi vouar la personne deu monde qui vous zestime davantage.

Louis de Rohan.

B. — Fragment d'une lettre autographe de Latréaumont. (*Procès criminel, Rohan.*)

..... ne soposera pas aux bonnes intentions de M^r son beau frere auquel elle a tant dobligation, si vos lettres partoint Damiens quand vous mescrirez ie les receverez plustost en ce lieu cy, a cause que partant de Bruxelles elles passent par Paris, et que cela les retarde, ce qui est cause que ie ne vous fais pas une plus ample et plus particuliere response.

On maprend que le nombre des pensionnaires augmente chez vous tous les jours et lon me mande aussy que M. Dargens est tousjours plus chagrin et plus embarasse qu'il nestoit...

C. — Ce billet est celui que Latréaumont écrivit avant de mourir en paraissant céder aux instances de M. Pellot. Le trait qui environne ce *fac-simile* retrace la forme du papier, qui paraît taché de sang à son angle droit inférieur. (*Bibl. Roy. Pièces contre les accusés. Procès criminel de Rohan.*)

Ie nay rien à vous dire, et ne vous ay point dit que ie fusse criminel; mais la peur qui ne m'a jamais surpris, ny vos menaces, ne tireront rien...

je resseu vostre lettre
et je touiours ratanden
a vous faisre responce
que mon nafaisre aie
estre ~~conclut~~ acheue et
sela est fait cest pour
quoneſ je vous pri si voſ
afaisre ne vous retiene
point ou vous reste
de venir yfi vouar la
personne deu monde
qui vous estime dauantage
Louiſſe de Rohan

B

ne soponkra pas aux bonnes intentions de m' son beaufrere
auquel elle a tant d'obligation. Si vos lettres partoient
l'armeny quand vous m'escrivez ie les recevroy plustost
en ce lieu cy a cause que partant de bruxelles elles
passent par paris et que cela les retarde ce qui est
cause que ie ne vous fais pas une plus ample et
plus particuliere response —

on m'aprend ~~tous~~ ~~les jours~~ que le nombre des pensionnaires
augmente chez vous, tous les jours, et l'on me mande
aussy que m. dargent est toujours plus chagrin et
plus embarasse qu'il n'estoit —

C

ie n'ay rien a vous dire et ne vous appren-
dray que ie suis en un mal que ie crus
qui ne s'est jamais trop veu ny vos mercredy
ne s'incresent point

www.ingramcontent.com/pod-product-compliance
Lightning Source LLC
Chambersburg PA
CBHW071720230426
43670CB00008B/1073